航天质量技术丛书

航天质量管理方法与工具

中国航天科技集团公司　组织编写

中国宇航出版社
·北　京·

图书在版编目（CIP）数据

航天质量管理方法与工具 / 中国航天科技集团公司组织编写 . --北京: 中国宇航出版社, 2017. 5 (2023.4重印)

(航天质量技术丛书)

ISBN 978 - 7 - 5159 - 1315 - 5

Ⅰ. ①航… Ⅱ. ①中… Ⅲ. ①航天工业-质量管理-研究-中国 Ⅳ. ①F426. 5

中国版本图书馆 CIP 数据核字（2017）第 111276 号

责任编辑 侯丽平

责任校对 祝延萍　　**装帧设计** 宇星文化

出　版 发　行 中国宇航出版社

社　址 北京市阜成路 8 号　**邮　编** 100830

(010)68768548

网　址 www.caphbook.com

经　销 新华书店

发行部 (010)68767386　(010)68371900

(010)68767382　(010)88100613 (传真)

零售店 读者服务部

(010)68371105

承　印 北京厚诚则铭印刷科技有限公司

版　次 2017 年 5 月第 1 版

2023年 4 月第 8 次印刷

规　格 787×1092

开　本 1/16

印　张 13.25

字　数 322 千字

书　号 ISBN 978-7-5159-1315-5

定　价 60.00 元

本书如有印装质量问题，可与发行部联系调换

《航天质量技术丛书》

编审委员会

编写组

组　长　师宏耕

副组长　杨多和

成　员　（按姓氏笔画排列）

王立炜　王志峰　王　栋　王晓明　王　静

王　磊　冯小琼　刘轻骑　米　凯　许　皓

许　蕾　杨　铭　李文钊　李　胜　李祚东

李彩霞　李凰立　肖　波　吴彦森　吴　琨

张博翰　陈　材　苗宇涛　范艳清　岳盼想

赵海涛　段　波　贾成武　贾纯锋　盛丽艳

梁国文　韩天龙　鲍智文

序

质量是航天事业的生命，质量工作贯穿于航天科研生产全过程的每个阶段、每个环节、每个岗位。60多年来，航天科技工业始终践行“军工产品质量第一”的方针，始终秉承“严肃认真、周到细致、稳妥可靠、万无一失”的指导思想，创新和发展了零缺陷系统工程理论，在载人航天、月球探测、北斗卫星导航等重大专项任务的工程实践中，建立和完善了具有中国航天特色的质量管理模式、方法和工作体系，探索和实践了航天质量工作科学发展的规律，为航天辉煌业绩的取得提供了有效的支撑和保障。

面向未来，创新驱动、军民融合、中国制造2025和质量强国战略相继实施，新形势和新任务对航天质量工作提出了新的、更高的要求，我们必须牢记使命，坚持质量至上，坚持质量就是生命、质量就是胜算的理念，把握质量发展规律，优化和创新质量管理模式，深化航天精细化质量管理，全面提升航天员工质量素养，有效应用先进的质量工程技术和工具方法，充分识别和控制航天型号风险，固化和推广成功经验，确保航天工程任务实现“一次成功”的目标，为发展航天事业、建设航天强国奠定坚实基础。

2017年3月

前　言

根据《国家质量发展纲要（2011—2020）》的要求，航天科技集团公司以“瓶颈突破工程、精品塑造工程、用户满意工程、基础夯实工程”为抓手，实施航天质量提升工程，全面提升质量保证能力，确保航天产品质量。为了贯彻质量提升工程目标要求，深化质量可靠性技术应用，全面推进全员质量培训，我们组织编写了《航天质量技术丛书》（以下简称《丛书》）。

该《丛书》分为《航天质量管理基础》、《通用质量特性》、《产品保证》和《航天质量管理方法与工具》四个分册。《丛书》既包含了航天各类人员应掌握的质量管理基本知识，也包括了航天质量管理成功经验和有效做法，以及国外先进质量管理方法的介绍，可以为质量培训以及各类人员学习航天质量知识提供参考和借鉴。

第四分册《航天质量管理方法与工具》共分4章。第1章是质量管理模式，包括全面质量管理、系统工程、六西格玛管理、并行工程、产品保证、卓越绩效模式、精益生产等相关内容；第2章是质量策划与分析，包括质量功能展开、工作说明、工作分解结构、甘特图、质量交集识别与分析、概率风险评估、技术风险管理、QC新老七种工具、产品成功数据包络分析、飞行时序动作分析与确认、故障模式影响与危害性分析、故障树分析、单点故障模式识别与控制、测试覆盖性分析、潜通路分析、最坏情况分析等相关内容；第3章是质量控制与监督，包括设计复核复算、三级审签、供应商质量认证、技术状态管理、技术评审、元器件“五统一”管理、元器件破坏性物理分析、软件工程化、软件能力成熟度模型、6S管理、试验设计、防错技术、看板、统计过程控制、田口方法、抽样检验、批次管理、首件鉴定、强制检验点、关键件重要件关键工序质量控制、不合格审理、质量检查确认、双想、质量信息上报与通报、面向产品质量分析、平衡计分卡、质量成本管理等相关内容；第 4 章是质量评价与改进，包括技术成熟度评价、制造成熟度评价、产品成熟度评价、顾客满意度评价、星级现场评价、质量管理体系评估、型号独立评估、质量问题归零、持续改善、QC 小组等相关内容。

本分册编写分工是：第 1 章 米凯、岳盼想、范艳清、贾纯锋；第 2 章 范艳清、米凯、苗宇涛、王磊、许皓；第 3 章 范艳清、苗宇涛、米凯、鲍智文、岳盼想；第 4 章 韩天龙、段波、王磊、范艳清、苗宇涛、岳盼想。本分册由贾纯锋负责统稿。

由于受编写时间和作者水平所限，《丛书》中难免有疏漏与不妥之处，敬请读者批评指正。

《丛书》编写组

2016 年 12 月

目　录

第 1 章　质量管理模式

1.1　全面质量管理

1.1.1　基本概念

全面质量管理(Total Quality Management, TQM)的概念最初是由美国著名专家费根堡姆于 1961 年在其《全面质量管理》一书中提出的:“全面质量管理是为了能够在最经济的水平上，并考虑到充分满足顾客要求的条件下进行市场研究、设计、生产和服务，把企业内各部门的研制质量、维持质量和提高质量的活动构成为一体的一种有效的体系。”ISO 8402—1994 对全面质量管理的定义是:“一个组织以质量为中心，以全员参与为基础，目的在于通过让顾客满意和本组织所有成员及社会受益而达到长期成功的管理途径。”

1.1.2　适用范围

全面质量管理作为一种管理思想，通过全体员工的参与，改进流程、产品、服务和公司文化，以达到生产百分之百合格的产品，实现客户满意，从而获取竞争优势和长期成功。其本身并没有一套统一的工作模式，适用于任何过程，由于各国、各企业情况不同，方法的使用略有不同，但基本原理是相同的。

1.1.3　主要内容

全面质量管理应用数理统计方法进行质量控制，使质量管理实现定量化，使产品质量的事后检验转变为生产过程中的质量控制。类似于日本式的全面质量控制(TQC)。首先，质量的涵义是全面的，不仅包括产品质量和服务质量，而且包括工作质量。产品和服务质量是企业各方面、各部门、各环节工作质量的综合反映，企业中任何一个环节，任何一个人的工作质量都会不同程度地直接或间接地影响着产品质量或服务质量，要用工作质量保证产品或服务质量。其次，TQM 是全过程的质量管理，不仅要管理生产制造过程，而且要管理采购、设计直至储存、销售、售后服务的全过程，要把质量形成的全过程的各个环节或有关因素控制起来，形成一个综合性的质量管理体系，做到以预防为主，防检结合，重在提高。再次，质量管理的实施要求全员参与，并且要以数据为客观依据，要视顾客为上帝，以顾客需求为核心，产品质量人人有责，人人关心产品质量和服务质量，人人做好本职工作，全体参加质量管理，才能生产出顾客满意的产品。要抓好全员的质量教育和培训，要把质量责任纳入到相应的过程、部门和岗位中，要鼓励团队合作和多种形式的群众性质量管理活动，要始于识别顾客的需要，终于满足顾客的需要。最后，在实现方法上，要广泛灵活地运用多种多样的现代化管理方法来解决质量问题，要一切按 PDCA 循环办事。质量管理中使用的工具和方法，既有统计方法又有非统计方法。常用的质量管理方法有所谓的老七种工具、新七种工具，还有质量功能展开、田口方法、故障模式和影响分析、头脑风暴法、六西格玛法、标杆对比法、业务流程再造等。

具体来说，TQM 蕴涵着如下含义：

1）强烈地关注顾客。顾客已成为企业的衣食父母。“以顾客为中心”的管理模式正逐渐受到企业的高度重视。全面质量管理注重顾客价值，其主导思想就是“顾客的满意和认同是长期赢得市场，创造价值的关键”。为此，全面质量管理要求必须把以顾客为中心的思想贯穿到企业业务流程的管理中，即从市场调查、产品设计、试制、生产、检验、仓储、销售到售后服务的各个环节都应该牢固树立“顾客第一”的思想，不但要生产物美价廉的产品，而且要为顾客做好服务工作，最终让顾客放心满意。

2）坚持不断地改进。TQM 是一种永远不能满足的承诺，“非常好”是不够的，质量总能得到改进，“没有最好，只有更好”。在这种观念的指导下，企业持续不断地改进产品或服务的质量和可靠性，确保企业获取对手难以模仿的竞争优势。

3）改进组织中每项工作的质量。TQM 采用广义的质量定义。它不仅与最终产品有关，并且还与组织如何交货、如何迅速地响应顾客的投诉、如何为客户提供更好的售后服务等都有关系。

4）精确地度量。TQM 采用统计度量组织作业中人的每一个关键变量，然后与标准和基准进行比较，以发现问题，追踪问题的根源，从而达到消除问题、提高品质的目的。

5）向员工授权。TQM 吸收生产线上的工人加入改进过程，广泛地采用团队形式作为授权的载体，依靠团队发现和解决问题。

全面质量管理的基本方法可以概括为 1 个过程、4 个阶段和 8 个步骤。

1 个过程，即企业管理是一个过程，企业在不同时间内，应完成不同的工作任务，每项生产经营活动，都有一个产生、形成、实施和验证的过程。

4 个阶段，即计划—实施—检查—处理（PDCA）4 个阶段的循环方法，简称戴明环。其特点表现在以下 4 个方面：

1）大环带小环。如果把整个企业的工作作为一个大的 PDCA 循环，那么各个部门、小组就是小的 PDCA 循环，大环带动小环，一级带一级，有机地构成一个运转的体系。

2）阶梯式上升。PDCA 循环不是在同一水平上循环，每循环一次，就可以解决一部分问题，取得一部分成果，工作就前进一步，水平就提高一步。到了下一次循环，又有了新的目标和内容，就会更上一层楼。

3）科学管理方法的综合应用。PDCA 循环以质量检验（QC）7 种工具为主要的统计处理方法以及工业工程（IE）中工作研究的方法，作为进行工作和发现、解决问题的工具。

4）推动 PDCA 循环的关键是 A 过程，只有对问题进行总结并提出新的问题，才能持续改进，螺旋上升。

8个步骤，为了解决和改进质量问题，PDCA循环中的4个阶段还可以具体划分为8个步骤，如图1－1所示。

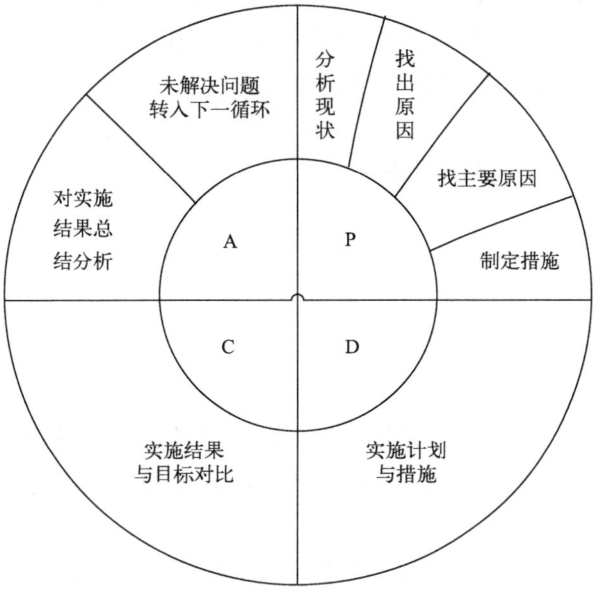

图1－1　PDCA循环

计划(P)阶段，计划是质量管理的第一阶段。通过计划，确定质量管理的方针、目标，以及实现该方针和目标的行动计划和措施。计划阶段包括以下4个步骤：第一步，分析现状，找出存在的质量问题；第二步，分析原因和影响因素，针对找出的质量问题，分析产生的原因和影响因素；第三步，找出主要的影响因素；第四步，制定改善质量的措施，提出行动计划，并预计效果。在进行这一步时，要反复考虑并明确回答以下问题：

1)为什么要制定这些措施(Why)；

2)制定这些措施要达到什么目的(What)；

3)这些措施在何处，即哪个工序、哪个环节或在哪个部门执行(Where)；

4)什么时候执行(When)；

5)由谁负责执行(Who)；

6)用什么方法完成(How)。

以上6个问题，归纳起来就是原因、目的、地点、时间、执行人和方法，亦称5W1H问题。

实施(D)阶段，该阶段只包括一个步骤，即第五步，实施计划与措施。

检查(C)阶段，这个阶段也只包括一个步骤，即第六步，检查计划的执行效果。通过做好自检、互检、工序交接检、专职检查等方式，将执行结果与预定目标对比，认真检查计划的执行结果。

处理(A)阶段，包括两个具体步骤。第七步，总结经验。对检查出来的各种问题进行处理，正确的加以肯定，总结成文，制定标准。第八步，提出尚未解决的问题。通过检查，对效果还不显著或者效果还不符合要求的一些措施，以及没有得到解决的质量问题，不要回避，应本着实事求是的原则，把其列为遗留问题，继续用 PDCA 循环去改进。处理阶段是 PDCA 循环的关键，因为处理阶段就是解决存在问题、总结经验和吸取教训的阶段。该阶段的重点又在于修订标准，包括技术标准和管理制度。

PDCA 循环不仅可以使我们可以持续地改进产品品质，也可以使我们的思想方法和工作步骤更加条理化、系统化、图像化和科学化。

1.2 系统工程

1.2.1 基本概念

系统工程是以大型复杂系统为研究对象，按一定目的进行设计、开发、管理与控制，以期达到总体效果最优的理论与方法。系统工程所需要的基础理论包括运筹学、控制论、信息论、管理科学等。

美国军用标准 MIL－STD－499B《工程管理》认为，系统工程包含下述活动：

1）通过定义、综合、分析、设计、试验和评价等的反复迭代过程，将需求转换成对系统性能参数和系统技术状态的描述；

2）综合有关的技术参数，确保所有物理、功能和程序接口之间的兼容性，在一定程度上使整个系统的确认和设计达到最佳状态；

3）将可靠性、维修性、安全性、生存能力、人的因素和其他类似因素综合到整个工程之中，使费用、进度和技术性能达到总目标。

1.2.2 适用范围

系统工程适用于整个系统生存周期中所有与产品开发、验证/测试、生产、培训、运行、支持、分发、处置和人因系统工程相关的活动中。

1.2.3 主要内容

（1）系统工程的特点

系统工程的特点如下：

1）系统工程研究问题一般采用先决定整体框架、后进入详细设计的程序，一般是先进行系统的逻辑思维过程总体设计，然后进行各子系统或具体问题的研究；

2）系统工程方法是以系统整体功能最佳为目标，通过对系统的综合、系统分析构造系统模型来调整改善系统的结构，使之达到整体最优化；

3）系统工程的研究强调系统与环境的融合，近期利益与长远利益相结合，社会效益、生态效益与经济效益相结合；

4) 系统工程研究是以系统思想为指导，综合集成各学科、各领域相关理论和方法；

5) 系统工程研究强调多学科协作，根据研究问题涉及到的学科和专业范围，建立组成结构合理的知识体系；

6) 系统工程思想具有广泛的适用性，各类系统问题均可以采用系统工程的思想来研究；

7) 强调多方案设计与评价。

(2) 系统工程过程

系统工程过程(SEP)是一种通用的问题解决过程，提供了标识和演化系统的产品和过程定义的机制。SEP 是系统工程的基本过程。图 1 - 2 描绘了 SEP 的各项子过程，并且展示它们是如何迭代以产生一组一致的需求、功能安排和设计方案。

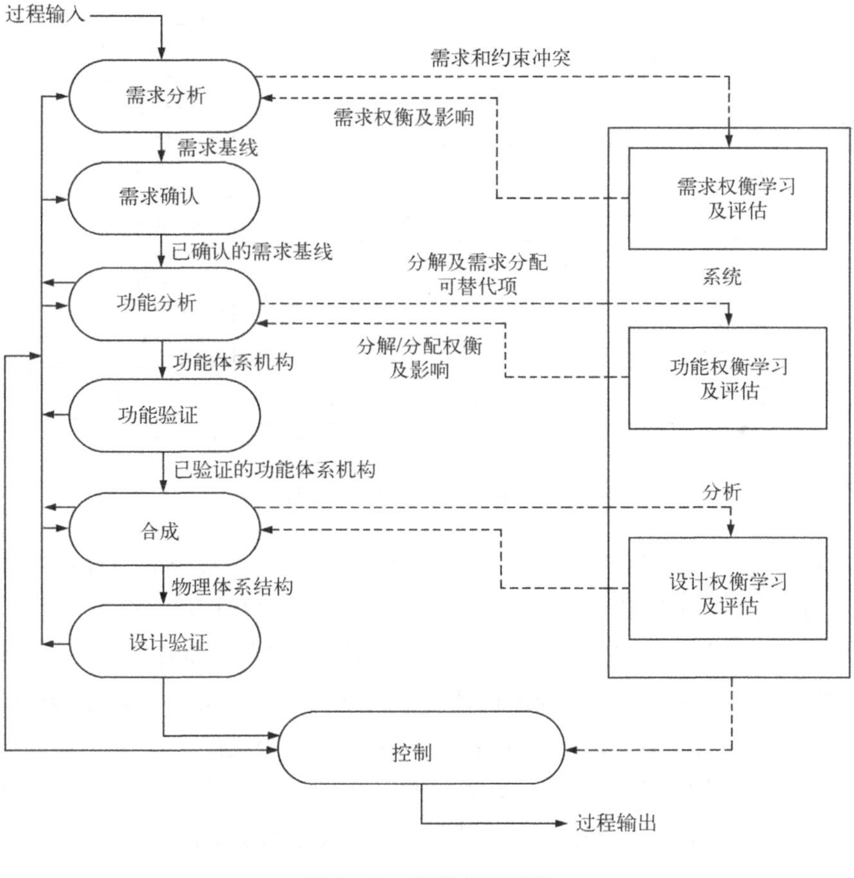

图 1 - 2　系统工程过程

(3) 系统生存周期

系统生存周期是基于模块化(过程的功能最大内聚性和各过程间的最小耦合性)和所有权(过程和责任相关联)的原理。过程执行的功能是根据特定的目的、输出和对过程起作用的活动集定义的。图 1 - 3 给出典型的系统生存周期过程。图 1 - 3 中的每个生存周期过程可以在生存周期的任何时候按需要调用，并且在使用过程中没有确定的顺序。在生存周期中使用这些过程的详细目的和时间受多个因素的影响，包括社会的、贸易的、组织的和技术的考虑。它们中的每一个在系统的生存期中都会变化。因此，系统通常拥有并发、迭代、递归和时间依赖等特征。

图1－3　典型的系统生存周期过程

对过程的并发使用可能存在于某个项目中(例如，当建立系统的设计行动和准备行动同时执行时)以及项目之间(例如，当在不同的项目任务下同时设计系统元素)。对过程的迭代使用(如在结构的同一层次水平上对一个过程或过程集的重复使用)对于过程输出结果的不断完善很重要，例如，连续的验证行动与集成行动之间的交互可以逐步地建立对产品符合性的信心。对过程的递归使用(如在系统层次结构中相连的层次上对相同的过程或过程集的重复使用)是应用本标准的一个关键方面。在任何水平上的过程的输出结果，无论是信息、人造物品还是服务，都是在其上或其下的水平上使用的同一过程的输入。这产生一个响应、信息、人造物品或服务，而它们再修改原来的输出。这样，在系统体系结构的所有水平上的输出都可以分解，并一致地实现，例如，形成一致的体系结构的系统元素描述。

对系统的影响不断变化的特性(例如，运行环境的变化、系统元素实现的新机遇、组织中修改了的结构和责任)，这要求对使用过程的选择和时间进行连续的评审。因此，生存周期中的过程使用是根据许多对系统的外部影响而动态变化的。面对生存周期中的这种复杂性，生存周期阶段通过提供综合的、可认识的高水平目的和结构，帮助对生存周期过程的策划、执行和管理。优先权可以帮助进行阶段选择和生存周期过程的应用，尤其在相似的市场和产品部分的情况下，以便为任何系统建立一个适当的和有效的生存周期模型。

①协议过程

组织是系统的生产者和消费者，比如，它们交易产品和服务。一个组织可以作为需方向另一个作为供方的组织指派产品或服务任务。这都是使用协议来实现。一般来说，组织同时或连续地作为系统的需方和供方。当需方和供方都在同一个组织中，可以非正式地使用协议过程。类似地，它们可以在组织中使用以对企业、项目和技术功能方面各自的责任达成共识。

②企业过程

企业过程参与确保组织的利益相关各方的需求和期望得到满足。在某个策略级别上，企业过程典型地关注组织的业务或事业的管理和改进、资源与资产的供应和部署，以及在一个竞争的或不确定的情况下风险的管理。典型地，对这些过程的责任处于组织中最高的级别上。企业过程为许多组织创建一个强大的企业形象，并暗示着商业的和创利的动机。但是，企业过程也同样与不以赢利为目的的组织相关，因为它们也对感兴趣的各方负有责任，负责资源及其事业中遭遇的风险。

③项目过程

项目过程关注由企业管理分配的资源和资产的管理以及应用这些资源和资产来完成组织的协议。它们与项目管理有关，尤其与成本、时间范围和成果的策划有关，与行动检查有关，以确保它们与计划和性能准则一致，以及与恢复进度和成果中的不足的纠正措施的识别和选择有关。典型地，几个项目可以共存于任何一个组织中。在整体水平上，项目过程可用来提供一个组织的基础设施，如设备、使能服务、技术基础。

④技术过程

技术过程关注生存周期中的技术行动。它们首先将共同利益者的需要先转化为产品，然后，通过应用这个产品，在需要的时间和地点提供持续的服务，以实现客户满意。应用技术过程是为了创建和使用系统，而不论它是一个模型的形式，还是一个已完成的产品。它们应用于系统结构层次中的任何水平。

1.3　六西格玛管理

1.3.1　基本概念

西格玛(σ)是一个希腊字母，在数理统计中表示“标准差”，是用来表征任意一组数据或过程输出结果的离散程度的指标，是一种评估产品和生产过程特性波动大小的统计量。由于σ的大小可以反映质量水平的高低，所以六西格玛采用“σ水平”的尺度来衡量过程绩效。σ水平越高，过程满足顾客要求的能力就越强，产生缺陷的概率就越低。六西格玛水平是指100万次出错机会中有3.4个缺陷的缺陷水平。

六西格玛管理是一套系统的业务改进方法，是一种旨在持续改进企业业务流程，实现客户满意的管理方法。根据问题对象的不同，可以分为六西格玛改进和六西格玛设计。其中，六西格玛设计是一种实现无缺陷的产品和过程设计的方法。它基于并行工程和优秀设计(DFX)的思想，面向产品的全生命周期，采用系统的解决问题的方法，把关键顾客需求融入到产品设计过程中，对新产品/新流程进行健壮设计，使产品/流程在低成本情况下实现六西格玛水平，同时使产品/流程本身具有抵抗各种干扰的能力，从而确保产品的开发速度和质量，降低产品生命周期成本，为企业解决产品和过程设计问题提供了有效的解决方法。六西格玛改进是六西格玛管理中以项目作为载体的过程改进方法。通过对现有过程进行定义、测量、分析、改进、控制，消除过程缺陷和无价值作业，从而提高质量和服务、降低成本、缩短运转周期，使客户满意，增强企业竞争力。

1.3.2 适用范围

六西格玛设计可应用于产品的设计、新产品开发、新技术开发或流程设计。其中，产品可以是硬件产品、软件产品，也可以是服务。

六西格玛改进主要适用于对具体项目的质量改进。项目可以是管理或技术上的问题或薄弱环节。

1.3.3 主要内容

(1)六西格玛管理的领导、文化和战略

六西格玛不仅仅是一种改进方法，还是一种文化和战略。企业实施六西格玛，可以促进企业文化的变革和战略目标的实现，最终促进企业使命的实现和愿景的达成。而企业领导在六西格玛管理中扮演着关键的角色，实施六西格玛的企业以及六西格玛专家经过多年的实践，在总结六西格玛成功实施的关键要素时，都把领导层的支持和参与作为成功的第一关键要素。高层领导要指导制定六西格玛推行的计划，选择倡导者，分派使用资源，安排政策支持六西格玛行动，并把六西格玛管理与企业不断发展的战略目标相结合。具体来讲，最高管理层的作用包括：

1)制定2~5年的六西格玛战略目标，这些目标必须针对企业具体情况而制定，并由企业战略来驱动；

2)授权一个推进小组，六西格玛开始实施会影响到企业的方方面面，最高管理者将责任授权给推进小组，由推进小组负责制定详细的实施计划并实施；

3)制定推进方案，推进小组由最高管理层负责管理，其职责包括确定企业现有绩效与预期绩效之间的差距，判定如何实施六西格玛才能缩短这一差距，为实施六西格玛制定一个方案；

4)领导层亲身参与，领导重视不仅体现在投入的资源上，还表现在其亲身参与上，如以实际行动带头营造六西格玛氛围，通过邮件、讲话、网络等各种方式表达对六西格玛的态度。

(2)六西格玛项目的确定

①选题原则

选择六西格玛项目应本着两条基本原则:

1)有利于组织经营业绩的提高和顾客满意度的提高;

2)组织中的六西格玛管理团队有能力实施。

在项目选择过程中，遵循SMART原则，即具体的(Specific)、可测量的(Measurable)、可完成的(Achievable)、与业务相关的(Relevant to the business)、有时限的(Time-bounded)。

②选择流程

选择六西格玛项目的流程，也就是通过分析确定六西格玛项目的过程。一般来说，项目选择需要经过4个步骤，具体包括:

1)确定项目的大方向——项目Y;

2)确定影响Y的主要方面y，如y_1，y_2，…，y_n，并确定本项目针对哪个方面进行改善;

3)针对选定的需要改善的y，明确顾客的关键质量特性(CTQ);

4)根据CTQ确定项目主题——具体项目。

③项目评价

为了更加系统、有序地开展六西格玛管理活动，应对众多的项目进行有效的评价，从而充分识别与组织当前的需求、能力以及目标相一致的最佳项目。对六西格玛选择项目的评价包括:项目的收益性(即项目完成后组织可获得的收益)、项目的可行性，以及项目的影响。

(3)六西格玛项目团队建设

①六西格玛管理的组织

企业实施六西格玛活动的首要任务是创建一个致力于流程改进的专家团队，并确定团队内的各种角色及其责任，形成六西格玛的组织体系。这是实施六西格玛管理的基本条件和必备资源。以黑带团队为基础的六西格玛组织是实施六西格玛突破性改进的成功保证。图1-4为六西格玛管理组织结构示意图。

②六西格玛管理中的关键角色与职能

组织的六西格玛管理是由公司执行领导、倡导者、黑带大师、黑带、绿带和项目团队传递并实施的。其中，关键角色与职责有:

1)公司执行领导，主要负责将六西格玛战略与组织战略相融合，持续支持和参与六西格玛管理活动;

2)倡导者，组织六西格玛管理整体推进的主要负责人，通常负责六西格玛战略的展开、目标确定、资源分配及组织协调;

3)业务负责人，六西格玛项目范围的关键业务过程的主要负责人，负责接收六西格玛

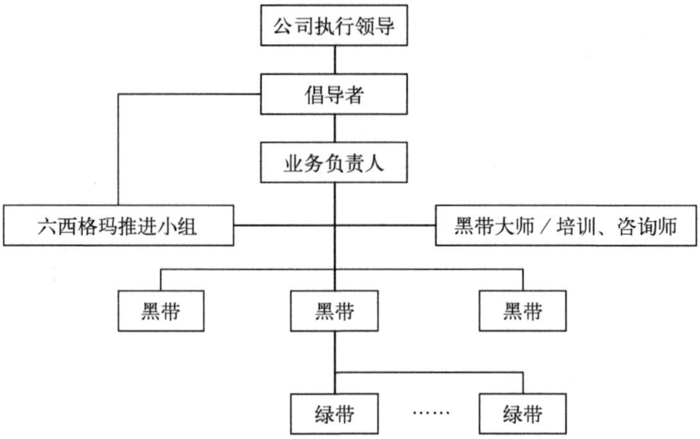

图 1－4　六西格玛管理组织结构

项目成果并负责将成果固化；

4）财务代表，负责计算六西格玛项目财务收益的财务人员，财务代表负责在项目选择时进行效益预评估和项目结束后的评价；

5）黑带大师，六西格玛管理和工具应用的专家，在组织实施六西格玛的过程中从事项目辅导、咨询和培训工作；

6）黑带，六西格玛组织的核心力量，专职或兼职从事六西格玛项目，是六西格玛项目团队负责人，具有较高的六西格玛管理水平并能够较熟练地使用六西格玛工具；

7）绿带，是经过培训、非全职在自己的岗位上参与六西格玛项目的基层管理者或一般员工，通常是黑带团队的成员或较小项目的团队负责人，所接受六西格玛技术培训的项目与黑带项目类似，但内容所达到的层次略低；

8）带级人员，通常指组织的黑带大师、黑带和绿带。

（4）六西格玛管理方法论

①六西格玛设计

六西格玛设计目前比较有代表性的流程如下：

1）IDDOV 流程，即识别（Indentify）、界定（Define）、设计（Design）、优化（Optimize）、验证（Verify），是由美国质量协会总裁乔杜里先生提出的，它更适合新产品和新流程的开发要求。在 IDDOV 流程中，识别阶段主要工作内容是收集和确定顾客需求，并论证项目的可行性；定义阶段主要工作内容是进一步细化展开顾客需求，将模糊的顾客需求转化为准确的顾客需求；开发阶段主要工作内容是对新产品进行初步设计，确定潜在缺陷，识别设计参数，确定设计参数及其对技术指标的影响；优化阶段主要工作内容是对产品设计参数进行优化，在质量、成本和交付时间的条件下达到利润最大化；验证阶段主要工作内容是对原理样机测试验证方案的正确性、对产品测试验证产品设计是否满足顾客需求，以及是否达到预期的质量水平进行验证。

2)DMADV 流程，即界定(Define)、测量(Measure)、分析(Analyze)、设计(Design)、验证(Verify)，这种模式可以更好地利用 DMAIC 流程的基础，但一般只适用于现有产品或流程的局部重新设计。在 DMADV 流程中，界定阶段主要工作内容与 IDDOV 的识别阶段基本相同；测量绩效和分析相关联，主要工作内容与 IDDOV 流程的界定阶段基本相同，尽管分析工作量比较大，但最终能提出创新的设计方案；设计阶段主要工作内容是实现设计方案，进行初步设计即设计产品与流程的可生产性，设定尺寸公差及进行优化设计，其主要是进行细化设计；验证阶段主要工作内容是演示设计目标的可达性及关键质量特性，辨别和修正失效模式，评估创造能力等，与 IDDOV 流程验证阶段主要工作内容基本相同。

3) DMADOV 流程，即定义(Define)、测量(Measure)、分析(Analyze)、设计(Design)、优化(Optimize)、验证(Verify)，这种模式可以更好地利用 DMAIC 流程的基础，但一般只适用于现有产品或流程的局部重新设计，比 DMADV 更加强调优化过程。在 DMADOV 流程中，定义阶段主要工作内容是确定顾客需求与目标，与 IDDOV 的识别阶段主要工作内容基本是相同的；测量和分析阶段主要工作内容都是 IDDOV 的定义阶段应完成的工作项目；设计阶段主要工作内容与 IDDOV 的设计阶段工作内容基本相同；优化阶段主要工作内容与 IDDOV 的优化阶段主要工作内容基本相同。

②六西格玛改进

六西格玛改进活动的典型模式为 DMAIC 流程，分为：定义(Define)、测量(Measure)、分析(Analyze)、改进(Improve)和控制(Control)5 个阶段。DMAIC 是一个逻辑严密的过程循环，每个阶段都有该阶段的活动要点以及相应的常用工具，见表 1－1 和表 1－2。

表 1－1　六西格玛改进实施流程图及其任务

阶段	主要工作内容
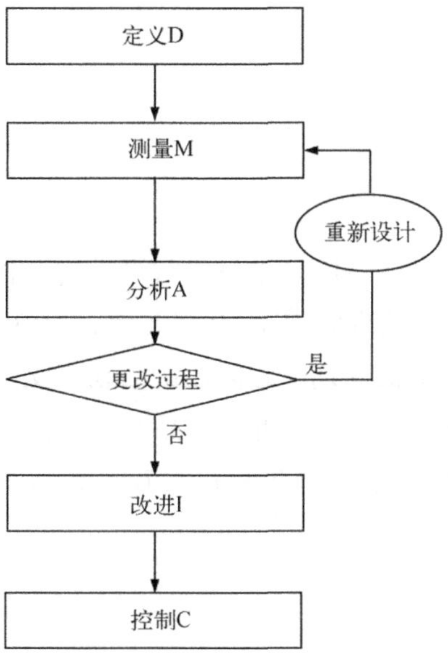	1)定义阶段 D：确定顾客的关键需求并识别需要改进的产品或过程，将改进项目界定在合理的范围内
	2)测量阶段 M：通过对现有过程的测量，确定过程的基线以及期望达到的目标，识别影响过程输出 Y 的 X_s，并对测量系统的有效性做出评价
	3)分析阶段 A：通过数据分析确定影响输出 Y 的关键 X_s，即确定过程的关键影响因素
	4)改进阶段 I：寻找优化过程输出 Y 并且消除或减小关键 X_s 影响的方案，使过程的缺陷或变异(或称为波动)降低
	5)控制阶段 C：使改进后的过程程序化并通过有效的监测方法保持过程改进的效果

表 1－2　DMAIC 过程活动要点及其工具

阶段	活动要点	常用工具与技术	
定义阶段 D	项目启动 寻找 $Y=f(x)$	运行图； 流程图； 关键质量特性分解； 排列图；	树图； SIPOC 图； 劣质成本分析； 质量功能展开(QFD)
测量阶段 M	确定基准 测量 Y、X_s	运行图； 过程能力分析； 流程分析； 故障模式与影响分析(FMEA)；	直方图； 长期能力与短期能力分析； 因果图； 测量系统分析
分析阶段 A	确定要因 确定 $Y=f(x)$	箱线图； 多变量图； 因果矩阵分析； 方差分析； 试验设计；	散布图； 水平对比法； 假设检验； 回归分析； FMEA
改进阶段 I	消除要因 优化 $Y=f(x)$	试验设计； 响应曲面法； FMEA；	田口方法； 测量系统分析； 过程改进
控制阶段 C	保持成果 更新 $Y=f(x)$	过程能力分析； 控制图； 控制计划	防错技术方法； 标准操作程序(SOP)；

1.4　并行工程

1.4.1　基本概念

并行工程是对产品及其相关过程(包括制造过程和保障过程)进行并行设计的一种系统的综合方法。它要求研制者从一开始就考虑产品整个寿命周期中的全部要素，包括质量、成本、进度和用户要求。这里“并行”的含义是，产品寿命周期工程阶段的活动有交叉，但并不是同时或交叉地进行设计和生产，而是在设计过程中，同时进行产品及其下游过程设计，同时考虑产品寿命周期的所有因素，然后通过材料信息和过程信息在设计阶段的集成，缩短产品开发时间，提高质量，降低成本。

1.4.2　适用范围

并行工程适用于小批量、多品种的生产，更适用于新产品的开发、生产的柔性化。在大批量生产过程中，也可以应用并行工程的思想。

1.4.3　主要内容

(1)并行工程的成功要素

并行工程的关键是在设计产品时综合考虑各种要素及其相关过程，强调顾客需求分析，以满足顾客需求为最终目标。

①组织方面

通过组建多学科的综合产品小组来促进设计过程的协作。组织的变革要克服来自传统的按功能划分部门的习惯及狭隘的局部利益等方面的阻力，使多学科小组间便于合作，并在此组织结构下获得优化的过程模型，使产品开发过程具有合理的信息传递关系。

②管理方面

管理的对象、内容及方法发生了显著的变化，如：

1)影响开发人员工作的因素明显增加。产品开发人员均隶属于一个或多个多学科小组，又同时分属于不同的功能部门。这种新的合作关系需要相应的管理方法和手段的支持。

2)设计阶段的冲突数量将会增加。并行工程通过结构重组，将以前不属于同一时间域的问题(如设计相关问题和制造相关问题)提前到设计阶段考虑，因而避免了设计前后逐渐增大的不一致性，但由此造成设计阶段内冲突的数量可能增加。

3)决策及冲突化解的复杂程度增加。与传统方式不同，并行工程设计阶段面临的冲突将是跨时域、跨功能、多目标及需要群决策的。

4)冲突解决方式有很大变化。除了面对面的讨论与集中会议工作方式，网络技术将是分布地域环境下解决冲突的重要工作方式之一。

③技术方面

并行工程不仅继承了许多传统的计算机集成制造系统(CIMS)技术，而且还采用了各种并行工程使能工具(如 DFX 工具)及集成技术。进一步完善和发展这些技术与工具是提高并行工程效益的根本保证。

(2)并行工程的特点

并行工程作为现代产品开发中新发展的系统化方法，继承了早期制造技术的许多精髓，同时具有独特的理论和方法。并行工程与传统串行产品开发方式的根本区别在于，它把产品各个活动看成是一个整体、集成的过程，从全局优化的角度出发，对集成过程进行管理与控制。串行产品开发流程与并行产品开发流程对比如图 1－5 所示。

通过与传统的串行模式相比较，并行工程具有以下显著特点：

1)产品及其相关过程并行设计，即在产品开发初期就考虑产品寿命周期中的全部要素，产品设计各阶段没有明显的界限，产品开发过程中设计、工艺、制造、采购、质量、后勤等诸多问题同时考虑；

2)组织若干个具有决策权的综合产品小组，组内团结协作，组间按产品结构形成严密

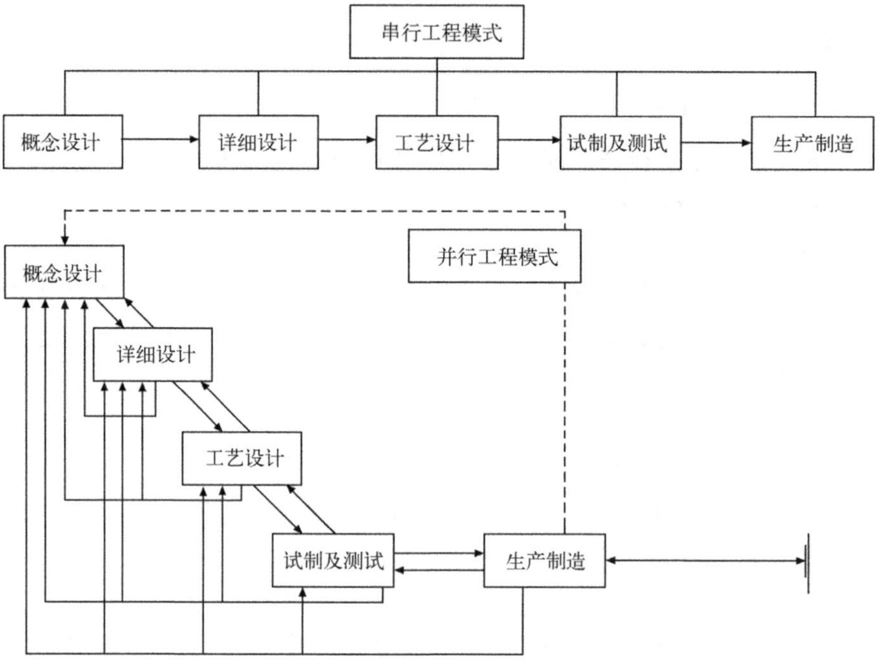

图 1－5　串行产品开发流程与并行产品开发流程的对比

的信息沟通网络；

3)强调以计算机为基础的技术保障，包括计算机辅助设计、计算机辅助工艺设计和仿真技术等。产品的设计、验证可在计算机上完成，样机的生产无需产品图纸、工艺图纸和装配图纸，包括设计过程中的各项试验均可在计算机上模拟、仿真，对产品样机的评审由原来的实物变成了计算机中的模型。即使有实物样机，实物样机的数量也比未采用并行工程时少很多。

(3)并行工程的实施框架

并行工程的实施在具备上述 3 个要素之后，在具体的产品研制过程中，并行工程通常由过程管理、工程设计、质量管理、生产制造、支持环境等 5 个分系统组成。其体系结构如图 1－6 所示。

由图 1－6 可见，各分系统中其主要工作也都逐层分解，分工明确，这样就可以使不同地区、工厂、车间生产通过利用综合产品小组(IPT)协同工作的网络与计算机手段有机地连结起来，形成了“闭环”工程。

1)质量(含可靠性、维修性和保障性，以下简称 RMS)管理模块：分析某产品现有产品开发流程，提出改进的产品开发过程，运用计算机手段对 IPT 和产品开发过程进行管理和控制；通过质量功能展开(QFD)的方法保证用户需求在产品开发阶段得到满足。

2)工程设计模块：以 CIMS 信息集成和 CAD/CAE/CAPP/CAM 为基础，扩展面向装配的设计和面向制造的设计功能；利用计算机工具支持产品的概念设计、结构设计、详细设

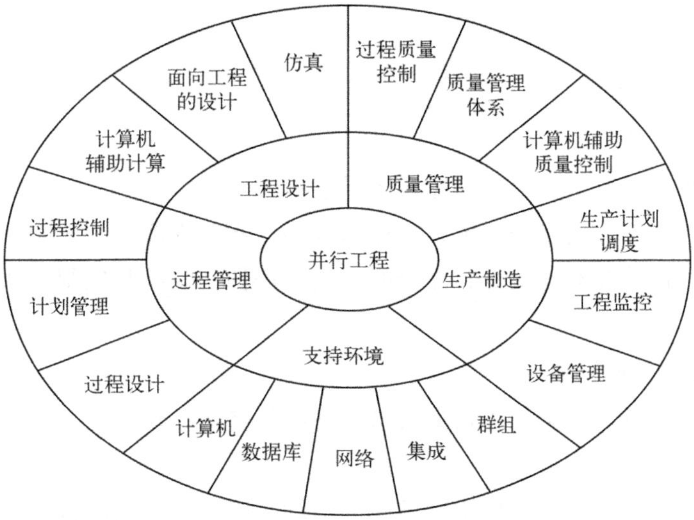

图 1-6　并行工程的体系结构示意图

计和工艺过程设计，实现全数字化产品定义。

3）支持环境模块：开发利用生产数据管理（PDM）系统构造产品开发团队共享产品数据的平台；建立用户机/服务器（Client/Server）结构的计算机系统和广域的网络环境，使异地分布的产品开发队伍能够通过 PDM 和群组协同工作系统进行协作产品开发。

4）生产制造模块：总项目的研究开发内容分阶段在实际企业得到应用或验证，加工并装配出合格的机械结构件。该模块作为"并行工程"的最终加工环境，为设计开发提供制造系统资源模型，并介入设计早期的决策。

5）过程管理模块：对产品制造工艺、流程进行有效控制，确保在产品生产过程中减少反复，提高质量。

1.5　产品保证

1.5.1　基本概念

产品保证是为使人们确信产品达到规定的质量要求，在产品研制、生产全过程所进行的一系列有计划、有组织的技术和管理活动。产品保证包括产品保证管理、质量保证、可靠性保证、安全性保证、材料保证、工艺保证、零件保证、元器件保证、软件保证等。

1.5.2　适用范围

产品保证适用于所有开展产品保证的型号（项目）的设计、生产、试验、交付使用等过程。

1.5.3 主要内容

(1)产品保证的目的

产品保证的目的是：

1)确保产品及时、安全、可靠地完成既定任务；

2)开发、运用各种产品保证技术、方法与标准，不断提高产品效能；

3)确保项目的各种技术风险得到充分的识别、评估、预防和控制，从而支持决策，降低项目风险。

(2)产品保证的基本原则

产品保证体现了预防为主、从源头抓起、全过程控制、系统管理的型号质量工作的总体思路。其基本原则是：

1)通过制定产品保证大纲，确定产品保证活动，以满足产品的目标和要求；

2)保证以一定的资源(人、财、物)开展产品保证活动，进行各项产品保证工作；

3)保证对分承包商、供应商的产品保证活动进行监控；

4)实施评审、检验、审核、验证、鉴定、验收等活动，对这些活动中提出的报警、关键项目、不合格品、更改、超差、偏离项目以及纠正措施和建议进行报告和监控。

(3)产品保证的内容

产品保证包括产品保证管理、质量保证、可靠性保证、安全性保证、维修性保证、元器件保证、材料机械零件和工艺保证、软件产品保证。

①产品保证管理

产品保证管理就是确定项目的产品保证方针、原则、目标，建立产品保证组织和队伍，明确和落实产品保证经理和相关人员的职责，明确主承包商和分承包商的责任和权利，合格分承制方的产品保证能力审查、监督与评价，对产品保证的各项工作与活动进行策划、组织、指挥、协调与控制，特别是根据型号项目的进度要求，通过制定与实施产品保证大纲，将产品保证要求进行层层分解和传递，对要求执行符合性进行确认。其主要内容包括：

1)明确职责和权限，包括规定影响质量的各类人员(包括管理者、执行者、检查者等)的职责与权限，规定承包商内部各部门之间的职责及相互关系，规定对分承包商、供应商产品保证工作的监控方法；

2)建立产品保证组织，负责产品保证管理以及可靠性、安全性、维修性、元器件、材料与工艺保证等工作；

3)配置资源，建立旨在保证产品质量的专业实验室，配置先进的检测、试验、分析设备，配备掌握产品保证技术和工程技术的专家队伍，通过标准、规范、手册以及其他工具对产品研制提供支援；

4)控制关键项目，要确定对达到研制、生产目标的关键环节，进行重点控制；

5)产品保证大纲的实施、控制、监督和审核。

②质量保证

质量保证是针对与产品质量有关的各方面，依靠程序和规程的支持，有计划、有系统地开展各项活动，在产品的设计与研制、采购、制造、装配和总装、试验、接收与交付等各个过程中，保证承包商本身及分承包商都能达到规定的要求。包括：文件及标识(包括产品标识)管理，产品特性分析，关重件确定与过程控制，测试覆盖性分析与检查，不可测试项目识别与控制，采购控制，检验(特别是关键检验和强制检验)，验收，过程质量记录管理，不合格控制，搬运、储存、保管、包装和运输控制，生产环境控制(洁净度、污染、多余物、防静电等的控制)等。

③可靠性保证

可靠性保证是通过一系列技术与管理活动，保证产品完成任务的能力并降低产品寿命周期费用。可靠性保证包括管理、设计与分析、试验与验证等三个方面的工作。主要包括可靠性保证组织和可靠性工作计划的落实。可靠性保证工作项目主要包括：可靠性分配与预计，可靠性设计准则(力学、热、电磁兼容性、抗辐照、防静电、降额、容错、冗余及裕度设计准则等)，FME(C)A 与 FTA，潜通路分析、最坏情况分析，确定和控制可靠性关键项目，环境应力筛选，可靠性验证，可靠性定量评估等。

④安全性保证

安全性保证是进行系统安全管理以减少和控制风险，在项目的各个阶段对人员和产品的安全负责，及时地鉴别一切可能发生的危险，并采取旨在消除、减少和控制危险的各种措施，保证产品在研制与生产的各个阶段和过程的安全。主要包括：确定安全性要求，识别、分析系统的危险(如火工品、推进剂、压力容器、微波与辐射产品、易燃品、刺激品以及由于故障引起的危险等)，制定和控制安全性关键项目，采取措施(如容错、隔离、防故障扩散、最小风险设计等安全性设计准则)，把安全性设计进产品，并得到有效的验证，将安全性的风险控制到可接受的水平。

⑤维修性保证

维修性保证是通过一系列技术与管理活动，保证产品完成任务的能力并降低产品寿命周期费用。维修性保证包括管理、设计与分析、试验与验证等三个方面的工作。

⑥元器件保证

元器件保证是制定并实施元器件控制大纲，说明控制的途径、方法和程序，设立机构管理元器件保证工作，控制元器件的选择、采购和使用。主要包括：元器件质量等级管理，元器件清单管理、装机信息管理，元器件选用、采购、监制与验收、筛选与复验、失效分析五统一管理，新品元器件、目录外元器件、质量等级不符合要求、超期复验元器件、失效元器件等例外管理，元器件储存、传递管理等。

⑦材料机械零件和工艺保证

材料机械零件和工艺保证是控制材料和机械零件选择、采购、检验、试验和使用，控制工艺的选择和使用，保证选用的材料、机械零件和工艺的质量与预定用途相适应。主要包括：使用的材料与零部件清单管理，禁用的材料，材料的相容性要求，具有易燃、爆炸、剧毒、辐射等特性的材料的使用控制，非金属材料放气率控制，金属材料应力腐蚀裂纹控制等，采用的工艺与工艺清单管理，未经飞行试验验证的工艺（或经过飞行试验验证但使用状态或应用环境发生变化）控制，禁用与限用工艺控制，近期多次发生过质量问题的工艺控制，产品成品合格率低或质量不稳定的工艺控制，技术状态更改的工艺控制，关键工艺与工序控制，新工艺鉴定等。

⑧软件产品保证

软件产品保证是软件产品寿命期内各项活动、控制、程序的综合，包括软件可靠性、维修性、安全性、质量保证和配置管理等保证活动。主要包括：软件配套与关键等级确定，开发步骤及评审管理，软件沿用与重用管理，关键软件模块开发控制，更改控制，测试及测试覆盖性管理，第三方评测管理，三库管理，版本控制等。

1.6 卓越绩效模式

1.6.1 基本概念

卓越绩效模式（Performance Excellence Model）是当前国际上广泛认同的一种组织综合绩效管理的有效方法/工具。卓越绩效管理是通过质量奖为载体进行管理的。一方面，通过建立质量奖来提升组织的管理水平，强化和提高组织的竞争力。另一方面，借助质量奖标准来进行自我评价，寻找改进机会，以实现持续改进和卓越绩效。卓越绩效模式要求企业建立一个适合的企业文化，不断进行质量管理和质量经营的系统整合，自我评价绩效，以追求卓越。卓越绩效评价准则虽然在大多数国家都是质量奖的评审标准，但从要求上看，它远远超越了狭义的产品、服务质量和顾客满意的概念，体现的是大质量的内涵，即致力于持续改进，以适应现代市场竞争要求、取得杰出的经营结果。因此，在世界范围内，卓越绩效评价准则也被称为“组织成功的路线图”。

1.6.2 适用范围

卓越绩效评价准则主要用于以下方面：一是作为一个综合的绩效管理系统，为组织健全管理框架，取得卓越的经营绩效提供指导和自我评价的工具；二是作为质量奖的评价依据，通过质量奖的方式，弘扬优秀企业的管理经验，促进交流与共享。

1.6.3 主要内容

（1）卓越绩效评价准则框架图与评分项分值表

卓越绩效模式核心是强化组织的顾客满意意识和创新活动，追求卓越的经营绩效认为，卓越绩效模式的本质是对全面质量管理的标准化、规范化和具体化。

卓越绩效模式源自美国波多里奇奖评审标准，以顾客为导向，追求卓越绩效管理理念。包括领导、战略、顾客和市场、测量分析改进、人力资源、过程管理、经营结果等7

个方面。该评奖标准是一种卓越的管理模式，即卓越绩效模式。它不是目标，而是提供一种评价方法。

GB/T 19580—2004《卓越绩效评价准则》国家标准参照国外质量奖的评价准则，结合我国质量管理的实际情况，从领导，战略，顾客与市场，资源，过程管理，测量、分析与改进以及经营结果等七个方面规定了组织卓越绩效的评价要求，为组织追求卓越绩效提供了自我评价的准则，也可用于质量奖的评价。具体卓越绩效评价准则框架如图 1－7 所示。

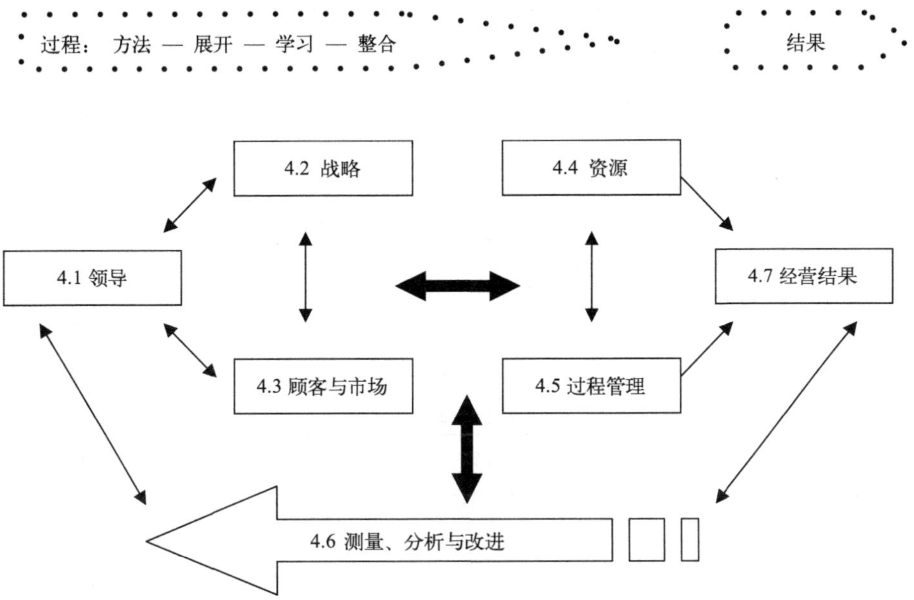

图 1－7　卓越绩效评价准则框架

有关过程的类目包括 4.1～4.6，结果类目为 4.7。过程旨在结果，结果通过过程取得，并为过程的改进和创新提供导向。"领导"掌控着组织前进的方向，并密切关注着"经营结果"。"领导"、"战略"、"顾客与市场"构成"领导作用"三角，是驱动性的；"资源"、"过程管理"、"经营结果"构成"资源、过程和结果"三角，是从动性的；而"测量、分析与改进"是组织运作之基础，是链接两个三角的"链条"，并转动着改进和创新的计划、实施、检查和处理(PDCA)之轮。

卓越绩效评价准则评分项分值表见表 1－3。

表 1－3　卓越绩效评价准则评分项分值表

评分项名称	分类/项目	分值
4. 1	领导	100
4. 1. 1	组织的领导	60
4. 1. 2	社会责任	40
4. 2	战略	80

续表

评分项名称	分类/项目	分值
4. 2. 1	战略制定	40
4. 2. 2	战略部署	40
4. 3	顾客与市场	90
4. 3. 1	顾客和市场的了解	40
4. 3. 2	顾客关系和顾客满意	50
4. 4	资源	120
4. 4. 1	人力资源	40
4. 4. 2	财务资源	10
4. 4. 3	基础设施	20
4. 4. 4	信息	20
4. 4. 5	技术	20
4. 4. 6	相关方关系	10
4. 5	过程管理	110
4. 5. 1	价值创造过程	70
4. 5. 2	支持过程	40
4. 6	测量、分析与改进	100
4. 6. 1	组织绩效的测量与分析	40
4. 6. 2	信息和知识的管理	30
4. 6. 3	改进	30
4. 7	经营结果	400
4. 7. 1	顾客与市场的结果	120
4. 7. 2	财务结果	80
4. 7. 3	资源结果	80
4. 7. 4	过程有效性结果	70
4. 7. 5	组织的治理和社会责任结果	50
合计		1 000

（2）卓越绩效评价准则评分指南

根据 GB/T 19580—2004《卓越绩效评价准则》的内容和被评价组织的信息，按过程、结果两种评分项进行评分。

在确定分数的过程中应遵循以下原则：

1）应当评审评分项中的所有方面，特别是对组织具有重要性的方面，即必须考虑过程和结果对关键经营因素的重要度，其最重要的方面应当在“组织概述”和诸如 4. 2. 1、4. 2. 2、4. 3. 1、4. 5. 1、4. 6. 1 等评分项中识别，关键顾客要求、竞争环境、关键战略目标和战略规划尤其重要。

2)给出一个评分项评分时，首先判定哪个分数范围(如50%～65%)总体上“最适合”组织在本评分项达到的水平。总体上“最适合”并不要求与评分范围内的每一句话完全一致，允许在个别要素(过程的A—D—L—I要素或结果要素)上有所差距。

3)组织达到的水平是依据对4个过程要素、4个结果要素整体综合评价的结果，并不是专门针对某一个要素进行评价或对每一个要素评价后进行平均的结果。

4)在适合的范围内，实际分数根据组织的水平与评分要求相接近的程度来判定。

5)过程评分项分数为50%，表示方法符合该评分项的总体要求并持续展开，且展开到该评分项涉及的大多数部门；通过一些改进和学习的循环，满足了关键的组织需要。更高的分数则反映更好的成就，证实了更广泛的展开、显著的组织学习以及日趋完善的整合性。

6)结果评分项分数为50%，表示该评分项在对组织重要的经营方面，有清晰的改进趋势和(或)良好的绩效水平，并有相适宜的对比数据。更高的分数则反映更好的改进速度和(或)绩效水平、更好的对比性绩效和更广泛的范围，并与经营要求相融合。

表1-4和表1-5分别是过程、结果评分项的评价指南。

表1-4　过程评分项评价指南

分数	过程
0%或5%	显然没有系统的方法；信息是零散、孤立的。(A) 方法没有展开或仅略有展开。(D) 不能证实具有改进导向；已有的改进仅仅是“对问题做出反应”。(L) 不能证实组织的一致性；各个方面或工作部门的运作都是相互独立的。(I)
10%、15%、20%或25%	针对该评分项的基本要求，开始有系统的方法。(A) 在大多数方面或部门，处于方法展开的初级阶段，阻延了该评分项基本要求的进程。(D) 处于从“对问题做出反应”到“一般性改进导向”方向转变的初期阶段。(L) 主要通过联合解决问题，使方法与其他方面或部门达到一致。(I)
30%、35%、40%或45%	应对该评分项的基本要求，有系统、有效的方法。(A) 尽管在某些方面或部门还处于展开的初期阶段，但方法还是被展开了。(D) 开始有系统的方法，评价和改进关键过程。(L) 方法处于与在其他评价项中识别的组织的基本需要协调一致的初级阶段。(I)
50%、55%、60%或65%	应对该评分项的总体要求，有比较系统、有效的方法。(A) 尽管在某些方面或部门的展开有所不同，但方法还是得到了很好的展开。(D) 有了基于事实的、系统的评价和改进过程，以及一些组织的学习，以改进关键过程的效率和有效性。(L) 方法与在评分项中识别的组织需要协调一致。(I)
70%、75%、80%或85%	应对该评分项的详细要求，有系统、有效的方法。(A) 方法得到很好的展开，无显著的差距。(D) 基于事实的、系统的评价和改进，以及组织的学习，成为关键的管理工具；存在清楚的证据，证实通过组织级的分析和共享，得到了精细、创新的结果。(L) 方法与在其他评分项中识别的组织需要达到整合。(I)

续表

分数	过程
90%、95%或100%	应对该评分项的详细要求，全部有系统、有效的方法。(A) 方法得到充分的展开，在任何方面或部门均无显著的弱项或差距。(D) 以事实为依据、系统的评价和改进，以及组织的学习是组织主要的管理工具；通过组织级的分析和共享，得到了精细的、创新的结果。(L) 方法与在其他评分项中识别的组织需要达到很好的整合。(I)

表1-5　结果评分项评分指南

分数	结果
0%或5%	没有描述结果，或结果很差。 没有显示趋势的数据，或显示了总体不良的趋势。 没有对比性信息。 在对组织关键经营要求重要的任何方面，均没有描述结果
10%、15%、20%或25%	结果很少；在少数方面有一些改进和(或)处于初期的良好绩效水平。 没有或极少显示趋势的数据。 没有或极少对比性信息。 在少数对组织关键经营要求重要的方面，描述了结果
30%、35%、40%或45%	在该评分项要求的多数方面有改进和(或)良好绩效水平。 处于取得良好趋势的初期阶段。 处于获得对比性信息的初期阶段。 在多数对组织关键经营要求重要的方面，描述了结果
50%、55%、60%或65%	在该评分项要求的大多数方面有改进趋势和(或)良好绩效水平。 在对组织关键经营要求重要的方面，没有不良趋势和不良绩效水平。 与有关竞争对手和(或)标杆进行对比评价，一些趋势和(或)当前绩效显示了良好到优秀的水平。 经营结果达到了大多数关键顾客、市场、过程的要求
70%、75%、80%或85%	在对该评分项要求重要的大多数方面，当前绩效达到良好到卓越水平。 大多数的改进趋势和(或)当前绩效水平可持续。 与有关竞争对手和(或)标杆进行对比评价，多数到大多数的趋势和(或)当前绩效显示了领先和优秀的水平。 经营结果达到了大多数关键顾客、市场、过程和战略规划的要求
90%、95%或100%	在对该评分项要求重要的大多数方面，当前绩效达到卓越水平。 在大多数方面，具有卓越的改进趋势和(或)可持续的卓越绩效水平。 在多数方面被证实处于行业领导地位和标杆水准。 经营结果充分地达到了关键顾客、市场、过程和战略规划的要求

1.7　精益生产

1.7.1　基本概念

精益生产(Lean Production，LP)是美国麻省理工学院数位国际汽车计划组织(IMVP)的专家对日本“丰田准时制生产方式(Just In Time，JIT)”的赞誉之称。精，即少而精，不投入多余的生产要素，只是在适当的时间生产必要数量的市场急需产品(或下道工序急需的产品)；益，即所有经营活动都要有益有效，具有经济性。精益生产的特点是消除一切浪费，追求精益求精和不断改善。去掉生产环节中一切无用的东西，每个工人及其岗位的安排原则是必须增值，撤除一切不增值的岗位。精简是它的核心，精简产品开发设计、生产、管理中一切不产生附加值的工作，旨在以最优品质、最低成本和最高效率对市场需求作出最迅速的响应。

1.7.2　适用范围

精益生产既可以适用于离散化生产制造企业，也适用于连续型生产制造企业。

1.7.3　主要内容

(1)精益生产的思想

①由顾客确定产品价值结构

精益生产的出发点是产品价值结构，价值结构只能由最终顾客来确定，而价值结构也只有由具有特定价格、能在特定时间内满足顾客需求的特定产品(商品或服务，而经常是既是商品又是服务的产品)来表达时才有意义。

②变“成批移动”为“单件流动”

精益生产认为，产品按从原材料到成品的过程连续来生产的话，即单件流动，工作能更好、更有效地完成。在单件流动中，因为在每个工段中各工序衔接在一起，前工序做完一个在制品，就可立即“流”到下一工序继续加工，所以工序间几乎没有搬运距离，也没有在制品，因此在制品数量可以大幅度降低，生产空间也跟着减少了。不良品一旦发生，就可立即发现，而且很容易地确认出是由哪一台机器、哪一个作业者做出来的。这有助于消除不良品。更重要的是生产周期大幅度缩短，更能满足市场多变的需求。由于不必为每台设备单独设置入口存放处和出口存放处，场地也节省了许多。

③生产由顾客拉动

采用拉动式系统可以真正实现按需生产。如果每道工序都按下道工序的要求，在适当的时间，按需要的品种与数量生产，就不会发生不需要的零部件生产出来的情况。一旦有了在顾客需要的时候就能设计、安排生产和制造出顾客真正需要的产品的能力，就意味着企业可以抛开销售预测，直接按顾客的实际要求生产。这就是说，企业可以让顾客按需求拉动产品生产，而不是把顾客常常不想要的产品硬推给顾客。当顾客知道他们可以及时得到他们所要的东西时，而且，当生产者停止定期的减价销售活动，不再把已经生产出来却没人要的产品推销出去时，顾客的需求就变得稳定多了。

④消除产业价值链的浪费(Muda)

在分析每个产品(或产品系列)的产业价值链时通常会暴露出大量的、错综复杂的Muda。消除Muda是精益生产的基本思路和做法。

(2)精益生产的十大工具

精益生产如六西格玛一样，也是一种顾客驱动下的持续改进模式。对于实施精益生产的企业来说，精益生产只有起点，没有终点，现代精益生产体系实际上综合了多种制造管理、现场管理的理论和方法。

①准时制生产方式(JIT)

准时制生产方式是起源于日本丰田汽车公司，其基本思想是“只在需要的时候，按需要的量生产所需的产品”。这种生产方式的核心是追求一种无库存的生产系统，或使库存达到最小的生产系统。

②单件流

JIT是精益生产的终极目标，它是通过不断消除浪费、降低库存、减少不良、缩短制造周期时间等具体要求来实现的。单件流是帮助我们达到这一目标的关键手法之一。

③看板管理(Kanban)

看板可以作为交流厂内生产管理信息的手段。看板卡片包含相当多的信息并且可以反复使用。常用的看板有两种：生产看板和运送看板。

④零库存管理

工厂的库存管理是供应链的一环，也是最基本的一环。就制造业而言，加强库存管理，可缩短并逐步消除原材料、半成品、成品的滞留时间，减少无效作业和等待时间，防止缺货，提高客户对“质量、成本、交期”三大要素的满意度。

⑤全面产能维护(TPM)

以全员参与的方式，创建设计优良的设备系统，提高现有设备的利用率，实现安全性和高质量，防止故障发生，从而使企业实现成本降低和全面生产效率的提高。

⑥运用价值流图来识别浪费

生产过程中到处充斥着惊人的浪费现象，价值流图(Value Stream Mapping)是实施精益系统、消除过程浪费的基础与关键点。

⑦生产线平衡设计

由于流水线布局不合理导致生产工人无谓地移动，从而降低了生产效率。由于动作安排不合理、工艺路线不合理，会导致工人三番五次地拿起或放下工件。

⑧拉系统与补充拉系统

所谓拉动生产是以看板管理为手段，采用“取料制”即后道工序根据市场需要进行生产，对本工序在制品短缺的量从前道工序取相同的在制品量，从而形成全过程的拉动控制系统，绝不多生产一件产品。JIT 需要以拉动生产为基础，而拉系统操作是精益生产的典型特征。精益追求的零库存，主要通过拉系统的作业方式实现的。

⑨降低设置时间(Setup Reduction)

为了使停线等待浪费减为最少，缩短设置时间的过程就是逐步去除和减少所有的非增值作业，并将其转变为非停线时间完成的过程。精益生产是通过不断消除浪费、降低库存、减少不良、缩短制造周期时间等具体要求来实现的，降低设置时间是帮助我们达到这一目标的关键手段之一。

⑩持续改善(KAIZEN)

当开始精确地确定价值，识别价值流，使为特定产品创造价值的各个步骤连续流动起来，并让客户从企业拉动价值。

参考文献

[1] 詹姆斯·R·埃文斯，威廉·M·林赛．质量管理与质量控制[M]．焦叔斌，等，译．北京：中国人民大学出版社，2010.

[2] 约瑟夫·M·朱兰．朱兰质量手册[M]．北京：中国人民大学出版社，2014.

[3] W·爱德华兹·戴明．戴明论质量管理[M]．海口：海南出版社，2003.

[4] 刘宏．PDCA 循环推进持续的质量改进[J]．电子质量，2005(7)：41－43.

[5] 郎志正．质量管理技术与方法[M]．北京：中国标准出版社，1998.

[6] MIL－STD－499B：1993 工程管理[S]． 1993.

[7] ISO/ IEC 15288 Systems and Software Engineering－System Lifecycle Processes[S]. 2013.

[8] ISO/ IEC 26702 IEEE Standard for Application and Management of the Systems Engineering Process[S]． 2007.

[9] GB/T 26240—2010 系统工程　系统工程过程的应用和管理[S]. 2010.

[10] GB/T 22032—2008 系统工程　系统生存周期过程[S]. 2008.

[11] EIA－632 Processes for Engineering A System[S]. 1998.

[12] 马林，何桢．六西格玛管理[M]．北京：中国人民大学出版社，2014.

[13] 熊光楞．并行工程的理论与实践[M]．北京：清华大学出版社，2002.

[14] DOD Guide to Integrated Product and Process Development(Version 1.0)[M]. February 5, 1996.

[15] DOD Integrated Product and Process Development Handbook[M]. July 6, 1998.

[16] QJ 3187—2003 航天产品保证大纲编写指南[S]. 2003.

[17] QJ 2171A—1998 航天产品保证要求[S]. 1998.

[18] QJ 3076—1998 航天产品质量保证要求[S]. 1998.

[19] QJ 1408A—1998 航天产品可靠性保证要求[S]. 1998.

[20] QJ 2236A—1999 航天产品安全性保证要求[S]. 1999.

[21] QJ 3057—1998 航天用电气、电子和机电(EEE)元器件保证要求[S]. 1998.

[22] QJ 3125—2000 航天产品材料、机械零件和工艺保证要求[S]. 2000.

[23] QJ 3126—2000 航天软件产品保证要求[S]. 2000.

[24] GB/T 19580—2004 卓越绩效评价准则[S]. 2004.

[25] GB/Z 19579—2004 卓越绩效评价准则实施指南[S]. 2004.

第 2 章　质量策划与分析

2.1　质量功能展开

2.1.1　基本概念

质量功能展开(Quality Function Development, QFD)是一种直观地把顾客(用户、使用方)对产品的需求逐步转化、展开、分解的多层次演绎分析方法。

质量屋(House of Quality, HOQ)是一种形象直观的二元矩阵展开图表，是实现质量功能展开的结构化工具，提供将顾客需求转换成产品技术特性的框架和结构。

2.1.2　适用范围

QFD 适用于产品开发、质量改进、故障分析、可靠性增长、工艺改进、分解落实目标计划、管理以及服务项目等。

2.1.3　主要内容

(1)质量功能展开分析模型

QFD 技术的分析模型是通过一系列矩阵展开图表的形式，量化分析顾客需求与工程措施之间的关系。由于美国引入 QFD 技术以后将其分析模型的结构以“房屋型”结构加以描述，将其形象地称作“质量屋”，如图 2 -1 所示。目前，在全球多种 QFD 分析模型中，质量屋是最通用的。

按照质量屋的结构来构建质量屋的过程，就是运用 QFD 技术进行分析的过程。质量屋包括以下几个部分:

1)“左墙”——这一部分用于分析和确定顾客需求及其重要度。

2)“天花板”——这一部分用于提出工程措施，即针对各项顾客需求逐一列出相对应的技术措施和管理措施，这些措施的有效实施能够使顾客需求得以实现。

3)“房间”——这一部分用于分析顾客要求与工程措施的关系度。顾客需求就与工程措施形成关系矩阵，反映从顾客需求到工程措施的映射关系，表明各项工程措施对各项顾客需求的贡献和相关程度。

4)“地板”——这一部分用于确定工程措施指标及其重要度。分析本企业产品与竞争对手产品在各项工程措施上的满足程度，结合调查结果，初步确定工程措施指标，并根据顾客需求的重要度和关系矩阵，确定工程措施的权重。

5)“屋顶”——这一部分用于分析工程措施之间的相关度，形成三角形的相关矩阵，

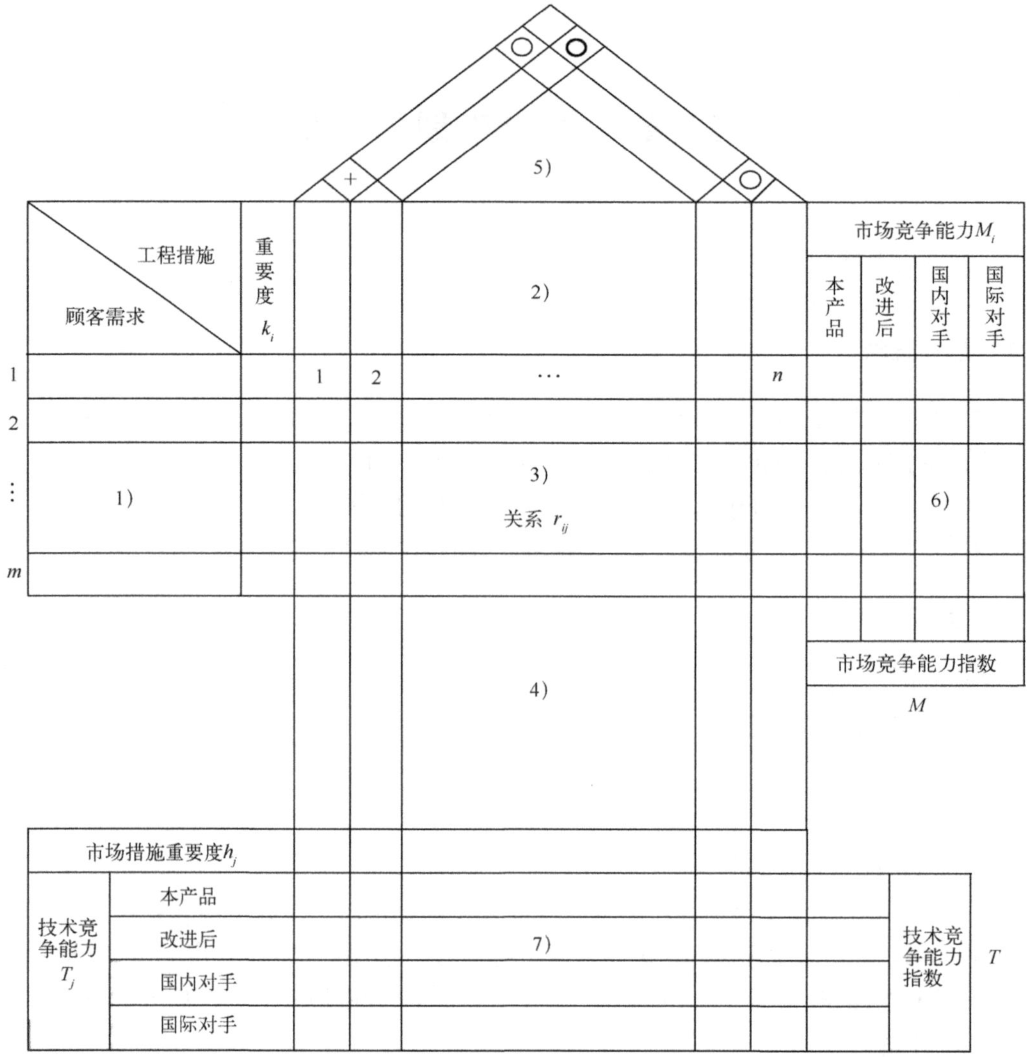

图 2－1　质量屋的结构

分析各项工程措施之间的影响，发现工程措施之间的重复或不协调。

6)“右墙”——这一部分用于分析市场竞争能力，旨在确定顾客对本产品及竞争对手产品的评估信息。

7)“地下室”——这一部分用于分析技术竞争能力，根据企业现有技术能力及技术发展战略设定新产品对每项工程措施的实现水平，用量化分值进行评估。

最后，应对市场竞争能力和技术竞争能力进行综合评价。实际应用中可根据具体要求对质量屋结构的部分内容进行裁剪。

(2)质量功能展开应用工作程序

由于质量屋是 QFD 最常用的分析模型，应用 QFD 的工作程序主要就是构建质量屋的过程。图 2－2 给出质量屋的构建程序。

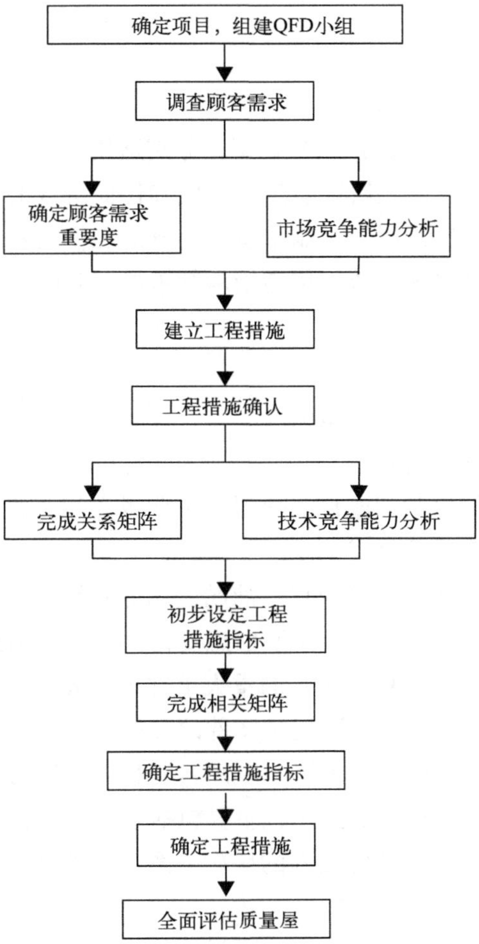

图 2-2　质量屋的构建程序

2.2　工作说明

2.2.1　基本概念

工作说明(SOW)是指对为完成合同规定的任务而必须做的工作进行规定和说明的合同附件。

2.2.2　适用范围

工作说明适用于航天产品寿命周期内需纳入招标书、合同或其他订货文件中的各类工作说明的编写。GJB 2742《工作说明编写要求》和美国国防部军用标准 MIL-HDBK-245D《工作说明(SOW)编写手册》都有比较详细的描述。

2.2.3　主要内容

(1)各类工作说明适用的研制阶段

工作说明有 0、Ⅰ、Ⅱ、Ⅲ、Ⅳ、Ⅴ类型，分别适用于论证阶段、方案阶段、工程研制阶段与设计定型阶段、生产定型阶段、生产阶段和任何阶段的专项服务。工作说明应将任务提出方在对应的研制生产阶段对承制单位应完成的工作内容和工作要求进行比较详细的描述，并作为合同附件将要求和依据传递给承制单位，并以此作为过程检查和任务验收的依据性文件。

(2)各阶段工作说明的内容

①论证阶段的工作说明(0 类工作说明)

第 1 章一般应当包括以下内容：

1)问题说明，即对要解决的问题作简要说明和背景介绍，并且对初步的项目研制计划及所提要求的必要性加以简洁的说明；

2)系统简介，即对整个建议的系统加以简明的功能介绍，如果可行，应考虑用图示法来表示系统，以便使工作的执行者能迅速明白想要得到的系统和预期的用途；

3)进度要求，即按时间顺序列出初步的重大事件进程表。

第 2 章应列出在工作说明正文中引用过文件的文件号和名称。

第 3 章中根据需要给出某些特定术语、专用名词和缩写词的定义。

第 4 章中规定合同双方应该做的工作，主要包括下列要求：

1)列出系统、子系统和主要部件之间的层次关系，并绘制一个功能流程图，表示出系统、子系统和主要部件的关系；

2)列出各种可供选择的初步总体方案，通过性能、可靠性、维修性、保障性等方面的权衡研究，以及它们和进度、经费之间的权衡研究，指出这些方案在作战效能方面可能存在的差异，工作说明必须明确指出权衡的基准；

3)应按要求划分研制阶段，列出在不同的时间阶段应完成的分布在不同独立领域中的工作，初拟研制工作总计划，提出研制工作所需条件；

4)估算研制费用和承担的风险程度，进行费效初步分析，提出拨款计划建议；

5)提交《武器系统研制总要求》及其论证报告、《总体工艺性论证报告》、《试验与评定总计划》等文件；

6)提交规定系统功能要求的初步系统规范等技术资料；

7)本阶段交付项目及其时间进度表；

8)初步确定技术状态项目，提出重要接口的接口控制要求；

9)编制系统工程管理计划草案、工程专业综合的计划草案和其他项目管理文件。

②方案阶段的工作说明(Ⅰ类工作说明)

第 1 章简述工作说明的主要内容，必要时可包括一些背景资料。

第 2 章中应列出所有在工作说明各要求部分引用过的文件的文件号和名称，这些文件可以包括标准及其他需要用来确认和阐明工作任务或可交付产品的文件。

第 3 章中根据需要给出某些特定术语、专用名词和缩写词的定义。

第 4 章应根据合同要求并按照合同工作分解结构，规定合同双方应做的工作，主要对下列工作项目提出要求：

1)确定系统工程管理计划；

2)进行系统要求审查，确定系统规范，建立功能基线；

3)确定技术状态项目，编制技术状态项目的研制规范，建立分配基线(在本阶段后期)；

4)选定分承制单位(成品厂、所)，签订成品研制合同、技术规范和工作说明；

5)制定接口控制文件；

6)编制《软件要求规范》；

7)完成总体设计图样和技术文件，进行子系统、主要部件的技术设计；

8)修订《试验与评定总计划》，完成本阶段各项试验任务；

9)制定风险管理计划，确定风险项目并通过技术攻关，最大限度地降低研制风险；

10)进行保障性分析，制定综合保障计划；

11)制定技术状态管理计划；

12)开展工程专业综合工作，制订《质量保证大纲》、《标准化大纲》，编制《可靠性大纲》、《维修性大纲》、《人机工程大纲》、《安全性工作大纲》、《电磁兼容性大纲》和环境条件文件等；

13)修订对研制费用的估算并初步估计寿命周期费用；

14)根据武器装备研制工作总计划，制定系统和子系统研制工作网络图；

15)设计、制造样机并进行样机评审；

16)确定试制工艺方案、总原则，进行试制生产准备；

17)进行系统设计审查；

18)编制《研制任务书》和《研制方案论证报告》；

19)本阶段交付项目及其时间进度表。

③工程研制阶段与设计定型阶段的工作说明(Ⅱ类工作说明)

第 1 章简述工作说明的主要内容，一般不包括背景资料。

第 2 章应列出所有在工作说明正文中引用过的文件的文件号和名称。这些文件可以包括标准及其他需要用来确认和阐明工作或可交付产品的文件。

第 3 章根据需要给出某些特定术语、专用名词和缩写词的定义。

第 4 章应按照合同工作分解结构来确定合同双方应做的工作，主要包括下列要求：

1)实施系统工程管理计划；

2)开展工程专业综合工作，贯彻《质量保证大纲》，实施《标准化大纲》、《可靠性大纲》、《维修性大纲》、《人机工程大纲》、《安全性大纲》、《电磁兼容性大纲》和环境条件文件等；

3)实施计量保证工作要求；

4)实施技术状态管理计划；

5)进行产品的详细设计，发出全套生产图样；

6)对生产图样进行工艺审查，编制《生产制造计划(草案)》，进行生产准备；

7)实施软件要求规范，开展软件设计，进行软件接口控制，编写软件文档，根据武器系统嵌入式软件的类型和复杂性，详细说明软件开发所需的工作项目；

8)进一步开展保障性分析，完善并实施综合保障计划；

9)按照接口控制文件进行接口控制；

10)编制并实施《零件控制大纲》，提出并实施零部件的互换性要求；

11)编制初步的产品规范、工艺规范和材料规范；

12)完成新成品研制，提供成品试验件和装机件；

13)组织进行试制生产；

14)实施《试验与评定总计划》，进行各项试验；

15)制定并贯彻故障报告、分析和纠正措施系统(FRACAS)的规定；

16)编制《制造管理大纲草案》；

17)提供设计定型用样机，完成设计定型试验；

18)提供设计定型用全套资料，进行功能技术状态审核，完成产品设计定型；

19)根据研制工作网络图进行细化，提出工作说明中合同双方所有工作、各项阶段技术审查和交付项目的时间进度表，制定研制工作二级网络图。

以上包括产品初样研制和正样研制的工作要求，在编写初样研制和正样研制的工作说明时，可根据需要进行剪裁。

④生产定型阶段的工作说明(Ⅲ类工作说明)

第 1 章简述工作说明的主要内容，不包括背景资料。

第 2 章应列出所有在工作说明各要求部分引用过的文件的文件号和名称。这些文件可以包括标准及其他需要用来确认和阐明工作任务或可交付产品的参考文件。

第 3 章中根据需要给出某些特定术语、专用名词和缩写词的定义。

第 4 章应参照合同工作分解结构来规定双方应做的工作，主要包括下列内容：

1)继续开展系统工程管理工作；

2)实施技术状态管理计划；

3)贯彻《质量保证大纲》；

4)实施《可靠性大纲》；

5)完善并贯彻《制造管理大纲》；

6)解决设计定型时遗留的技术问题；

7)完善工装、工艺，调整生产线；

8)贯彻故障报告、分析和纠正措施系统(FRACAS)要求；

9)为生产交付的产品做好各项综合保障工作，满足保障性要求；

10)通过物理技术状态审核，确定产品规范、工艺规范和材料规范及全套生产图样；

11)完成定型试验，提交全套生产定型文件，完成生产定型；

12)进行费用决算，确定生产成本和系统价格，修正寿命周期费用估算值；

13)本阶段交付项目及其时间进度表。

⑤生产阶段的工作说明(Ⅳ类工作说明)

第 1 章简述工作说明的主要内容，不包括背景资料。

第 2 章应列出所有在工作说明各要求部分引用过的文件的文件号和名称。这些文件可以包括标准及其他需要用来确认和阐明工作任务或可交付产品的文件。

第 3 章应根据需要给出某些特定术语、专用名词和缩写词的定义。

第 4 章主要包括下列内容：

1)贯彻产品规范、工艺规范、材料规范，按全套生产图样组织批量生产；

2)实施《制造管理大纲》；

3)进行了生产阶段系统工程管理；

4)实施技术状态管理；

5)贯彻《质量保证大纲》；

6)实施综合保障计划；

7)贯彻故障报告、分析和纠正措施系统(FRACAS)要求；

8)进行批量产品的抽样鉴定试验和评估；

9)交付项目及其进度表。

⑥专项服务的工作说明(Ⅴ类工作说明)

第 1 章简述专项服务的主要内容、工作目的和意义。根据需要可纳入背景资料。

第 2 章中应列出所有在工作说明各要求部分引用过的文件的文件号和名称。这些文件可以包括标准及其他需要用来确认和阐明工作任务的参考文件。

第 3 章根据需要给出某些特定术语、专用名词和缩写词的定义。

第 4 章中要用准确和简明的措辞描述专项服务的具体任务及工作要求。由于承制方操作人员和检验人员都是依据合同和工作说明的内容进行工作的，在编写专项服务的工作说明时，内容和要求应足够具体和明确。具体要求如下：

1)准确地提出要做什么工作，工作中要满足什么样的要求；

2)需要什么样的工作结果和交付的资料；

3)明确规定各项工作的时间进度、定期进展报告的内容和格式；

4)明确验收条件。

2.2.4　注意事项

(1)工作说明的性质

工作说明是武器装备研制生产合同的主要附件之一，具有与合同正文同等的法律效力。工作说明用以明确提出工作范围和工作要求，这些要求是承制方保证完成合同任务必须做的工作。承制方依据工作说明来安排武器装备项目的研制生产工作，订购方按照工作说明检查承制方履行合同的状况。工作说明也是合同违约仲裁的依据之一。

(2)工作说明与工作分解结构、工程项目专用规范的关系

武器装备系统研制和生产的规划、实施及控制，都应有一个完整的层次体系作为贯穿整个研制生产过程的总脉络。工作分解结构就是在研制和生产各阶段中供制定计划和安排经费的统一构架，它可使工作说明的组成部分得到合理的安排，并可以追踪到每一组成部分下扩展的工作项目，因而工作分解结构是编制工作说明的基础。

工程项目专用规范是阐明武器装备研制项目定量和定性设计与性能要求的合同附件。大量的、准确的设计特性要求，都包括在工程项目专用规范中，其编制要求按有关标准执行。工作说明用以规定工作要求，而不能展开阐述规范的内容，也不能用工作说明更改规范。工作说明一般只提出需要做什么工作，并不规定完成这些工作的途径和方法。例如，相关的工程项目专用规范可以规定可靠性、维修性指标[故障间隔平均时间(MTBF)、平均维修时间(MTTR)等]；而工作说明则规定承制方编制、实施和管理《可靠性大纲》和《维修性大纲》的要求。

工作说明的内容与研制生产项目的经费存在着对应的关系，是进行研制生产项目经费预算的依据之一。

2.3 工作分解结构

2.3.1 基本概念

工作分解结构(Work Breakdown Structure，WBS)是对产品项目在研制和生产过程中所应完成的工作按一定的逻辑自上而下逐级分解所形成的一个层次体系。该层次体系以要研制和生产的产品为中心，由产品(硬件和软件)项目、服务项目和资料项目组成。WBS 完全限定了产品项目的工作，表示出各项工作之间以及它们与最终产品之间的关系，充分体现了系统的整体性、有序性(层次性)和相关性，是设计完整性的保证。

2.3.2 适用范围

WBS 适用于确定和有效地管理项目的工作。WBS 是一个清晰地表示各项目工作之间的相互联系的结构设计工具。WBS 是一个展现项目全貌，详细说明为完成项目所必须完成的各项工作的计划工具，也是制定责任矩阵、进度计划、资源需求、成本预算、风险管理计划和采购计划等的重要基础。WBS 定义了里程碑事件，可以作为项目状况的报告工具向管理层和用户报告项目完成情况，同时也是控制项目变更的重要基础。

2.3.3 主要内容

承制方应为其参与或合同所确定的全部范围以及实施项目所必需的应用单元，编制工

作分解结构。

承制方应将工作分解结构送交采购方，为采购方和承制方之间提供一个协商同意的工作基础，以便在合同签订时输出双方之间协商同意的 WBS。承制方应确定工作分解结构的控制级别，并取得采购方认可后将其列入合同，提供经双方同意的控制级别。应保持经同意的 WBS 动态更新，保证考虑到订货方与承制方和分承制方之间协商同意的有关服务或要求方面的全部修改，这些修改将根据业务合同规则予以确认。提供具有唯一标识的工作包。一个工作包应符合下述条件：

1）在其范围内是可度量和可管理的，以便进行策划、监督及过程控制；

2）制定监督人；

3）有“工作包说明”予以定义；

4）工作包任务完成时，提供产品或文件；

5）有确定输入和输出，形成与其他任务或工作包的接口；

6）明确预期约束；

7）按照工作分解结构使用的标识规则予以单独标识。

应编制项目纲要 WBS 和合同 WBS。

初步的项目纲要 WBS 一般由采购方编制，它是论证阶段系统工程的结果。系统工程工作将确定要研制的产品的类别以及最适合满足作战要求的纲要 WBS 单元。在为某个产品项目编制项目纲要 WBS 时，一般应从 QJ 3121 中选择合适的级别单元，并采用规定的单元名称、说明和位置。在方案设计阶段对初步的项目纲要 WBS，可以提出更改建议。承制方若有正当理由，甚至可以提出另外的方案，经审批形成批准的项目纲要 WBS 之后，除非研制方案有重大变动，否则不得修改批准的项目纲要。

采购方应从批准后的项目纲要 WBS 中选择与合同有关的单元，以此为框架并向下分解，编制初步的合同 WBS。承制方在投标时，可对初步的合同 WBS 提出更高建议，通过合同谈判，形成合同 WBS。在编制初步的合同 WBS 时，可按 WBS 矩阵，将项目纲要 WBS 中的通用单元编入合同 WBS 中。在不违背批准的项目纲要 WBS 单元名称和说明的前提下，单项合同 WBS 的级别允许有适当灵活性，不必与项目纲要 WBS 的级别完全一致，但在汇编成项目 WBS 时，应以项目纲要 WBS 的级别为准。

WBS 在确定项目范围之后进行，要利于费用和进度控制，利于实施和确定逻辑关系，分解界限要明确，详细程度与控制级别要对应，要匹配有关合同条款。

编制 WBS 的主要规则如下：

1）100% 规则。WBS 必须包括项目的全部工作，而且不能包括项目之外的工作；

2）子层次的要素之和必须等于母层次的相应要素；

3）WBS 的每一个要素都是一个可交付物；

4）WBS 必须要有编号系统，每一个要素都有一个独一无二的编号；

5）WBS 中不能出现名称完全相同的两个或以上要素；

6）WBS 中的要素必须有利于指定责任人，编制 WBS 要考虑以后的工作任务分配、责任人指定，不是为编 WBS 而编；

7) WBS 中的要素必须有利于针对它们制订进度、成本、质量等计划，有利于这些方面的相应考核；

8) WBS 中的各要素必须是相对独立的，不要有太多的相互交叉，以便实现上述第 6、第 7 条的要求；

9) 如果项目的某一部分需要外包出去，通常可以把整个部分作为工作包列在 WBS 中，即不往下细分，这部分工作通常留给承包商编制单独的子项目 WBS。当然，需要给承包商一份良好的子项目范围说明书（合同工作说明书）；

10) 如果项目较大，可以先编制项目分解结构——把项目分解成子项目，针对子项目编制 WBS；

11) 任何没有下属子要素的要素都是被称为“工作包”的要素，也就是通常所说的工作分解结构底层的要素。工作包只是在 WBS 中不再细分，通常还要由负责具体工作包的人把它分解成活动（这种分解是在 WBS 之外进行的）。

分解的步骤和方法如下。

1) 识别项目的主要组成部分，即要实现项目目标所应完成的主要工作。

2) 如果各层次上的工作经过划分，能够估算出完成它们各组成部分所需的费用和时间，则进行第 4 步，否则第 3 步。

3) 找出上述各组成部分的更小的组成部分，即要完成上述各组成部分所应完成的具体工作（含顺序）。对各更小的组成部分，重复第 2 步。

4) 检查划分后的各更小的组成部分，确定：

a. 不进行这一层次的工作，上一层次的工作能否完成？完成了这一层次的工作，上一层次的工作就一定能完成吗？若否，则必须修改上一层次各工作的划分，增加或删除一些工作；

b. 这一层次各工作的内容、范围和性质是否明确，若否，则必须修改加以明确；

c. 分解项目，特别是较大的项目时，要注意；

d. WBS 中的支路没有必要全都分解到同一层次，即不必把结构强制做成对称的，且在任意支路当达到一个层次时，可以做出所要求准确性的估算，就可以停止了；

e. 最底层的工作应当便于完整无缺地分派给项目内外不同个人或组织，故要求明确各工作之间的界面，利于协调工作量和合同管理；

f. 最底层的工作应当非常具体，以便于各工作的承担者都能明确自己的任务、目标和责任，利于监督和业务考核。

2.4 甘特图

2.4.1 基本概念

甘特图（Gantt chart）以图示的方式通过活动列表和时间刻度形象地表示出任何特定项

目的活动顺序与持续时间。甘特图中，横轴表示时间，纵轴表示活动(项目)，线条表示在整个期间计划和实际的活动完成情况。它直观地表明任务计划在什么时候进行，及实际进展与计划要求的对比。

2.4.2　适用范围

甘特图用于项目管理中的进度管理。管理者可应用甘特图弄清一项任务(项目)还剩下哪些工作要做，并可评估工作进度。

2.4.3　主要内容

(1)甘特图的基本内容

甘特图是基于作业排序的目的，将活动与时间联系起来的最早尝试之一。该图能帮助企业描述对诸如工作中心、超时工作等资源的使用图。当用于负荷时，甘特图可以显示几个部门、机器或设备的运行和闲置情况。这表示了该系统的有关工作负荷状况，这样可使管理人员了解何种调整是恰当的。例如，当某一工作中心处于超负荷状态时，则低负荷工作中心的员工可临时转移到该工作中心以增加其劳动力，或者，在制品存货可在不同工作中心进行加工，则高负荷工作中心的部分工作可移到低负荷工作中心完成，多功能的设备也可在各中心之间转移。甘特图可用于检查工作完成进度。它表明哪件工作如期完成，哪件工作提前完成或延期完成。在实践中，还可发现甘特图的多种用途。

(2)甘特图的绘制步骤

绘制步骤如下：

1)明确项目牵涉到的各项活动、项目，内容包括项目名称(包括顺序)、开始时间、工期、任务类型(依赖/决定性)和依赖于哪一项任务；

2)创建甘特图草图，将所有的项目按照开始时间、工期标注到甘特图上；

3)确定项目活动依赖关系及时序进度，使用草图，按照项目的类型将项目联系起来，并安排项目进度；

4)计算单项活动任务的工时量；

5)确定活动任务的执行人员及适时按需调整工时；

6)计算整个项目时间。

步骤 3)将保证在未来计划有所调整的情况下，各项活动仍然能够按照正确的时序进行。也就是确保所有依赖性活动能并且只能在决定性活动完成之后按计划展开。同时，避免关键性路径过长。关键性路径是由贯穿项目始终的关键性任务所决定的，它既表示了项目的最长耗时，也表示了完成项目的最短可能时间。关键性路径会由于单项活动进度的提前或延期而发生变化。而且要注意，不要滥用项目资源，对于进度表上的不可预知事件要安排适当的富裕时间。富裕时间一般不适用于关键性任务，因为作为关键性路径的一部分，它们的时序进度对整个项目至关重要。

(3)甘特图示例

甘特图示例如图 2 – 3 所示。

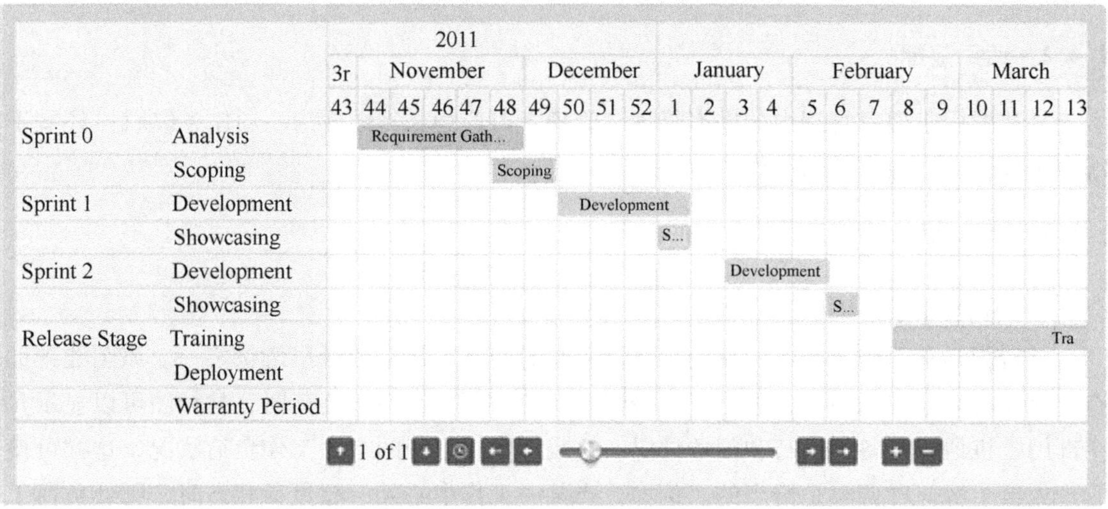

图 2 – 3　甘特图示例

2.5　质量交集识别与分析

2.5.1　基本概念

质量交集是指同时具备指定的影响产品质量特性因素的集合。质量交集识别与分析是通过识别影响产品质量特性因素，确定产品质量交集，开展关联分析并明确关注度。

2.5.2　适用范围

质量交集识别与分析适用于航天型号初样研制阶段、试(正)样研制阶段和定型/批生产阶段。

2.5.3　主要内容

(1)开展阶段及对象

包括如下内容：

1)开始于初样研制阶段，并与技术风险管理工作同步开展，在不同研制阶段关注的特性因素应有所侧重；

2)以单机及以上产品为分析对象，同时涵盖软硬件产品，以及单机间和分系统间接口。

(2)关注度等级

包括如下内容:

1)质量交集识别与分析结果的关注度等级分为高、中、低;

2)质量交集数量是 4 个及以上，其关注度等级为高;

3)质量交集数量是 3 个，其关注度等级一般为中，若 3 类技术状态变化和Ⅰ、Ⅱ类单点故障模式同时存在，其关注度等级为高;

4)质量交集数量是 2 个，其关注度等级一般为低，若 3 类技术状态变化和Ⅰ、Ⅱ类单点故障模式同时存在，其关注度等级为高，而若只存在一个，其关注度等级为中;

5)根据关注度等级，将产品纳入技术风险管理实施分析和控制，进一步确认产品质量，并实施动态监控。

(3)各阶段工作侧重点

各阶段工作侧重点如下:

1)初样阶段影响产品质量特性的因素包括 3 类技术状态变化，存在Ⅰ、Ⅱ类单点故障模式，发生过质量问题，存在新技术和关键技术，存在不可检测项目等方面，在转试(正)样研制阶段评审前完成;

2)试样阶段影响产品质量特性的因素应包括 2、3 类技术状态变化，存在Ⅰ、Ⅱ类单点故障模式，发生过质量问题，存在不可检测项目等方面，在产品出厂验收前完成;

3)定型/批生产阶段影响产品质量特性的因素应包括 2、3 类技术状态变化，存在Ⅰ、Ⅱ类单点故障模式，可靠性指标偏低，发生过质量问题，存在不可检测项目等方面，在抽检产品出厂验收前完成。

结合各阶段特点，以及影响产品质量特性的因素，明确质量交集识别与分析结果关注度表。表 2－1 为试(正)样研制阶段质量识别与分析结果关注度表。

表 2－1　试(正)样研制阶段质量交集识别与分析结果关注度表

质量交集数量	影响产品质量特性的因素					关注度
	技术状态变化		存在Ⅰ、Ⅱ类单点故障模式	发生过质量问题	存在不可检测项目	
	2 类	3 类				
4	▲	▲	▲	▲	高	
3	△		△	△		中
	△		△		△	中
	△			△	△	中
		▲	▲	▲		高
		▲	▲		▲	高
		△		△	△	中
			△	△	△	中

续表

质量交集数量	影响产品质量特性的因素					关注度
	技术状态变化		存在Ⅰ、Ⅱ类单点故障模式	发生过质量问题	存在不可检测项目	
	2类	3类				
2	△		△			中
	△			△		低
	△				△	低
		▲	▲			高
		△		△		中
		△			△	中
			△	△		中
			△		△	中
				△	△	低

(4)工作流程

工作流程包括如下步骤：

1)按照“总体→分系统→单机”自上而下明确要求和计划，自下而上逐级分析、确认的方式开展；

2)型号结合实际情况，明确产品质量交集识别与分析工作的具体要求和计划；

3)单机按照型号要求，对配套产品进行识别与分析，形成《单机产品质量交集识别与分析结果清单》；

4)分系统对单机产品质量交集识别与分析结果进行确认，并从分系统角度对所属产品的组成、冗余等因素进行综合分析，并对分系统内各单机间接口进行识别与分析，形成《分系统产品质量交集识别与分析结果清单》；

5)总体对分系统产品质量交集识别与分析结果进行确认，并从型号角度综合分析系统组成、冗余、任务剖面以及分系统间接口关系等因素，形成《型号产品质量交集识别与分析结果清单》。

2.6　概率风险评估

2.6.1　基本概念

概率风险评估(Probability Risk Assessment，PRA)是一种定量风险评价技术，它综合运用事件树、故障树等方法构建出风险事件链模型，集成工程各类定性和定量信息(如试验数据、现场数据、专家判断等)进行模型量化与不确定性分析，从而合理地预测系统的风险水平，分析影响风险的关键因素，为复杂系统寿命周期内的风险管理提供决策支持。

概率风险评估技术的主要内涵包括3个方面：

1) 以事件链为基础的建模技术；

2) 以不确定性分析为核心的数据分析技术；

3) 以风险管理决策为目标的应用方向。

2.6.2　适用范围

概率风险评估可以评估复杂工程系统整体的安全性或可靠性，为工程决策提供支持。详细地，概率风险评估可以用于评估：航天型号损失或航天员伤亡；航天型号任务过程的风险；不同运载方式的技术性能风险；与发射场有关的发射和运行风险；航天型号结构和性能退化的风险；航天型号老化部件的风险；航天型号设计改进带来的性能风险等复杂系统风险分析。

2.6.3　主要内容

(1) 概率风险评估的作用

概率风险评估能够分析影响系统安全性和任务成功的薄弱环节。其分析结果，为制定可行的风险控制策略提供了依据，为决策者指明哪些投资可以更有效地改进设计和运行效果。一方面，概率风险分析通过识别出主要的风险影响因素，可以将资源有效分配于主要的风险因素，避免资源浪费在次要的风险因素上；另外一方面，通过对影响系统安全性或任务成功的事件进行不确定性分析，能够详细地描述风险评价结果的可信程度，也可以使决策者了解引起不确定性的原因，比较各种投资方案在降低不确定性方面的优劣。

概率风险评估既关注事故后果的可能性，也考虑事故后果的严重性。从这个角度来看，概率风险评估改进了传统的可靠性与安全性分析方法，能够更准确地支持风险决策。比对而言，概率风险评估可以对单个事件或整个系统的不确定性进行更准确的量化分析，同时也可以更准确地量化评估后果的严重程度，而不像可靠性分析那样仅仅简单地用平均故障间隔时间来描述系统行为。概率风险分析也不同于传统的危险分析方法。危险分析方法是把后果严重、低概率的事件视为已经发生的事件，并识别和评估其风险大小，也就是并不考虑事件发生的可能性；而且，危险分析方法难以保证事件链集合的完备性。相比而言，概率风险分析的结果更为丰富，借助其对后果度量(严重度和可能性)的多维描述，可以直接应用于资源分配和其他风险管理决策。

(2) 概率风险评估的实施步骤

概率风险评估的实施程序一般由以下几个步骤组成：定义目标和范围、熟悉系统、识别初因事件、事件链建模、故障建模、数据收集与分析、模型量化与集成、不确定性分析、重要度排序与结果分析等。根据实际工程应用情况，实施步骤可以有所裁剪。

概率风险评估的步骤简要描述如下：

1) 定义目标和范围。确定出应用目标、分析的深度和广度、所关注的后果状态，以及所需的信息来源。

2) 熟悉系统。全面熟悉要分析的系统，包括任务剖面及系统配置、任务及系统成功准则、操作规程及工程经验等。

3)识别初因事件。在系统功能分析的基础上，针对所关注的后果状态，利用主逻辑图和 FMEA 等方法识别初因事件，并进行整理分类，得出初因事件列表。

4)事件链建模。针对每一初因事件，再考虑后续事件发生的先后次序，以及后果状态多样性的情况下，利用事件序列图或等价的事件树，构建出事件链模型。

5)故障建模。对于事件链上复杂的初因事件或中间事件的故障(失效)，需要进一步建模。故障建模通常采用故障树方法，也可采用可靠性框图、马尔科夫链、贝叶斯网络、物理模型等其他方法。初因事件识别、事件链建模以及故障建模这三个步骤，都要充分利用《FMEA 报告》、《危险分析报告》、《可靠性安全性建模与分析报告》，以及前期的《风险评价报告》等资料。

6)数据收集与分析。为故障树底事件或事件链基本事件，提供故障(失效)概率分布，需要充分利用故障报告、分析和纠正措施系统(FRACAS)、现场和试验数据、仿真分析数据、通用数据库、专家判断等数据和信息。

7)模型量化与集成。在以上模型和数据的基础上进行综合，得到对最终风险的点估计值。

8)不确定性分析。利用蒙特卡罗仿真等方法，将基本事件的不确定性传播为后果的不确定性，并进行灵敏度分析。

9)重要度排序与结果分析。采用合适的方法对风险影响因素与不确定性影响因素的重要度进行排序，以适当的方式(如图表形式)表示风险评估结果，包括所关注的后果状态的风险、重要度排序结果及薄弱环节的确定等。根据这些评估结果，可以进行基于风险的方案权衡和资源分配等工程决策。

2.7 技术风险管理

2.7.1 基本概念

GJB 5852《装备研制风险分析要求》给出的定义是：风险是在规定的费用、进度和技术等约束条件下，对不能实现装备研制项目目标的可能性及所导致的后果严重性的一种度量。

风险管理是针对风险开展的一系列活动，用以管理和控制风险。风险管理是一个在项目寿命周期内反复循环的过程，要求在项目整个寿命周期内不断地识别、分析和控制风险。

2.7.2 适用范围

技术风险管理适用于项目整个寿命周期。

2.7.3　主要内容

技术风险管理基本过程包括：技术风险识别、技术风险分析、技术风险应对、技术风险验证与评估等环节，如图2－4所示。

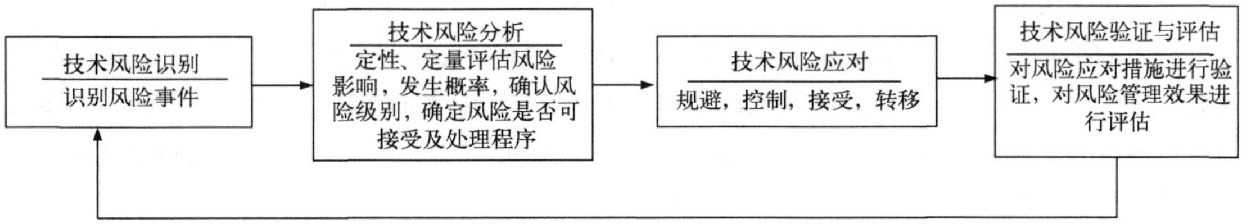

图2－4　技术风险管理基本过程

(1)技术风险识别

技术风险识别是技术风险管理的基础和重要组成部分。第一步，即识别实施过程中可能遇到的(面临的、潜在的)所有技术风险因素，对它们的特性进行判断、归类。亦即发现引起技术风险的主要因素，并对其影响后果作出定性的估计。要求从系统的观点出发，从纵横两个方面弄清项目应用到的技术、各技术的性质及其之间的相互关系以及技术和其他项目元素的关系等，在此基础上利用系统且规范的程序、步骤和方法查明可能成为项目技术风险的诸因素。

对技术风险的识别不仅要通过感性认识和经验进行判断，更重要的是必须依靠对类似项目的各种客观统计资料和技术风险记录进行分析、归纳和整理，从而发现各种项目技术风险的损失特征和规律。

梳理的若干风险点如果不在整体层面上有一个清晰的关系表达，很难看出风险识别的全面性。可以通过“自上而下”与“自下而上”相结合构建风险事件树的系统性风险识别方法，表达各层次上梳理的风险点的相互关系。通过对风险事件树的分析审理和补充完善，使风险源的识别从点到线，由线到面，再由面到整体。

在“自上而下”建立风险事件树时，处于上层的总体或分系统，根据所关注的关键点设立风险顶事件，梳理可导致该风险出现的本层次上的子事件，形成本层次的树形结构，再将这个层次上的各底事件作为下一层次继续建立风险事件树的顶事件，传递到下一层次，牵引各系统寻找风险点，直到完成关于影响该关键点的完整的风险事件树，通过风险事件树来识别更多的风险源。可能的顶事件有：1)以各项技术指标实现为顶事件开展分析(顶层为工程总体)；2)以各项总体技术指标和功能要求的实现为顶事件开展分析(顶层为工程总体)；3)以总体提出的各项分系统技术指标和功能要求的实现为顶事件开展分析(顶层为工程分系统)等。在“自下而上”建立风险事件树时，可以使用反向梳理的过程作为补充。“自下而上”的分析方法是通过反向梳理对风险事件树进行补充和完善的过程。

最后，对梳理出来的所有风险疑点进行收集整理分析，归并到最小的风险事件树集合中，采用树形结构来描述风险的所属关系、风险源与对各级影响的层次关系，以及风险与风险之间的相互关系。

(2)技术风险分析

技术风险分析是在对项目技术风险识别结果的基础上，对识别出来的技术风险采用定性分析和定量分析相结合的方法，估计其发生的概率、范围、后果的严重程度(大小)，从而找到影响项目的主要技术风险源和关键技术风险因素(关键技术风险清单)，并按照型号风险可接受的准则，确定可否接受风险，或者选择控制风险的方法，消除、降低或转移风险。技术风险分析的目的是将各种技术风险数据转化成可为型号决策提供支持的信息。风险分析包括风险估计及评价。

表2－2、表2－3给出了研制的技术风险分析中综合评价的通用准则，以指导工程各系统、各产品开展技术风险分析工作。

表2－2　风险综合评价矩阵

严重性等级 / 可能性等级	A(灾难的)	B(严重的)	C(轻度的)	D(轻微的)
a(频繁)	Aa	Ba	Ca	Da
b(可能)	Ab	Bb	Cb	Db
c(偶然)	Ac	Bc	Cc	Dc
d(很少)	Ad	Bd	Cd	Dd
e(几乎不发生)	Ae	Be	Ce	De

表2－3　风险综合评价等级

程度	等级	风险综合评价指数
高度风险	Ⅰ	Aa、Ab、Ba
较高风险	Ⅱ	Ac、Bb、Ca
中度风险	Ⅲ	Ad、Bc、Cb
低度风险	Ⅳ	Ae、Bd、Cc、Cd、Da、Db
最小风险	Ⅴ	Be、Ce、Dc、Dd、De

为了强化技术风险分析与控制工作，可以根据具体的阶段和具体的任务目标来确定严重性等级评判准则。如，对于飞行试验任务，弹毁人亡是“灾难性的”；对于方案设计，主要性能指标无法实现则是“灾难性的”；而对于工程研制，产品无法按期交付、设计反复、无法通过地面试验、研制周期出现重大延误则是“灾难性的”。

(3)技术风险应对

技术风险应对是指采取各种措施和方法，消除或者减小技术风险发生的各种可能性，或者技术风险发生时造成的损失。采取的措施和方法大体可分为四大类，主要有：规避、控制、接受、转移。

①规避

规避是指当技术风险潜在威胁发生可能性太大，不利后果很严重，又无其他策略可用时，主动放弃项目或改变项目目标与原有行动方案，从而规避风险的一种策略。通过技术风险规避，可以在事故发生之前彻底地消除某种风险可能造成的损失，它是一种最彻底的处置风险的手段。规避虽然能有效、彻底地消除风险源，消除某些风险可能造成的损失和可能造成的恐惧心理，但是它的应用有很大的局限性：一方面，人们难以对项目的技术风险发生概率、损失严重程度、变化幅度、发生时间、持续时间等具体状况做出十分准确的估测和充分认识，因而不易确定是否应实施风险规避；另一方面，风险无处不在，有时规避了某一风险，却又会面临其他新的风险，如果处处规避风险，则在消除风险的同时也自动放弃了从潜在风险中获取利益的机会。因此，风险规避是一种消极的处置技术风险的方法，一般只有在某些迫不得已的情况下才使用。

②控制

技术风险控制有两方面的含义：一是减少风险事件发生的概率；二是减轻事件发生后的损失程度。风险控制是技术风险处置中最积极、合理、有效的方法。风险控制又可细分为预防、减轻以及风险隔离与集合等几种措施。

预防是指采用有形和无形的手段预防技术风险的发生，包括以工程法、教育法、程序法和组织模式与组织结构再造等手段防范风险。工程法是一种有形的风险预防手段，其每一种措施都与相应的风险因素相联系。教育法和程序法则是两种无形的风险预防手段。同时，还可以从组织模式和组织结构上加以防范。

减轻是指在摸清了风险来源和风险引发因素之后，采取措施设法消除风险事件的引发因素，降低风险事件发生的可能性或减少风险事件的价值或减少风险耦合作用，减轻风险造成的威胁。

所谓风险隔离，是将所面临的风险主体或因素进行空间与时间的分离，使得一个事故的发生不会同时引起所有资源的损失，以达到减轻损失的目的。

风险集合是通过增加风险主体的数量以分散风险损失，从而降低风险发生的成本。

③接受

技术风险接受是指当某一技术风险不能避免或因冒此风险可能获得较大效益时，项目主体自行承担风险事件的不利后果的一种处置方式。接受按不同的标准可分为主动接受和被动接受、全部接受和部分接受等。主动接受是指在识别和评估的基础上，明确技术风险的性质和可能后果，风险管理人员主动将接受作为处置全部或部分风险的最优选择。被动接受是指在未能识别和评估技术风险及其损失后果的情况下，被迫采取由自身承担损失后果的风险处置方式。它是一种被动的、无意识的风险处置方式。

在大多数情况下，风险接受通常与损失控制方法结合使用。但它与转移方法之间有一个选择的问题，是全部接受、部分接受及接受多少，还是全部转移，需认真分析。接受方法的选择应谨慎、合理、科学地使用。

制定后备应急措施是一种主动型的风险接受处置措施，它是指针对技术风险事先制定后备应急措施，一旦事故发生，就动用技术、进度、费用等后备措施。风险接受是一种处理残余风险的方法，它与其他风险处置方法是一种互补关系。

④转移

风险转移是风险在损失承受者之间进行转移，并不能因此而消除风险或者从总量上减少风险。它可分为控制型非保险转移、财务型非保险转移和保险三种形式。控制型非保险转移是借助于合同或协议，将损失的法律责任转移给非保险业的个人或群体，从而达到减小风险损失的一种方法。它将财产或项目连同损失责任全转移给受让人。财务型非保险转移是指单位或个人通过合同或契约，将损失或与损失有关的财务后果转移给另一些单位或个人去承担的一种方式。它只转移损失，不转移财产或项目，它是保险的一种重要补充形式。保险是以合同的方式接受风险主体的投保，集合多数同类型风险，合理地收取保险金，对特定的风险事故造成的损失后果或人身伤亡给予资金保障的一种方式。保险是财务型风险转移的核心部分，是一种应用广泛的转移风险的方式，它不能转移所有的风险，只承保可保风险。

(4) 技术风险验证与评估

技术风险验证与评估是获取项目技术风险状态及管理措施实施效果的过程。工程的实施是一个动态的过程，项目的各种变量是不断变化的，项目技术风险管理措施的实施效果也需要不断进行评价以确定技术风险是否得到了有效控制。通过项目技术风险验证与评估，可以检查风险控制措施的实际结果与预测的差异，获取反馈信息，对那些新出现的以及预先制定的应对措施不见效或随着时间的推延而发生性质变化的技术风险进行控制。

2.8　QC 老七种工具

运用 QC 七种工具可以从经常变化的生产过程中，系统地收集与产品质量有关的各种数据，并用统计方法对数据进行整理、加工和分析，进而画出各种图表，计算某些数据指标，从中找出质量变化的规律，实现对质量的控制。包括：因果图、分层法、直方图、检查表、散点图、排列图、控制图。

(1) 因果图

因果图，又名鱼骨图或石川馨图，将原因和结果联系起来，可以用来组织头脑风暴的会议，并对观点进行有效分类。它是揭示过程输出缺陷或问题与其潜在原因关系的图表，也是表达和分析其因果关系的重要工具和文档，如图 2 – 5 所示。

①适用场合

1) 通常用于分析表达质量问题的因果关系，通过识别症状、分析原因、制定措施，促进质量问题的解决；

2) 当需要找出可能的原因时；

3) 当组织的思维趋于定式时。

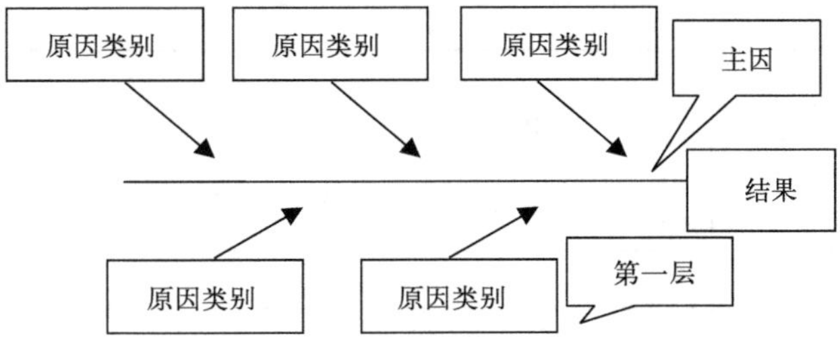

图 2 - 5　因果图结构

②实施步骤

1)简明扼要地阐明要解决的问题，并将其填入因果图右侧的方框——“鱼头”中；

2)确定其可能原因的主要类别，画出因果图的各个主枝；

3)采用头脑风暴法，将产生问题的所有可能原因，按其不同的分类填入各个主枝中。且根据需要，可在各个主枝上继续分枝，位于各个分枝上的是其下一层次的原因；

4)检查和整理因果图，调整阐述含糊的内容，合并重复的内容；

5)团队成员对可能的原因进行充分讨论，确定少数可能性较高的原因，作为下一步调查和收集数据的重点。

③注意事项

1)充分发扬民主，使所有参加人员充分发表意见、畅所欲言；

2)最好采用能用数值表示的问题；

3)描述原因时文字要准确、精练，而且要用贬义词，不能用中性词和褒义词，并注意不要以对策代替原因；

4)原因分析要细到可以采取措施的程度；

5)一个问题用一张因果图，在一张因果图上同一原因只能出现一次；

6)综合运用，如排列图等；

7)对关键原因可进一步进行因果分析，并进行重点考察，制定解决措施；

8)复印几份加以保存，以便以后不断追加新内容。

(2)分层法

分层法又叫分类法、分组法、层别法。它是按照一定的标志，把搜集到的大量有关某一特定主题的统计数据加以归类、整理和汇总的一种方法。表 2 - 4 给出分层法示例。

表 2 - 4　分层数据

操作者 / 个数 / 不合格类型	甲	乙	合计
100	100	200	
粗糙度不合格	2	1	3
椭圆度超标	1	2	3

续表

不合格类型 \ 个数 \ 操作者	甲	乙	合计
锥度	3	18	21
磕碰	17	1	18
总计	23	22	45

①适用场合

分层法用于归类、汇总和初步整理统计数据，既适用于数字资料，也适用于非数字资料。分层法常与其他统计方法结合起来应用，如分层直方图法、分层排列图法、分层控制图法、分层散布图法、分层因果图法。在生产现场，简单的分层常常帮助生产人员很快找到产生质量问题的原因。

②分层原则

分层的原则是使同一层次内的数据波动幅度尽可能小，而层与层之间的差别尽可能大。在应用中，由于分层的目的不同，所以分层的标志也不同，一般按下述标志分层：

1）人员，可按年龄、工级和性别等分层；

2）机器，可按设备类型、新旧程度、不同的生产线、工夹具类型分层；

3）材料，可按产地、批号、制造厂、规格、成分等分类；

4）方法，可按不同的工艺要求、操作参数、操作方法、生产速度分层；

5）测量，可按测量设备、测量方法、测量人员、测量取样方法、环境条件等分层；

6）时间，可按不同的班次、日期等分层；

7）环境，可按温度、湿度、清洁度、照明度、振动、噪声等分层；

8）其他，可按地区、使用条件、缺陷部位、缺陷内容等分层。

③实施步骤

1）收集数据；

2）根据目的不同选择分层标志；

3）根据不同分层标志对数据进行分层；

4）按层归类统计；

5）画分层归类图表或进行统计分析。

④注意事项

1）统计数据是多种多样的，所以分层标志也是多种多样的，在具体工作中不要受人、机、料、法、环、测、时间和其他分层标志的约束，而应根据自己的实际情况选择分层标志进行分层，灵活应用、不断创新；

2）分层后要对每层的数字进行检查，看是否有异常值，经过检验是异常值的数字应对它进行处理（剔除或修正后保留），并加以说明。

(3)直方图

直方图又称质量分布图、柱状图，是一种几何形图表。它是由若干个矩形排列而成，矩形的宽度表示数据范围的间隔，高度表示在给定间隔内的数据中的个数，即数字出现的频数，或落入一特定组的观测值个数。直方图可以直观地显示出统计数据的大致分布情况、分布范围、集中程度和每个区间出现的频数大小，主要用于观测过程的波动情况，以便从中获得质量控制信息和找到改进的机会。直方图分为两种：频率直方图和累计频率直方图。分析直方图，应从整体上观察分析直观图，看数据的分布规律，并作出判断合格和推测。在实际生产中直方图的形状是各种各样的，图2－6是常见典型直方图形状。

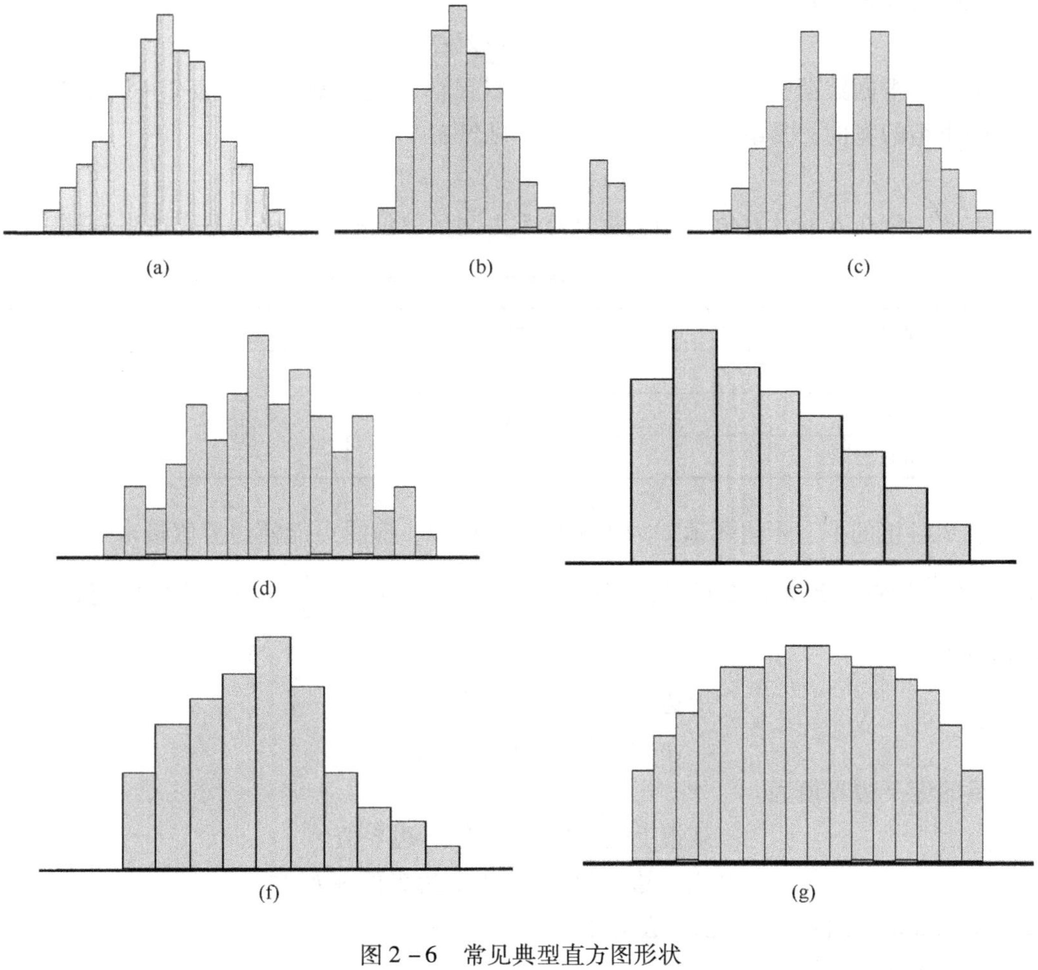

图2－6　常见典型直方图形状

①适用场合

1)数据数值型时；

2)想弄清楚数据分布的形状；

3)确定一个过程的输出是否近乎符合正态分布；

4)分析一个过程是否满足顾客的要求；

5)检查两个时间段内过程是否发生变化;

6)确定两个或多个过程输出是否不同;

7)将分布情况快速简单地表示出来。

②实施步骤

1)收集记录数据，并找出数据中最大值 x_{max} 和最小值 x_{min}，计算极差 R。数据个数应≥50，并将数据排列成矩阵形式，$R = x_{max} - x_{min}$。

2)确定分组组数 k 和组距 h。实践证明分组太少会掩盖各组间数据的变动状况，组数太多又会影响分布规律的明显性，这样直方图不仅不美观，而且不便于观察数据的分布特征。组数的经验公式是

$$k = 1 + \lg n / \lg 2$$

在实际中，可根据数据中数字的多少，参考资料灵活确定组数 k 值，表 2－5 供参考。组距即每个小组的宽度，是组的上、下界之差，显然有

$$h = (x_{max} - x_{min})/k = R/k$$

为分组方便，常在 h 的计算值基础上将其修改为测量单位的整数倍，并作适当调整。

表 2－5　数据数量与分组数的对应表

数据个数	分组数 k	常用分组数
50～100	6～10	10
100～250	7～12	
250 以上	10～20	

3)确定各组的上、下边界值。为了不使数据漏掉，应尽可能使边界值最末一位为测量单位的 1/2。因此，当 h 为奇数时，第一组边界值应为 $x_{min} \pm \frac{h}{2}$。当 h 为偶数时，第一组的边界值为

$$上边界值 = x_{min} - 测量单位/2$$

$$下边界值 = 上边界值 + h$$

其余各组的上下边界值为

$$某组上边界值 = 上组下边界值$$

$$某组下边界值 = 该组上边界值 + h$$

一直计算到最末一组将 x_{min} 包括进去为止。

4)计算各组的组中值 x_i

$$x_i = (第\ i\ 组上边界值 + 第\ i\ 组下边界值)/2$$

5)统计落入各组的数据个数，整理成频数分布表。频数分布表把各个组的下边界值和上边界值顺序填入表中，然后将整理后的纪录数字用“/”符号表示填入相应的组内，统计各组频数 f_i，填表时要遵守“不重不漏”原则。“不重”是指一个数字只能分布在其中某一个组，不能在其他组内重复出现；“不漏”是指不能漏掉任何一个数字，在全部组别中每个数

字都能分在其中的某一组。

6)作直方图，以横坐标表示质量特性，纵坐标为频数(频率)，在横轴上标明各组组界，以组距为底，频数为高，画出一系列直方柱就得到直方图。

7)在直方图的空白区域，记上有关数据的资料，如收集数据的时间、数据个数、平均值、标准差、绘图人姓名和日期等。

8)分析直方图。应从整体上观察分析直观图，看数据的分布规律，并作出判断合格和推测。

③注意事项

1)在组距分组中，如果全部数据中的最大值和最小值与其他数字相差很大(经过经验不是异常值)，为了避免出现空白组或个别极端值被漏掉，第 1 组和(或)最后 1 组可采取开口组，如"××以下"或"××以上"；

2)由于数据量很大，可以用 Excel 绘制直方图，大幅减少工作量。

(4)检查表

检查表，又叫统计表、调查表、核查表。其以简单的数据，用容易理解的方式，制成图形或表格，必要时记上检查记号，并加以统计整理，作为进一步分析或核对检查之用。检查表的形式多种多样，但可以归纳为三类，包括数字资料检查表、非数字资料检查表和综合性检查表。使用检查表的首要任务是明确要研究的问题，根据问题使用相应的检查表。检查表没有统一和标准的格式，要根据收集的资料而定，由处理资料的责任者设计检查表，要设计一张适用的检查表很重要。

检查表是为收集和分析数据提前准备的结构表格。它是可以用于多种目的的工具。因产品对象、工艺特点、调查目的和分析对象等的不同，其检查表的表式也有不同，常用的检查表有：不合格品项目检查表、不合格品原因检查表、废品分类检查表、产品故障检查表、工序质量检查表、产品缺陷检查表、操作检查表。表 2－6 给出不合格品检查表示例。

表 2－6　不合格品项目检查表

品名：＿＿＿＿＿＿　时间：＿＿＿＿＿＿　检验员：＿＿＿＿＿＿

班组：＿＿＿＿＿＿　批号：＿＿＿＿＿＿

产品号	不合格原因					
	操作	设备	工具	工艺	材料	其他
	—					
				—		
		—				
	—					

①适用场合

1)由同一个人或在同一地点重复观察和收集数据时；

2)当收集有关事件、问题、缺陷部位、缺陷原因等情况的频数或特征的数据时；

3) 收集生产过程的数据时。

②实施步骤

1) 明确要研究的问题，使用检查表的首要任务是明确要研究的问题，根据问题使用相应的检查表；

2) 明确收集的资料，必须明确收集资料的种类、数量和在什么地方去收集所需的资料；

3) 明确对资料的处理方法及责任者，事先必须明确对收集到的资料整理、计算和分析所使用的统计技术方法，将这些方法列出来，并明确责任者；

4) 设计检查表，由于检查表没有统一和标准的格式，要根据收集的资料而定，由处理资料的责任者设计检查表，要设计一张适用的检查表很重要；

5) 试用检查表，设计的检查表应经过一段时间试用，试用的方法是用检查表在小范围内进行模拟检查，填表，然后分析所收集的数据是否达到预先的要求，以考察该检查表的可行性和适用性；

6) 定型检查表，经过试用，如果证明设计的检查表可行、适用，则定型该检查表。如果发现该检查表满足不了要求，应对检查表进行修改，修改后再试用、评审、定型。

③注意事项

1) 应尽量取得分层的信息；

2) 设计的检查表要便于以后数据的汇总、整理、计算和分析；

3) 应立即与措施结合，应事先规定对什么样的数据发出警告，停止生产或向上级报告；

4) 检查项目如果是很久以前制定现已不适用的，必须重新研究和修订；

5) 通常情况下归类中不能出现“其他问题类”。

(5) 散点图

散点图，即两个随机变量的每一对观测值用平面直角坐标平面上的一点表示所成的图形，又称为散布图、相关图。散点图具体表现在平面直角坐标系内，在该坐标系内，每一个点的位置由一对数来确定，若干个点散布在坐标系内形成了点子云，点子云构成了散点图。对完成的散点图进行解释，即判定数据的相关关系。散点图的相关性分析判断方法一般有对照典型散点图例法、简单象限法和相关系数法三种。

①变量之间的相关模式

主要包括：

1) 强相关(强正相关或强负相关)；

2) 弱相关(弱正相关或弱负相关)；

3) 不相关(指两个变量之间没有线性关系)。

表 2 – 7 给出典型散点图例。

表 2－7　典型散点图例

序号	图示	相关关系	说明
1	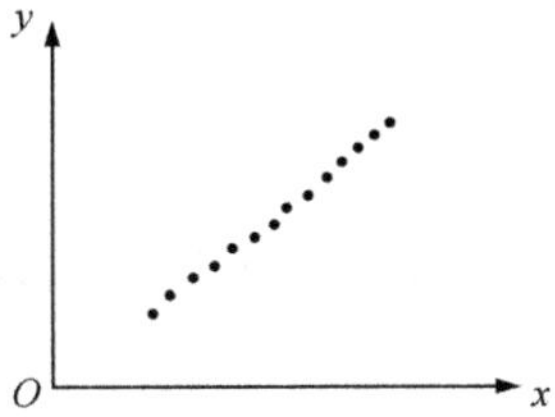	强正相关	X 增加，导致 Y 明显增加，说明 X 是影响 Y 增加的主要因素
2	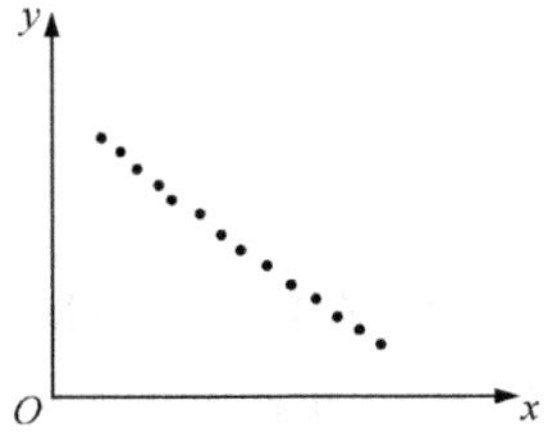	强负相关	X 增加，导致 Y 明显减少，说明 X 是影响 Y 减小的主要因素
3	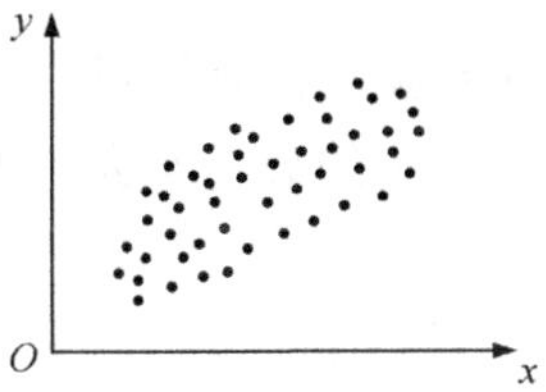	弱正相关	X 增加，导致 Y 增加，但不明显，说明 X 是影响 Y 的因素，但不是唯一的因素
4	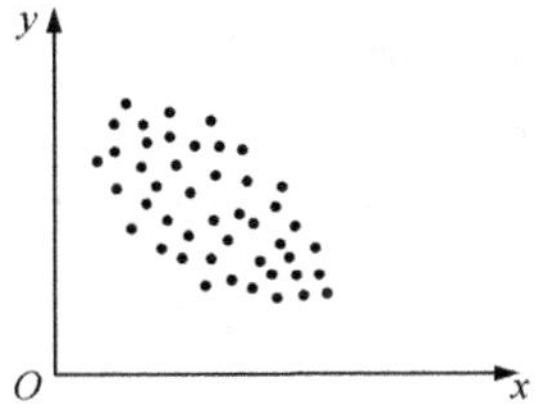	弱负相关	X 增加，导致 Y 减少，但不明显，说明 X 是影响 Y 的因素，但不是唯一的因素
5	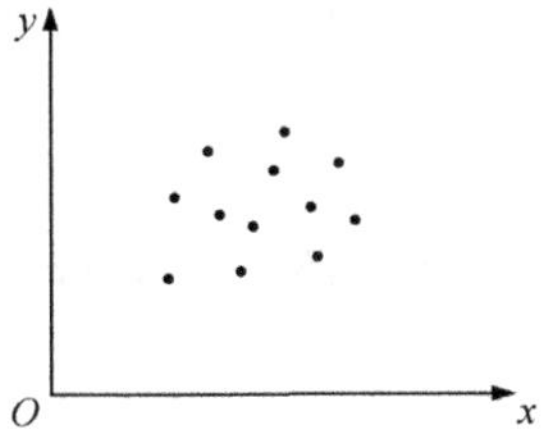	不相关	X 与 Y 之间不存在相关关系，说明 X 不是影响 Y 的因素
6	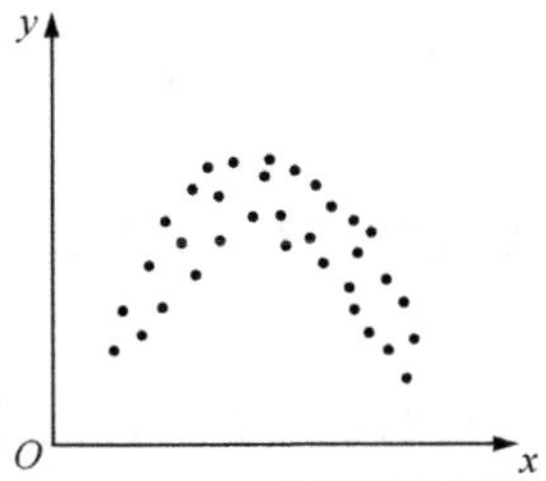	曲线相关	说明 X 是影响 Y 呈曲线变化的主要因素

②适用场合

1)当收集到一组成对数据后。

2)当因变量的值可能受多个自变量值的综合影响时。

3)当试图确定两个变量是否相关时，如：

a. 鉴别问题潜在的根本原因；

b. 采用头脑风暴法列出问题因果关系的鱼骨图后，客观地验证这种因果关系是否真的存在；

c. 判断出现的两种相关结果是否都是由相同的原因引起；

d. 构建控制图之前对自相关性的检测。

③实施步骤

1)为可能存在关联的变量收集成对的数据。

2)画一张坐标图，将自变量标于横轴，因变量标于纵轴。在每一个数据对应的横坐标值和纵坐标值的相交处画点或记号。如果有两个点落在一起，就在此处画两个相连的点，确保都可以被看到。

3)通过点的分布特征，查看相关关系是否明显。如果数据点清晰地形成一条直线，便可以证明变量相关，就可使用回归分析或关联分析进行进一步的分析研究。否则，要继续完成步骤4)～7)的工作。

4)将图表中点分成4个象限，如果在图中有 X 个点，进行下一步。

5)从上到下，数出 $X/2$ 个点，在此位置画出一条垂直于纵轴的直线。

6)从左到右，数出 $X/2$ 个点，在此位置画出一条垂直于横轴的直线。

7)输出每一个象限内的点数，不包括落在直线上的点。

8)把对角象限内点的个数加起来，并找到其中的较小者以及算出所有象限内点的个数。

9) $A=\text{Ⅰ}+\text{Ⅲ}$，$B=\text{Ⅱ}+\text{Ⅳ}$，$Q=A$ 和 B 的较小者，$N=A+B$。

10)如果 Q 小于临界值，这两个变量相关；如果 Q 大于或等于临界值，表明分布是随机的。

④注意事项

1)散点图对变量间的相关关系可进行直观的判断，有时还需要进行更深入的统计分析；

2)如果变量选择时分层不够，也会掩盖本来存在的相关关系；

3)有时散点图上显示出的显著相关，有可能是通过这两个变量与第三个变量相关而体现的；

4)散点图中出现个别偏离分布的点，应对它进行检验证明它是否是异常值，如是异常值，则查明原因后剔除；

5)相关系数的大小有时反映虚假现象，所以应先对它进行显著性检验后才能用。

（6）排列图

排列图是分析和寻找影响产品质量的各种因素中主要因素的一种方法，由此可以用来确定质量改进的方向。其形式用双直角坐标图，左边纵坐标表示频数，右边纵坐标表示频率，分折线表示累积频率，横坐标表示影响质量的各项因素，按影响程度的大小（即出现频数多少）从左向右排列。通过对排列图的观察分析可抓住影响质量的主要因素。区分“关键的少数”和“次要的多数”，从而抓住关键因素，解决主要问题。

①适用场合

1）排列图通常用于产品研制、生产和使用过程中，需要对出现的质量问题进行分析，以找出不同因素对产品质量的影响程度并针对关键因素提出改进建议的场合；

2）分析过程中表示问题或者原因发生频率的数据时；

3）当想要关注众多问题或者原因中的一个时；

4）分析特定要素的主要原因时；

5）和其他人交流数据时。

②实施步骤

1）选择应进行分析的项目；

2）选择用于分析的度量单位；

3）选择用于分析数据的时间周期；

4）按度量单位量值递减的顺序从左到右在横坐标上列出项目，含有最小项目的类别可归到“其他”的栏目，把此栏放在最右端；

5）在横坐标的两端画两个纵坐标，左边的纵坐标按度量单位标定，其高度必须等于所有项目的量值的总和，右边的纵坐标与此等高，并从 0 到 100% 标定；

6）在每一个项目上面画长方形，其高度表示该项目的量值；

7）自左至右累加每一项的量，画累计频数线；

8）利用排列图确定质量改进的关键项目。

③注意事项

1）问题不能太少也不能太多，一般问题个数为 5 ~7 个为宜；

2）绘图时，两个纵坐标之间的比例、纵坐标与横坐标之间的比例要适当，两纵轴的刻度单位应按规定的协调，最好测量值以各项目的总量为最大值，百分比以 100% 为最大值；

3）分类方法不同，得到的排列图也不同；

4）排列图基于帕累托原则，虽然百分比不一定总要求 80/20，只要遵循“关键的少数”原则来进行；

5）为了抓住“关键的少数”，在排列图上通常把累积比率在 1% ~80% 间的因素为 A 类因素，在 80% ~90% 间的因素为 B 类因素，在 90% ~100% 间的因素为 C 类因素。

（7）控制图

控制图（Control Chart）是由测量出的实际过程性能曲线及理论控制界限所组成的示意图。用于显示过程变量的波动，并可判别特殊原因。

①适用场合

1）当希望控制当前过程，问题出现时能察觉并能对其采取补救措施时；

2）当希望对过程输出的变化范围进行预测时；

3）当判断一个过程是否稳定（处于统计受控状态）时；

4）当分析过程变异来源是随机性的还是非随机性的时；

5）当决定怎样完成一个质量改进项目时，为防止特殊问题的出现，或对过程进行基础性的改变。

②实施步骤

1）根据数据类型选择合适的控制图；

2）选定合适的抽样频率；

3）根据程序收集数据、构建控制图并进行数据分析；

4）寻找控制图中的失控信号；

5）在控制图上继续对新得到的数据进行描点，并检查是否存在新的失控信号；

6）当需要构建新控制图时，过程可能处于失控状态，如果这样，前 20 个样本数据计算出的控制限是暂时的。当过程稳定后，再依次抽取至少 20 个样本，重新计算控制限。

具体参见第 3 章 3.14 节“统计过程控制”。

2.9　QC 新七种工具

（1）关联图

关联图也称关系图，是把几个问题与其主要因素之间的因果关系用箭条线连接起来表示逻辑关系，进而找出解决问题的适当措施的一种方法，如图 2－7 所示。

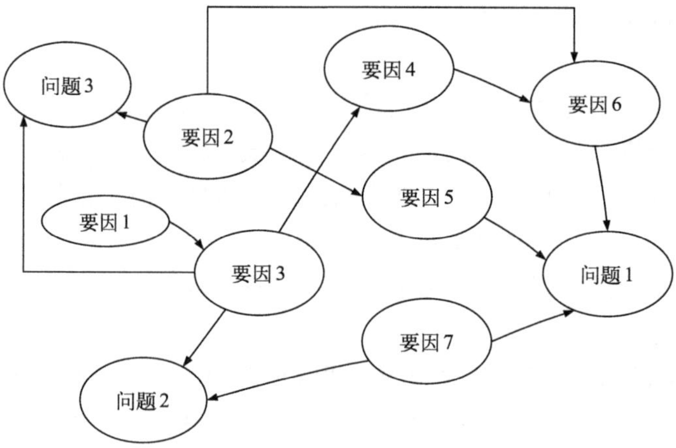

图 2－7　关联图

①适用场合

1）有效解决多目标问题；

2）确定质量方针；

3）拟定制造过程中预防不良品的措施；

4）提出解决市场问题的措施；

5）改进日常管理活动。

②实施步骤

1）确认问题的存在；

2）小组成员自由地提出导致问题存在的有关因素；

3）用明确的语言标示出问题和因素的名称，用图形圈起来；

4）确定问题和各种因素间的因果关系，并用箭头线连起来；

5）根据图形进行分析讨论，检查有无不够确切或遗漏之处，复核和认可上述各种因素之间的逻辑关系；

6）将重要问题或重要因素用双线或粗线醒目地标示出来，并确定从何处入手解决问题。

（2）亲和图

亲和图是针对某一问题，充分收集各种经验、知识、想法和意见等语言、文字资料，通过图表进行汇总，并按其相互间的亲和性归纳整理这些资料，使问题得以明确，求得同一认识和协调工作，以利于问题的解决，这种方法有利于开发项目组的创造力和直觉。

①适用场合

1）事实或观点处于混乱状态；

2）问题看起来太大、太复杂而无法掌握时；

3）小组必须达成一致意见时；

4）典型情境如在头脑风暴后、分析口头数据或者在绘制树图或情景挂板前。

②实施步骤

1）用记号笔在分开的卡片上记录每个观点（如果估计在头脑风暴后要使用亲和图的话，在头脑风暴时直接把观点写在卡片上），把这些便条随机地散开在桌子上、地板上或者墙上，使每个人都能看到。项目组聚集在卡片周围，参与下面的讨论。

2）这个步骤很重要的一点是不能有人说话。寻找在某种意义上看起来相关的观点，把它们并排放在一起，反复如此，直到所有的卡片都被分组。可以有看起来不符合任何一组的“落单”卡片，也可以移动别人移动过的卡片。如果一张卡片看起来属于两组，就再做一张同样的卡片。

3）现在可以讨论。参与者可以讨论亲和图的形状，任何特殊的形式都可以。尤其重要的是要讨论移动有争议的卡片的理由，可以再做一些变动。当所有的观点被分组后，为每组选择一个标题。在每组中寻找一个能涵盖这组意义的卡片，把它放在这组的上方。如果没有这样的卡片，就写一张。通常，使用不同的颜色书写或强调这张卡片。

4)在合适的情况下，把一些组结合成超级组合，如图 2－8 所示。

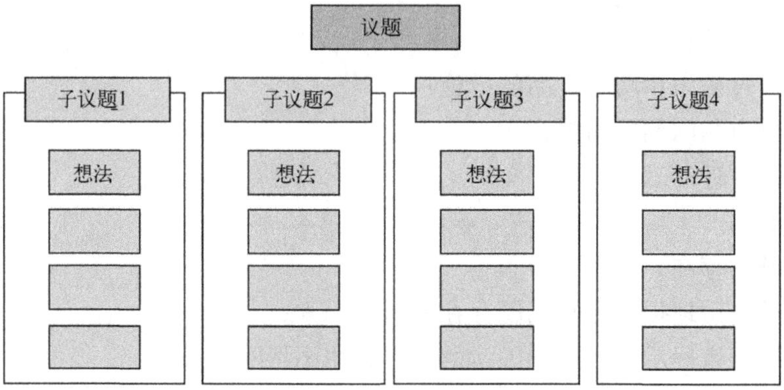

图 2－8　亲和图

(3)系统图

系统图又称树图或树形图，用于列出解决给定问题的步骤，如图 2－9 所示。树图通常是用来将主要的类别逐渐分解成许多越来越详细的层。绘制树图有助于思维从一般到具体的逐步转化，是研究多元目标问题的一般工具。

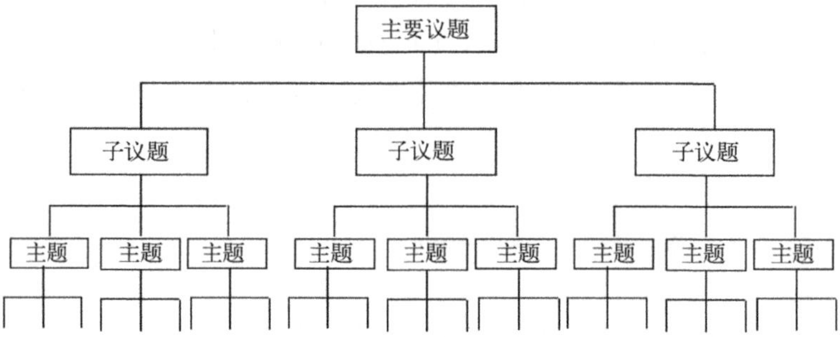

图 2－9　系统图

①适用场合

1)当主题已知并且泛泛地给出，而需要将其转化为具体细节时；

2)当寻求达成一个目标的合理步骤时；

3)当策划实行一个方案或其他计划的具体行动时；

4)当对过程进行详细分析时；

5)当探究问题的根本原因时；

6)当评估解决问题的几个可能方案时；

7)当亲和图或关联图不能揭示关键问题时；

8)当作为向其他人说明具体细节的交流工具时。

②实施步骤

1)集中亲和图的标题卡片，并从中选取最重要的议题；

2）一旦确定了目标陈述，便问“需要采取哪些步骤来解决或达成这一主要目标”；

3）一旦识别出主要任务，便可进入每一个任务的下一层面，并针对第二层面的任务问“需要采取哪些步骤来解决或达成这一主要目标”；

4）由此继续推进下去，直到无法推进为止。

（4）矩阵图

矩阵图表现为2组、3组或4组信息间的关系，同时能提供相关性的更多信息。有6种不同形状的矩阵，包括L型、T型、Y型、X型、C型和屋顶型，形状的不同取决于比较组数的多少，下面给出L型矩阵图示例（如图2－10所示）。

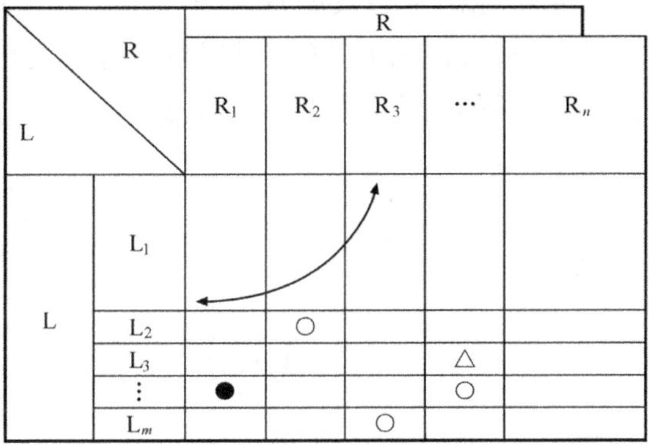

图2－10 矩阵图

L为问题、用户需求和质量目标；R为问题的原因、用户需求转化而来的质量目标或针对质量目标提出的质量措施；●、○和△分别表示关系的强弱

①适用场合

1）理解不同组数间关系时；

2）表达不同组数间的关系时。

②实施步骤

1）确定要比较的组；

2）选择合适的矩阵形式；

3）画构成矩阵的网格线；

4）沿矩阵各轴列出说明；

5）确定在矩阵中表达的信息符号；

6）组间逐项比较；

7）分析矩阵，用不同的格式或符号重复上述步骤以加深对相互关系的了解。

（5）矩阵数据分析

矩阵图上各元素间的关系如果能用数据定量化表示，就能更准确地整理和分析结果。这种可以用数据表示的矩阵图法，叫做矩阵数据分析法。其主要方法为主成分分析法，利用此法可以从原始数据中获得许多有益的信息。

适用场合：

1）分析含有复杂因素的工序；

2）从大量数据中分析产生不良品的原因；

3）从市场调查的数据中把握质量要求，进行产品市场的定位分析；

4）感官特性的分类系统化；

5）复杂的质量评价；

6）对应曲线的数据分析。

（6）过程决策程序图

过程决策程序图（PDPC）系统地确定在发展状态下一个项目会产生什么错误，以形成对策来预防或者抵消这些问题。通过使用PDPC，可以修订计划避免这些问题或做好准备，当问题真的发生时可以做出最合适的反应，如图2－11所示。

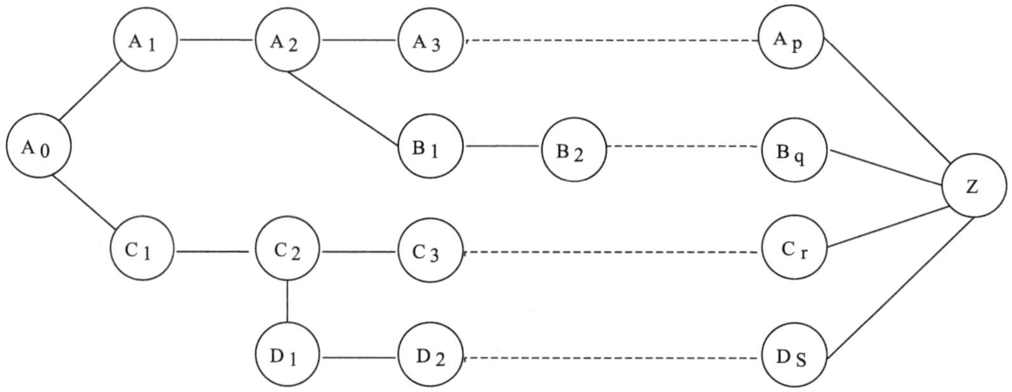

图2－11　过程决策程序图

①适用场合

1）特别是执行计划之前；

2）当计划既庞大又复杂时；

3）当计划必须如期完成时；

4）当失败成本很高时。

②实施步骤

1）获得或者建立所提议计划的一个树形图。应该是一个高层图，首先给出目标，第二层次是主要活动，第三层次是完成主要活动的大部分作业。

2）对于第三层次的每个作业，用头脑风暴法得到将会出现的问题。

3）检查所有的潜在问题，并消除不可能的情况或者结果显著的情况。将问题展示在和作业相连接的第四层次上。

4）对于每个潜在问题，用头脑风暴法产生可能的对策。对策可能是为防止问题发生采取的措施或者计划的改变，或者对问题发生采取的补救措施。将对策展示在第五层次上，用虚线或者波浪线画上。

5) 确定每个对策的实际可操作性。使用诸如成本、所需时间、执行的难度、有效性这些准则。不具可操作性的对策标上“×”，可操作的对策标上“O”。

(7) 网络图

网络图又称为计划评审技术(PERT)图或关键路径图即由始至终的最长路径)，主要用于控制项目。网络图是用来计划和表示项目或流程中的工作所要求的顺序，整个项目的最优时间表，和潜在的时间进度、资源配置问题及其解决方法。使用网络图可以计算项目的关键路线。网络图是项目关键步骤的过程图解，这些关键步骤的延迟将影响整个项目的时间进度，同时也可以通过增加资源加快项目的时间进度。

①适用场合

1) 当计划和监控一个复杂的具有相关工作和资源的项目或过程时；

2) 项目或过程的步骤以及这些步骤的顺序和它们所需时间已过时时；

3) 若项目的时间进度十分重要，推迟完成项目会带来严重的后果或者提前完成项目会产生显著的优势时。

②实施步骤

绘制网络图的实施步骤如下：

1) 列出项目或过程中所有必须做的工作。一个方便的办法是在一张卡片或商务贴上半部分写下各项工作。然后在卡片的中部，画一条水平指向右端的箭头线。

2) 通过询问每项工作下面的三个问题确定工作的正确顺序：

a. 哪些工作在这项工作开始之前必须完成?

b. 哪些工作可以和这些工作同时发生?

c. 哪些工作应该在这些工作完成之后立即发生?

d. 创建一个含有 4 列(紧前工作、当前工作、并行工作、紧后工作)的表非常有用。

3) 画工作网络图。如果使用了便条或卡片，在一张大纸上按顺序排列这些卡片，并行工作应该垂直排列。时间从左到右流动，在卡片之间留好空间。

4) 在两项工作之间画上圆圈代表事件。事件表示工作的开始或结束，因此，事件是把工序分开的节点。

5) 找出三种普遍存在的问题状况，使用虚箭头线或额外的事件把它们重新画下来。其中，虚箭头线是一条用虚线画成的箭头线，用于分开在同一事件上开始和结束的工作，以显示其逻辑顺序。虚工作并不是实际中的具体工作。

6) 网络图完成后，在圆圈中对所有的事件按顺序进行编号。并使用字母按顺序标上所有的工作。时间进度安排采用关键路径法(CPM)。

7) 确定工作时间。工作时间是每项工作所需时间的最佳估计，要使用一致的度量单位(小时、天、周)，把时间写在每项工作的箭头上。

8) 确定关键路径。关键路径是项目从起点到终点的最长路线。使用粗的或带颜色的线标注关键路径。计算关键路径的长度，即路线上所有工作时间的总和。

9）根据紧前工作的所需时间，计算每项工作的最早开工时间（ES）和最早完工时间（EF）。从第一项工作开始，它的最早开始时间是0，然后向前计算。如图2－12所示，画一个被分成4份的方格。将最早开工时间填入表格的右上方，最早完工时间填入表格的左上方

最早开工时间＝此工作的所有紧前工作的最早完工时间的最大值

最早完工时间＝最早开工时间＋此项工作的工作时间

最早开工时间（ES）	最早完工时间（EF）
最迟开工时间（LS）	最迟完工时间（LF）

图2－12　时间安排表

10）在不改变项目进度的情况下，根据后续工作的所需时间，计算每项工作的最迟开工时间和最迟完工时间，从最后的工作，即是项目期限的最迟完工时间倒着计算。将最迟开工时间填入表格的左下方，最迟完工时间填入表格的右下方。

最迟完工时间＝此工作的所有紧后工作的最迟开工时间的最小值

最迟开工时间＝最迟完工时间＋此项工作的工作时间

11）计算每项工作和整个项目的松弛时间。在不影响整个项目进度的条件下，工作的总时差是工作最早可能开工时间可以推迟的时间，它表示工作安排上可以松动的时间

$$总时差(T_S) = LS - ES = LF - EF$$

12）确定项目在它的期限 T_D 之前完成的概率（P），计算3个数。

2.10　产品成功数据包络分析

2.10.1　基本概念

数据包络范围基于充分利用有限成功子样数据，最大限度规避风险的原则或思想，采集经过飞行试验或地面试验验证成功的若干产品数据所构成的数据范围。成功数据包络分析是将待分析产品数据与对应的包络范围进行比对，判定待分析产品数据是否落在包络范围内，得到待分析产品数据包络状况，评估产品是否满足执行任务能力的分析方法。

与数据差异性分析与控制方法类似，成功数据包络分析比对当前产品数据与成功数据之间的接近程度，理论上认为，越接近，则成功的可能性越大，反之则风险越大。对于超出包络范围的数据，应当将其标记为风险源，进行严格排查给出应对措施。

2.10.2　适用范围

产品飞行成功数据包络分析工作应从全系统、分系统、单机、部（组）件逐级开展。航天型号飞行成功数据包络分析工作应纳入型号全寿命质量工作策划，并从方案研制阶段开始，贯穿于型号研制全过程。

2.10.3　主要内容

成功数据包络分析主要程序如下：

1）确定关键产品及参数，通过产品对任务的影响分析等工作，确定开展包络分析的关键系统和产品及关键参数，作为开展对象；

2）确定包络分析范围，统计历次飞行（或试验）成功的产品参数的实测值，利用统计方法等找出数据上、下边界，同时画出曲线，形成成功数据包络范围；

3）开展确认和分析，将参加飞行任务产品的各项参数的实测值与成功数据包络范围进行逐一比对，画出曲线看趋势，分析数据是否在成功数据包络范围内，同时确认产品的质量表征趋势；

4）针对超差或超出包络范围的参数，尤其是“超差、不包络”的数据，逐一进行风险分析，根据分析结果确定采取应对措施。

成功数据包络分析结果分为 4 种，分别为“合格、包络”，“合格、不包络”，“超差、包络”，“超差、不包络”，其中：

1）对于“合格、包络”的数据，确认其一致性和稳定性，给出是否满足飞行任务的结论；

2）对于“合格、不包络”的数据，进行风险分析和评估，并根据分析结果采取措施；

3）对于“超差、包络”、“超差、不包络”的数据，特别是“超差、不包络”的数据，围绕产品让步接收以及产品质疑单办理、审批手续等情况进行检查确认，进行风险分析和评估，并根据分析结果采取措施；

4）对于“合格、不包络”、“超差、包络”、“超差、不包络”的数据，设计和生产单位应定期将一定数量的成功数据进行统计分析，对关键特性要求的合理性进行分析和评估，针对设计指标、设计工艺性等方面存在的隐患或问题，开展设计改进工作。针对产品合格率低、质量一致性差等方面存在的隐患或问题，开展工艺改进工作。

2.11　飞行时序动作分析与确认

2.11.1　基本概念

飞行时序动作分析与确认方法基于逻辑推演和仿真的思想，并检查实现的条件，从而达到消除风险的目的。通常以发射准备、点火到飞行结束的飞行时序过程为出发点，以每一个飞行时序动作为牵引，对每个动作或影响成败的关键环节的输入条件、输出结果、设计指标及满足情况、设计余量、可靠性措施、环境及相关影响、试验验证或仿真、计算等工程分析情况进行系统梳理，进一步查找需要进一步分析和确认的问题，从而消除技术上可能存在的风险和隐患，最终得出从设计要求、设计结果到飞行实现能够完整闭合的推演分析结论。

飞行时序动作分析与确认是以型号飞行的时间轴(时序动作)为牵引而进行的分析，是一种正向思维的分析方法。该种方法一是对型号已经开展的风险识别、分析、应对等工作进行检查、监督；二是针对发现的新风险，制定风险应对措施；三是全面梳理出技术风险，为发射前的最终决策提供依据。

2.11.2　适用范围

飞行时序动作分析与确认适用于航天型号各研制阶段飞行时序动作分析与确认工作，用来识别和控制航天型号技术风险。

2.11.3　主要内容

(1)飞行时序动作分析与确认工作流程

型号总体根据确定的飞行时序，系统梳理每一个飞行时序动作(如火工品时序动作、软指令动作等)，按照飞行时序动作分析与确认表，初步给出飞行时段和飞行时序，识别飞行时序动作所涉及的分系统及单机。

各分系统按照型号总体给出的飞行时段和飞行时序，组织各产品对飞行时序进行补充完善，并分解为相应的飞行时序动作。

型号两总组织型号队伍讨论，确定飞行时段、飞行时序和飞行时序动作选取的合理性。

各分系统、单机单位按照确定的飞行时段、飞行时序和飞行时序动作，充分利用研制过程中和以往飞行试验获得的数据和结果，对每个飞行时序动作的指标实现情况、设计(或工艺)保证措施、产生的环境及其相关设备(系统)适应性、试验验证情况等进行分析和确认，并找出可能存在风险的飞行时序动作。

各分系统将确认结果提交型号总体汇总，针对可能存在风险的飞行时序动作，型号两总组织对其制定的改进措施进行确认，并实施闭环管理。

飞行时序动作分析与确认表详见表 2 -8。

表 2 -8　飞行时序动作分析与确认表

飞行时段	飞行动作或关键环节(项目)	输入条件和工作环境确认	输出(响应)结果	设计指标	指标实现情况(含设计余量)	可靠性设计保证措施	产生的环境及其相关设备(系统)适应性分析	试验验证或仿真、计算分析结果	人员保证	确认人

(2)飞行时序动作分析与确认工作重点

①功能性能实现情况确认

功能性能实现情况确认，主要包括：

1)产品的输入条件；

2)产品的输出(响应)结果;

3)产品设计指标要求及实现情况;

4)产品的裕度分析情况，及各类设计指标处于边缘状态的项目;

5)产品各类试验验证情况。

②环境适应性分析

环境适应性分析，主要包括:

1)产品工作环境的指标要求;

2)产品满足环境指标要求情况，重点分析不满足任务书有关环境要求的项目、飞行状态(环境)与地面试验状态(环境)存在的差异、环境适应性处于技术指标的边缘或未完全认识的项目;

3)环境适应性试验考核情况。

③时域分析

时域分析，主要包括:

1)飞行时段分配的合理性;

2)飞行时序传递关系的正确性;

3)飞行动作的协调匹配性。

④空域及相关影响分析

空域及相关影响分析，主要包括:

1)各项动作的空间行为对相关产品或动作产生的影响，重点分析产生的多余物(活动物)对周边产品的影响;

2)各项动作对周围环境带来的变化(影响)，如热环境、力学环境、电磁环境等;

3)相关产品的适应性分析。

⑤设计(或工艺)保证措施确认

设计(或工艺)保证措施确认，主要包括:

1)针对设计上的单点采取备保措施的有效性;

2)可靠性、安全性措施的有效性;

3)多余物预防控制措施的有效性。

2.12　故障模式、影响及危害性分析

2.12.1　基本概念

故障模式、影响及危害性分析(FMECA)是分析产品所有可能的故障模式及其可能产生的影响，并按每个故障模式产生影响的严重程度及其发生概率予以分类的一种归纳分析方法，是属于单因素的分析方法。

2.12.2 适用范围

FMECA 适用于产品的研制、生产和使用各个阶段，是产品可靠性分析的一个重要工作项目，也是开展维修性分析、安全性分析、测试性分析和保障性分析的基础。

2.12.3 主要内容

FMECA 是一个反复循环迭代的过程，其原理应作为设计人员的基本思维方式，贯穿整个设计过程，FMEA 特别强调事前预防，即尽可能在故障模式被纳入产品设计之前实施分析和改进，以最大限度降低故障的危害。

FMECA 的范围涉及产品任务周期内的所有任务阶段，凡是设计、工艺、质量控制、包装、贮存、运输、报废或其他工作有更改或变动时，均应采用 FMECA，分析这些更改或变动对产品特别是对关键件、重要件的工作或状态的影响。

产品的设计 FMECA 工作应与产品的设计同步进行。产品在论证与方案阶段、工程研制阶段的早期主要考虑产品的功能组成，对其进行功能 FMECA；当产品在工程研制阶段、定型阶段，主要是采用硬件(含 DMEA)、软件 FMECA。随着产品设计状态的变化，应不断更新 FMECA，以及时发现设计中的薄弱环节并加以改进。

实施 FMECA 应制定 FMECA 计划，并严格按有关标准和文件的要求进行分析。丰富的故障信息和数据是实施有效 FMEA 的基础。通过历史经验数据的应用，FMEA 还为设计的经验积累、技术继承和发展创造了条件。FMECA 计划可作为技术协议和技术合同的一部分，并为订购方监督与评价承制方开展 FMECA 工作提供依据。FMECA 计划中规定了产品寿命周期不同阶段所选用的 FMECA 方法、表格格式、定义约定层次、编码体系、任务描述、故障判据、严酷度类别、所需的主要信息(输入要求)、FMECA 报告(输出结果)、评审、职责与分工等主要内容，并包括完成 FMECA 工作的步骤、实施和工作进度要求等。FMECA 计划应与产品可靠性、维修性、安全性、测试性、保障性等工作要求，以及有关标准要求相互协调、统筹安排。

FMECA 实施程序如图 2 - 13 所示。

系统定义的目的是使分析人员有针对性地对被分析产品在给定任务功能下进行所有可能的故障模式、原因和影响分析。系统定义可概括为产品功能分析和绘制图两个部分。

故障模式分析的目的是找出产品所有可能出现的故障模式，其主要内容有：不同 FMEA 方法的故障模式分析、故障模式的获取方法、常用元器件零组件的故障模式、典型故障模式。

故障原因分析的目的是找出每个故障模式产生的原因，进而采取针对性的有效改进措施，防止或减少故障模式发生的可能性。故障原因分析的方法：一是从导致产品发生功能故障模式或潜在故障模式的那些物理、化学或生物变化过程等方面找故障模式发生的直接原因；二是从外部因素(如其他产品的故障、使用、环境和认为因素等)方面找产品发生故障模式的间接原因。

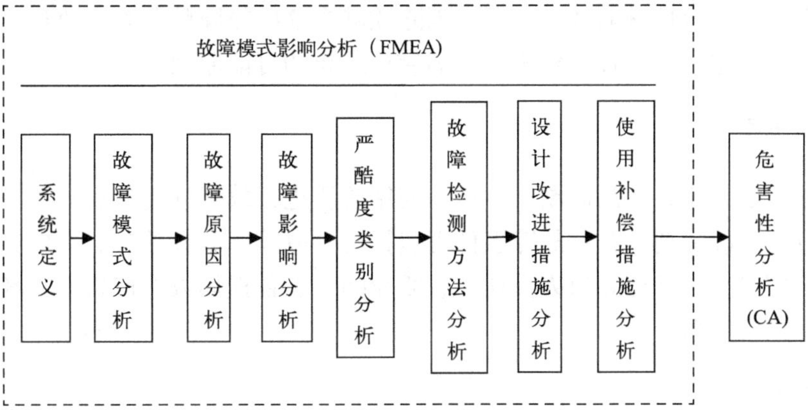

图 2－13　FMECA 实施程序图

故障影响及严酷度分析的目的是找出产品的每个可能的故障模式所产生的影响，并对其严重程度进行分析。故障影响的严酷度类别应按每个故障模式的最终影响的严重程度进行确定。

故障检测方法分析的目的是为产品的维修与测试性设计、维修工作分析等提供依据。故障检测方法的主要内容一般包括目视检查、原位检测、离位检测等。

设计改进与使用补偿措施分析的目的是针对每个故障模式的影响在设计与使用方面采取了哪些措施，以消除或减轻故障影响，进而提高产品的可靠性。

危害性分析的目的是对产品每一个故障模式的严重程度及其发生的概率所产生的综合影响进行分类，以全面评价产品中所有可能出现的故障模式的影响。

实施 FMECA 需填写 FMECA 表格，一种典型的 FMEA 表格见表 2－9。表 2－9 给出了 FMECA 的基本内容，可根据分析的需要对其进行增补。

表 2－9　故障模式、影响及危害性分析表

初始约定层次　任务　审核　第　页　共　页

约定层次　分析人员　批准　填表日期

代码	产品或功能标志	功能	故障模式	故障原因	任务阶段与工作方式	故障影响						备注
						局部影响	高一层次影响	最终影响	故障检测方法	补偿措施	严酷度类别	

2.13　故障树分析

2.13.1　基本概念

故障树分析(FTA)是一种图形演绎的分析方法，在产品设计阶段，通过对产品每种故障模式有影响的所有较低级别的故障进行识别，判断潜在的系统故障模式和灾难性危险因素，发现可靠性和安全性薄弱环节。通过消除或减少这些故障的影响，改进产品设计，使用逻辑归纳法，确定出现一种肯定不希望的使用结果的可能原因。

2.13.2　适用范围

故障树分析适用于在产品研制、生产、使用阶段进行故障树建造和对单点故障树进行定量、定性分析。故障树的各种故障事件可包括硬件故障、软件故障、人的失误、环境影响等各种故障因素，以及能导致人员伤亡、职业病、设备损坏或财产损失、环境严重污染等事故的各种危险因素。

2.13.3　主要内容

故障树分析是系统安全性和可靠性分析的工具之一，在产品设计阶段，故障树分析可帮助判明潜在的系统故障模式和灾难性危险因素，发现可靠性和安全性薄弱环节，以便改进设计。在生产、使用阶段，故障树可帮助故障诊断，改进使用维修方案。故障树分析也是事故调查的一种有效手段。

通过故障树分析，达到以下目的：识别导致事故的基本事件(基本的设备故障)与人为失误的组合，可为人们提供设法避免或减少导致事故基本原因的线索，从而降低事故发生的可能性；对导致灾害事故的各种因素及逻辑关系能做出全面、简洁和形象的描述；便于查明系统内固有的或潜在的各种危险因素，为设计、生产和管理提供科学依据；便于进行逻辑运算，进行定性、定量分析和系统评价。

FTA 可以把系统故障与导致该故障的各种因素直观而形象地表现出来。如果故障树的顶端向下分析，则可以找出系统的所有故障模式；如果从故障树的底端向上追溯分析，则可判明各个底事件对系统故障的影响途径和程度，从而为评价系统的可靠性和安全性并有针对性地采取改进措施提供参考依据。

故障树分析的实施程序如图 2－14 所示。

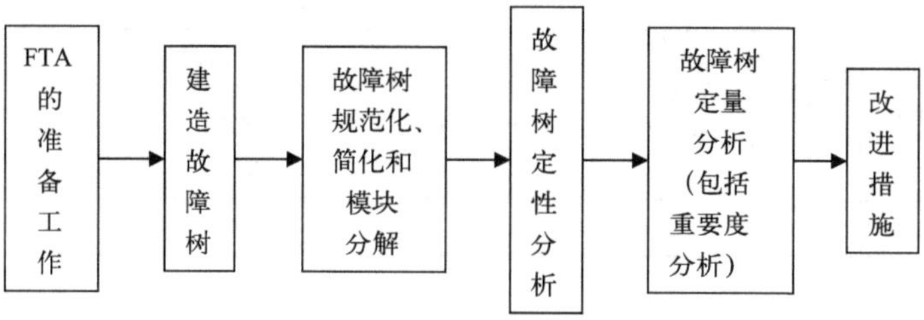

图 2－14　FTA 的实施程序图

故障树分析的准备工作包括熟悉资料、熟悉系统、确定分析目的、确定故障判据。

确定顶事件主要是在充分熟悉资料和系统的基础上，做到既不遗漏又分清主次地将全部重大故障事件一一列举，必要时可应用 FMECA，然后再根据分析目的和故障判断确定出本次分析的顶事件。

建造故障树可采用演绎法人工建树。故障树规范化、简化和模块分解必须将建好的故障树规范化以便于分析，同时尽可能对故障树进行简化和模块分解以节省分析工作量。

故障树定性分析用下行法或上行法求出单调故障树所有最小割集，即所有导致顶事件发生的系统故障模式。在没有基础数据因而无法进一步定量分析的情形下，可以仅做定性比较。

故障树定量分析，在各个底事件相互独立和已知其发生概率的条件下，求出单调故障树顶事件发生概率和一些重要度指标。

FTA 和 FMECA 的主要区别见表 2－10。

表 2－10 FTA 和 FMECA 的主要区别

方法	FMECA	FTA
按层次的分析方向	自原因－单一故障模式方面向结果－上级系统的故障方面分析，自下而上，顺向	子结果－不希望发生的顶事件向原因方面做树形图分解，自上而下，逆向
方法	在表格内填写故障模式对装置、系统的影响，对故障模式的评价、改进措施列出，并将致命模式列表	由顶事件起经过中间事件至最下级的基本事件用逻辑符号连结，形成树形图，再计算不可靠度
定性与定量分析的功能	是定性的、归纳性的方法，特别是不需要计算	应用布尔代数等按树形逻辑符号将树形图简化，求最小割集，并计算顶事件发生的概率。若是定量的、逻辑的、演绎的方法，还可对事件发生频率、费用及工时损失等做出相对定性的评价
特点	利用表格，简单列举系统构成零部件的所有故障模式，并假定其发生，可找出系统可能发生的故障。缺点是只输入硬件的单一故障模式，因而是孤立的分析	以某个特定的不希望发生的故障为顶事件，可以进行深入的分析。与 FMECA 比较，不仅可以分析部件错误、软件错误、控制错误、环境应力等引起的故障，及进行多重故障分析，还可以从逻辑上明确故障的发生过程定量计算顶事件发生的概率。缺点是需要熟悉布尔代数和最小割集知识
应用注意事项	两者都是可靠性分析方法，需要相辅相成的应用。但这两者都是重视功能性的静态分析方法，在考虑事件序列与外部因素等共同原因方面，即动态分析不完善	

2.14 单点故障模式识别与控制

2.14.1 基本概念

单点故障是指会引起系统故障，而且没有冗余或替代的操作程序作为补救的产品故障。单点产品一旦失效，会引起系统故障，甚至会导致工程飞行试验失败或在轨无法正常运行。保证单点不失效是工程技术风险控制的重要工作目标。

2.14.2　适用范围

单点故障模式识别与控制工作适用于航天型号研制各阶段，并随研制工作进展及技术状态变化不断完善。

2.14.3　主要内容

按照故障模式所产生后果的严重程度来界定单点故障模式的严酷度。以运载火箭为例，其严酷度的分类定义见表 2 – 11。

表 2 – 11　运载火箭严酷度分类

严酷度类别	故障模式最终影响说明
Ⅰ(灾难的)	1)火箭在发射准备段或一级飞行过程中发生爆炸； 2)造成地面人员伤亡或星箭毁坏； 3)造成地面设施及环境重大损坏
Ⅱ(严重的)	1)火箭在二级以后飞行过程中发生爆炸，或未能正常执行星箭分离； 2)由于火箭原因导致卫星损失，或严重影响卫星寿命(寿命损失设计寿命的一半以上)； 3)导致本次发射任务取消或推迟发射两周以上； 4)由于火箭原因导致卫星入轨精度超差 20% 以上
Ⅲ(一般的)	1)火箭在发射准备段出现异常导致发射任务推迟两周以内； 2)在飞行过程中发生异常导致卫星未能精确进入预定轨道(入轨精度超差 20% 以内)
Ⅳ(轻微的)	轻于Ⅲ类的影响

单点故障模式识别与控制方法是将 FMEA 与 FTA 相结合，以飞行任务或在轨运行为剖面，在 FMEA 已识别单点故障模式基础上，选取灾难性、成败型两类故障进一步开展 FTA 分析，按照从总体、分系统、单机直至单元的系统工作程序，找出一阶最小割集，识别单点故障模式，最终汇总形成《单点故障模式清单》。

根据《单点故障模式清单》，对其所涉及的关键产品设计、工艺、过程三类关键特性进行自上而下的逐级量化分解和自下而上的逐级量化闭环确认，分析各种故障可能发生的原因，识别设计中的技术风险，为制定应对措施并实施改进提供有效支持。该技术流程如图 2 – 15 所示。

工程单点故障模式识别与控制分析见表 2 – 12。

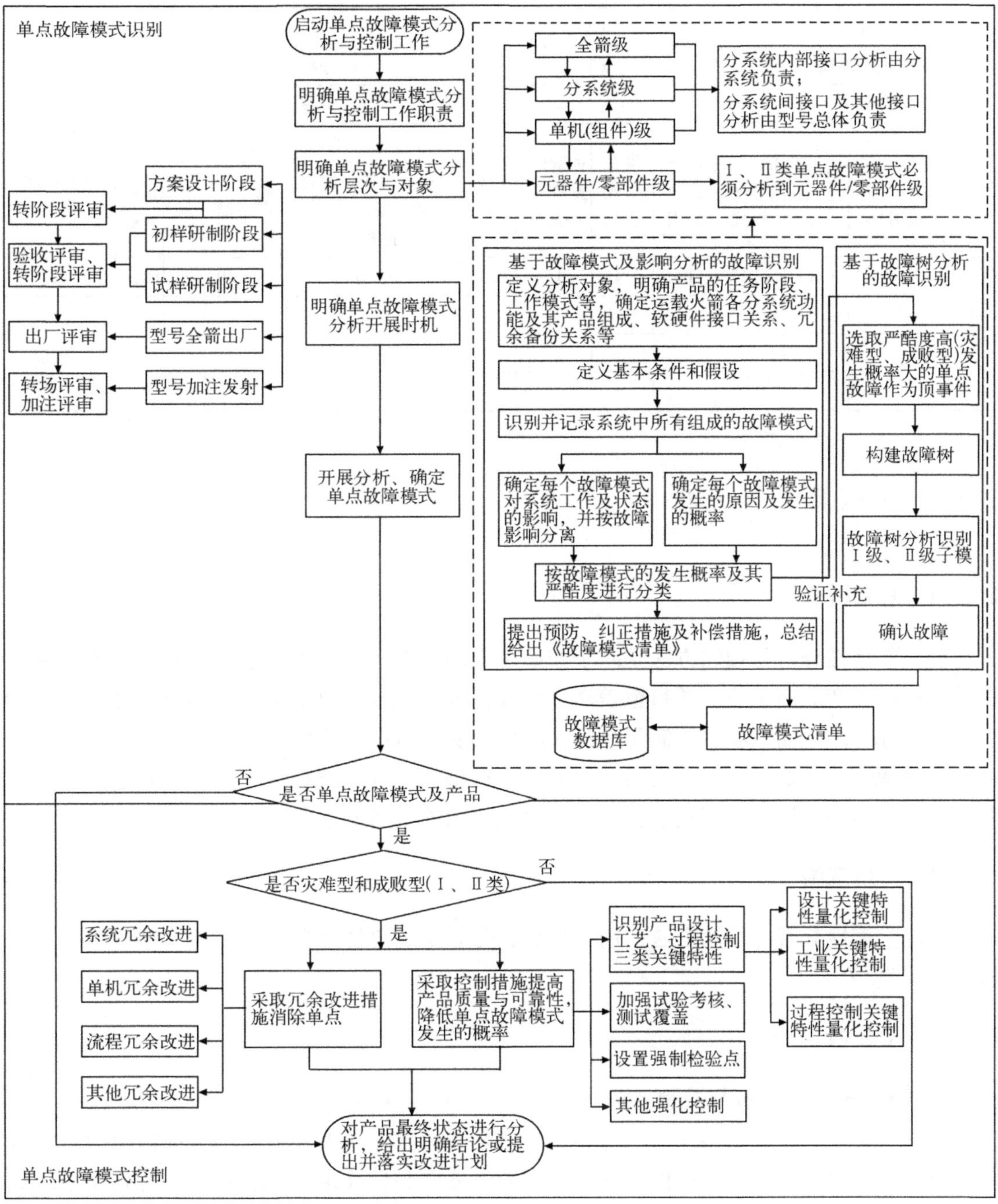

图 2－15　单点故障模式识别与控制技术流程图

表 2 – 12 单点故障模式识别与控制分析表

组件名称及代号	(1)	分析日期	(5)
产品描述	(2)	版本	(6)
会影响到的分系统	(3)	分析人员	(7)
会影响到的型号	(4)	审核人员	(8)

编号	元器件/零部件名称或图号	功能与要求	潜在功能失效模式	潜在失效原因	潜在失效影响	关键件/重要件/一般件	合格率	当前控制情况					建议改进措施
								设计、生产、试验、测试、操作等方面的措施	频率度	严酷度	检测度	风险指数	
(9)	(10)	(11)	(12)	(13)	(14)	(15)	(16)	(17)	(18)	(19)	(20)	(21)	(22)

2.15 测试覆盖性分析

2.15.1 基本概念

测试覆盖性分析与控制方法是基于产品规定的功能、性能能够全面检查的原则。测试覆盖性指型号产品测试检查项目覆盖产品设计任务书或技术要求规定的功能和性能指标的程度、型号产品地面试验状态满足产品实际使用测试状态的程度。

测试覆盖性分析与控制方法为工程人员掌握型号系统状态提供了一条有效途径，直接降低了系统不确定性，是识别、分析与应对技术风险的有效手段。

2.15.2 适用范围

测试覆盖性分析与控制方法适用于单机、分系统、总体在单项、专项或系统级的各类检验和试验。

2.15.3 主要内容

(1)测试覆盖性分析与控制方法的要点

1)在方案阶段开始，各单机、分系统、总体在安排单项及系统级的地面试验时，需要考虑地面试验项目设置的合理性、试验内容的充分性和试验结果的有效性。特别是系统级的大型地面试验，需借鉴成熟型号的环境条件，利用初样、试样试验结果和理论分析，对飞行环境条件逐步进行修正。同时，要尽量模拟飞行或在轨环境和充分覆盖实际飞行或在轨状态。不能覆盖的应通过理论分析和旁证试验，验证该试验的充分性和试验结果的有效性。

2）在产品设计之初，设计测试设备时要充分考虑测试的功能。同时，任务提出单位要在任务书和技术要求中明确测试的要求，并适时组织产品承制单位对任务书和技术要求中有关测试要求进行逐条复核、讨论、协调，产品承制单位要保证对任务书和测试要求的理解与任务提出单位一致。

3）单机设计在分析的基础上，要逐项列出产品出厂后测试不到和不再测试的项目，并提前向生产单位提出项目清单和要求；生产单位要按要求进行分析并保证到位。

4）产品出厂前的测试项目要覆盖出厂后系统及靶场测试项目，对未覆盖的项目要列出清单，提出详细的预案和措施，并得到上一级系统的确认。

（2）测试覆盖性分析与控制法的分析步骤

1）确定测试覆盖性分析的依据文件，主要包括任务书或技术要求、设计方案、试验规范或条件；

2）确定主要技术性能指标测试检查项目，列举可测试项目和不可测试项目；

3）确定测试覆盖性分析具体内容，对可测试项目和不可测试项目进行分析，同时对测试状态进行分析；

4）说明测试覆盖性分析的结论。

2.16　潜通路分析

2.16.1　基本概念

潜通路是复杂电气电子系统中的一种潜藏状态，当激励条件满足时，将导致系统出现非期望的功能或抑制期望功能的出现，是一种与元器件失效无关的系统级故障模式，可导致重大故障的发生，如火箭发射失败、导弹误发射和自毁爆炸等。对于国防军工产品，尤其是航天、武器系统等，由于其任务特殊性，产生的危害尤为严重。

潜通路分析技术是识别系统中潜通路问题最为有效的专业技术手段，最早由美国波音公司提出，但长期以来一直作为高度机密严格对外封锁，被称为“黑色技术”。我国早在1988年制定颁布的关于可靠性的顶层标准GJB 450《装备研制与生产的可靠性通用大纲》中就已明确规定该工作项目。

2.16.2　适用范围

潜通路问题多在系统级出现，系统级产品是重点分析对象，如电源、供配电和火工品系统等。潜通路分析一般在型号初样设计阶段开展，在转正（试）样之前完成。

潜通路分析一般由总体单位提出，并由单机配套单位提出此项技术的实施要求，为确保分析的专业性和独立性，同时依托第三方专业机构实施，总体单位负责协调各配套单位的总体设计人员配合专业机构开展具体分析工作。

2.16.3　主要内容

（1）总体思路

潜通路分析总体思路为：首先，对系统进行适当的划分以及结构上的简化，生成网络树；然后，识别网络树中的拓扑模式；最后，结合线索表对网络树进行分析，识别出系统中存在的潜通路、设计缺陷、设计错误和设计资料差误。

（2）实施程序

潜通路分析总的实施流程如图 2 – 16 所示。

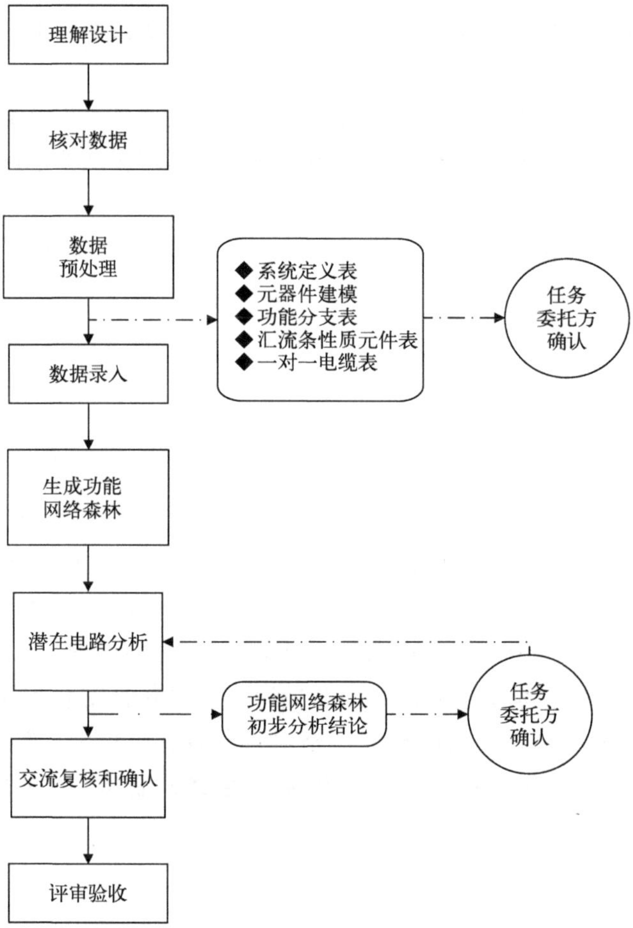

图 2 – 16　潜通路分析实施流程

①理解设计

潜通路分析的第一项工作是准确理解系统设计。为正确理解任务要求和总体设计意图，需要认真研究收集到的各种系统设计资料，期间分析方需要与委托方有关设计人员进行充分交流。

②核对数据

在理解电路及系统的过程中，核对设计意图与任务要求的一致性，核对物理实现中各元器件之间的连接关系是否与原理设计一致，复核上下级的技术任务书、接口和软件等有关文件相互之间的一致性。

③数据预处理

数据预处理是一项在消化理解分析系统基础上的人工处理工作，所产生的数据是潜通路分析软件系统正确运行的必要条件。其主要工作项目包括：编写系统定义表，建立系统元器件模型表，拟制系统源、地、信号源划分边界表，编写功能分支表，具有汇流条性质的元件表和一对一电缆表。

④数据录入

将收集到的数据输入到分析系统潜通路分析软件中，数据输入主要有两种方式，印制板网表转换和人工录入。

⑤生成功能网络森林

系统电路应用潜通路分析软件系统以“网络树”的形式重画。其基本规则是按照电流从页面的上方流向页面的下方，信号流从左边输入，向右边输出的规则重画电路图。并结合确定的系统功能分支，确定有关功能电路。通常，一个功能电路会由许多网络树组成，因此，结果是形成功能网络森林。

⑥潜在电路分析

在完成以上工作的基础上，分析方对每个功能森林的每棵网络树应用提示线索按每种实际使用的操作运行状态进行潜通路分析和设计缺陷分析，测试状态以及相应的操作规程应由委托方提供。

⑦交流复核和确认

对于发现的潜在问题，分析方会同委托方相关设计师，进行交流复核确认工作。

⑧验收评审

根据复核结果，形成最终分析报告。进行项目评审验收工作。

2.17 最坏情况分析

2.17.1 基本概念

最坏情况分析是指在设计限度内分析电路所经历的环境变化、参数漂移及输入漂移出现的极端情况及其组合，并进行电路性能分析和元器件应力分析。

2.17.2 适用范围

适用于航天产品型号各级电路产品。

2.17.3 主要内容

(1)电路最坏情况分析的目的

电路最坏情况分析的目的是通过摸清元器件参数变化的主要原因及对电路性能影响的大小，评估电路在极端环境条件下使用时电路的工作情况以及电路性能对元器件参数变化的灵敏度，回答是否满足设计或工作要求，提出改进措施建议，供设计师参考。

(2)电路最坏情况分析的内容

电路最坏情况分析包括了3个方面的内容：

1)元器件最坏情况应力分析，提供电路中元器件是否有过应力使用情况，为电路合理采用降额设计提供依据；

2)环境对元器件参数影响及元器件参数对电路性能的灵敏度分析，为电路的设计改进提供依据；

3)电路最坏情况下的性能分析，回答电路的性能是否满足指标要求以及是否需要进行设计改进。

(3)电路最坏情况分析的时机

电路最坏情况分析需要得到设计、材料、元器件等方面的详细信息。作为专业分析，其最佳使用时机应在系统设计基本完成、能完整提供设计资料的情况下进行，最理想的阶段为初样与试样阶段、定型之前。另外，发现问题后，修改设计所花费的代价相对较小。

(4)电路最坏情况分析的对象与范围

电路最坏情况分析的工作量大，需要分析工具、元器件模型库及有关数据的支持。工程研制应在任务书或合同中作出明确的规定，提出明确的电路最坏情况分析要求。电路最坏情况分析工作应根据FMEA结果，对影响任务成败和人员安全的关键产品、部件和模块进行最坏情况分析。电路最坏情况分析可在不同的产品层次分别进行，如电路系统、单元电路或功能电路等。

(5)电路最坏情况分析的基本流程

电路最坏情况分析方法遵循的基本流程如图2－17所示。

①明确待分析电路

1)确定关键电路。应根据FMEA结果，明确哪些电路或电路类型需要进行最坏情况分析。

2)工作原理和功能分类。电路工作原理是进行最坏情况分析的前提，分析之前分析人员要明确电路工作原理、组成及其功能参数要求，便于对系统/电路有更好的了解。

②电路划分

在开始对电路进行最坏情况分析时，应首先将原理图转换成功能方块图。将信号间的输入输出关系以方块图的形式直观地表示出来。

在电路设计中，一般都按照各功能模块分别进行设计，因此，为分析方便，并有利于

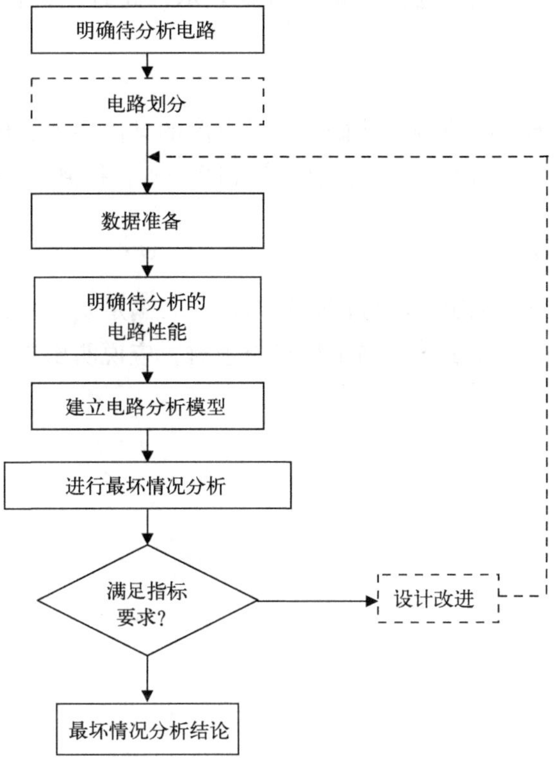

图 2－17　电路最坏情况分析流程

电路设计改进，可直接对各功能电路分别进行最坏情况分析。

③数据准备

要开展最坏情况分析，首先要获得以下数据：

1）系统/产品/电路的性能技术要求；

2）原理图和方块图；

3）接口/连接线路图；

4）技术说明书；

5）元器件及元器件参数清单；

6）元器件降额要求；

7）任务环境（包括温度极限、老化和辐射影响）。

④明确待分析的电路性能

在分析之前，必须对电路性能进行选择。选择电路的关键性能，并明确电路性能参数及偏差要求等。

⑤建立电路分析模型

在完成电路划分之后，就可将电路或子电路的关键电路性能与电路的元器件参数联系起来，并明确电路参数与组成电路元器件参数之间的数学关系及模型。它们之间多数时候没有简单的或明确的数学关系，无法用解析方式表示，此时，只有借助 EDA 仿真工具来完成分析。

⑥进行最坏情况分析

根据最坏情况数据准备所获得的数据，以及电路的具体要求和电路关键性能，适当选择进行最坏情况分析的方法进行最坏情况电路性能分析，得到电路在最坏情况下工作的特性。

⑦最坏情况分析结论

将最坏情况分析结果与规定电路性能进行对比，若满足要求，说明电路在元器件参数出现最坏情况组合时仍能可靠工作。当不满足要求时，应说明出现问题的原因，提出改进措施建议。

参 考 文 献

[1] 李跃生，等．质量功能展开[M]．北京：国防工业出版社，2011.
[2] GJB 2742—96 工作说明编写要求[S]. 1996.
[3] MIL - HDBK - 245D—1996 工作说明(SOW)编写手册[S]. 1996.
[4] QJ 3121—2000 航天产品项目工作分解结构[S]. 2000.
[5] Q/QJA 305—2014 航天型号产品质量交集识别与分析要求[S]. 2014.
[6] GB/T 29075—2012 航天器概率风险评估程序[S]. 2012.
[7] GJB 5852—2006 装备研制风险分析要求[S]. 2006.
[8] 天科质[2013]00080 号《航天型号技术风险分析与控制要求(2013 版)》.
[9] 天科宇[2013]138 号《航天型号量化控制工作要求(2013 版)》.
[10] Q/QJA 302—2014 航天型号飞行成功数据包络分析要求[S]. 2014.
[11] 天科质[2010]204 号《中国航天科技集团公司战略导弹和运载火箭产品成功数据包络线分析的若干规定》.
[12] Q/QJA 303—2014 航天型号飞行时序动作分析与确认要求[S]. 2014.
[13] GJB 841—1990 故障报告、分析和纠正措施系统[S]. 2014.
[14] GJB/Z 768A—1998 故障树分析指南[S]. 1998.
[15] Q/QJA 71—2011 航天型号单点故障模式识别与控制要求[S]. 2011.
[16] QJ 20076—2012 卫星系统级测试覆盖性分析与检查要求[S]. 2012.
[17] QJA 44—2008 载人航天型号软件测试覆盖性分析要求[S]. 2008.
[18] QJA 67—2011 导弹武器产品测试覆盖性控制要求[S]. 2011.
[19] 天科质[2007]307 号《中国航天科技集团公司型号飞行试验产品出厂测试覆盖性检查、评审管理办法》.
[20] QJ 3217—2005 潜在分析方法和程序[S]. 2005.
[21] 任立明，等．潜在电路分析技术与应用[M]．北京：国防工业出版社，2011.
[22] GJB 223—2005 最坏情况电路分析指南[S]. 2005.

第 3 章　质量控制与监督

3.1　设计复核复算

3.1.1　基本概念

设计复核复算是为验证(校核)设计输出是否满足设计输入的要求，由独立于本型号设计系统之外的同行专家，依据设计输入对设计输出(含设计图样、研试文件、软件源程序与文档等)进行独立的核对和计算，并对原设计提出意见和建议的活动，是从源头抓起的重要措施之一。

3.1.2　适用范围

设计复核复算在设计输出确定(完成)后进行。设计复核复算工作的开展能够确保设计技术指标合理、正确，从而满足型号研制任务要求或合同规定。

3.1.3　主要内容

(1)设计复核复算确定的原则

1)新立项的影响方案成败的设计项目，在原基础上进行重大改进设计的项目；

2)转阶段设计评审中评委提出的重要问题和上一阶段遗留的重大技术问题；

3)列入可靠性、安全性的关键项目(含Ⅰ、Ⅱ类故障模式和单点故障模式)；

4)无法进行试验验证的项目；

5)设计师系统、上级领导和专家认为需要加强控制的其他项目。

(2)研制各阶段设计复核复算重点

1)方案设计阶段重点对技术方案、新技术的应用以及继承性的关键技术等进行复核复算；

2)工程研制阶段重点对初样设计、安全性、可靠性设计、关键项目、新技术、影响成败的关键技术、技术状态变化项目以及初样复核复算遗留项目和遗留问题等进行复核复算。

(3)研制各阶段设计复核复算主要内容

1)工程设计是否能满足《项目研制任务书》或上一级系统的要求；

2)工程设计是否符合相关航天产品的设计准则、规范及有关标准；

3)设计与计算的正确性、完整性；

4)大型试验方案的合理性、可行性；

5)计算机软件设计的正确性和可靠性，是否符合软件工程化要求；

6)可靠性模型建立与可靠性设计措施的合理性、有效性；

7)可靠性、维修性指标的分配是否能满足要求并留有一定的余量；

8)安全系数是否满足要求，降额设计，冗余、裕度和容错设计，优化设计等设计的正确性、合理性；

9)可靠性、安全性、维修性、保障性大纲和可靠性、安全性设计准则是否得到正确贯彻；

10)FMEA、最坏情况分析及危险分析是否正确、合理；

11)Ⅰ、Ⅱ类故障模式和单点故障模式，在设计上采取的预防措施是否正确、有效；

12)环境及系统间接口对安全性、可靠性的影响；

13)设计的工艺可实现性及对生产工艺实现过程中可能引入的降低安全性、可靠性的因素从设计上采取的控制措施是否正确、合理；

14)测试覆盖性分析情况；

15)元器件、材料的选用及控制；

16)试验验证工作是否充分，对于无法试验验证的项目是否进行了全面深入的分析或仿真。

3.2　三级审签

3.2.1　基本概念

三级审签指设计文件进行校对、审核及批准三个环节。

3.2.2　适用范围

三级审签适用于航天产品设计文件的签署。

3.2.3　主要内容

(1)签署流程

设计文件根据设计(编写)、校对、审核、工艺会签、标审、批准的顺序进行签署，由设计者负责征集。

(2)签署人员的资格、权限

根据设计文件所表达的产品层次，确定设计文件的签署人员。根据其权限和职责一人只能签署一栏，每一个签署栏一般不允许多人签署。当确定的签署人员不在时，可由设计师系统指定具有同等资格的人员签署，被指定的签署人员与原确定的签署人员承担相同的技术责任。

(3)签署方法

设计文件经设计者签署后，一般应将同一组(整)件的成套文件(如三维模型图及相应的二维图样、关联文件)同时送审。

根据需要，设计者可向校对及其他审签人员提供有关的设计输入文件、参考资料。主要包括：

1)任务书、技术要求；

2)协调或接口控制文件(ICD)；

3)适用的标准、规范、技术文件等。

同一代号的设计文件由多页组成时，签署在封面(或首页)上，签署者应对各页设计文件负责。

电子设计文件应按选定的签署流程进行签署，流程中的签署者可根据实际情况进行调整。设计文件签署过程中，当签署者有修改意见时，应将修改意见返回设计者，由设计者进行修改后，按原流程重新签署。

纸质设计文件经设计者签署后，按规定的签署流程，由设计者把设计文件和设计文件签署跟踪卡一起提交给校对及其他审签人员。

(4)会签要求

涉及单位内外技术协调和接口关系的设计文件应进行技术会签。与最终产品质量直接有关的设计文件，应经质量部门会签。由一个单位主要负责，其他单位参加设计的设计文件，需经参加单位会签。需经会签的设计文件而未会签的，涉及单位有权将其退回设计单位。会签单位对被会签的设计文件内容有异议时，应向设计单位提出，协商取得共识后会签。经协商仍有不同意见时，双方应及时向各自的上级报告，由上级处理解决。

(5)签署的跟踪管理

设计文件的签署过程应形成记录，并归档。签署记录包括：审签人员提出的修改意见或批注，设计文件签署跟踪卡，意见、批注处理结果。

3.3 供应商质量认证

3.3.1 基本概念

供应商质量认证主要是指航天型号外包产品供应商的质量认证。其中外包产品是指集团公司及所属单位委托，由集团公司以外供应商特定研制、生产的，用于导弹武器系统、航天系统及相关航天型号的产品(含软件)，不含型号物资、货架式外购产品、集团公司内配套产品和国外引进项目。

供应商质量认证工作主要包括准入评定、绩效评价和专项审核三项工作。准入评定是对供应商是否具备承担相应外包任务的基本条件和质量保证能力的符合性评价。绩效评价是对供应商履行合同结果、质量控制结果等的综合性评价。专项审核是对质量问题多发、发生严重质量问题或绩效评价等级偏低的供应商的监督性评价。

3.3.2　适用范围

适用于工程研制阶段及批生产阶段型号外包产品供应商质量认证。

3.3.3　主要内容

供应商评价工作主要包括准入评定、绩效评价和专项审核三项工作，具体流程如图 3－1 所示。

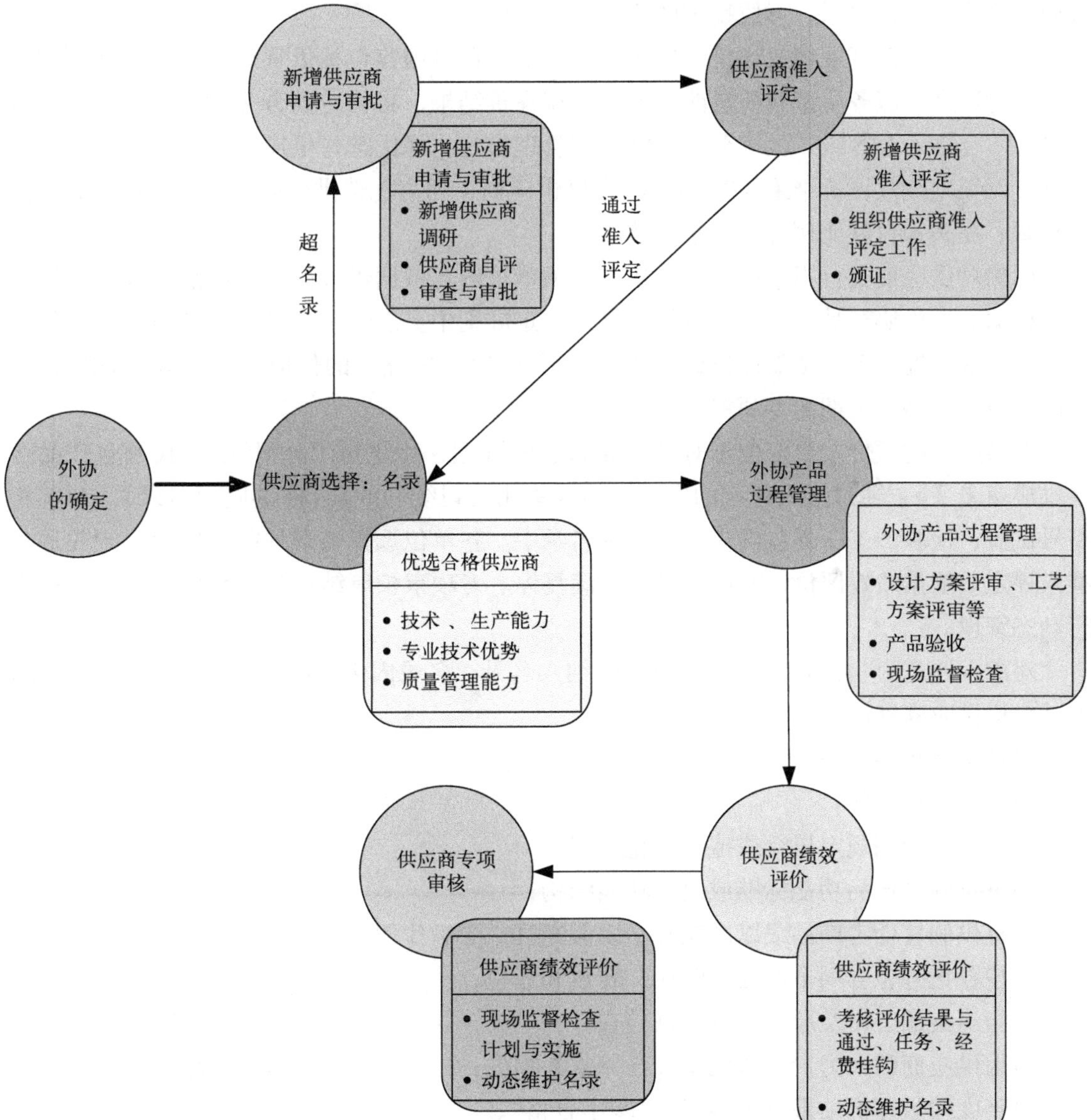

图 3－1　外包产品供应商质量认证流程

准入评定按照外包产品的重要程度按照分级的原则组织实施。绩效评价按照供应商自评，委托方评价，院、集团公司逐级确认的原则组织实施。专项审核按照分级的原则组织实施。通过准入评定的供应商纳入《合格供应商名录》，依据绩效评价和专项审核结果对名录实施动态管理。

对供应商实施准入评定，有效期为3年。准入评定包括初次评定、变更审核、期满复评。初次评定为合格并按规定审核、批准后纳入相应名录。当供应商名称、地址、法人、组织结构、审核产品范围等变更时，需要进行变更审核。有效期满前须通过复评并合格，方可继续保持其资格。并且，给出紧急准入评定申请的处理方式。探索建立供应商竞争管理模式，对同类产品可认定两个以上的合格供应商。探索与重要合格供应商、独家合格供应商建立战略合作关系，形成稳定的协作、供应链。

对合格供应商开展绩效评价，每年进行一次，评价内容包括供货质量、质量问题和影响、交付进度、服务质量和质量改进等。根据评价结果，将供应商分为优秀、合格、基本合格、不合格4个等级，根据分级实施相应管理措施，择优选择供应商。完善供应商激励机制，对年度绩效评价结果为“优秀”的合格供应商，列为优选供应商，并以通报表彰、优先付款、提高预付款比例等方式予以奖励。

明确对供应商实行不定期专项审核，专项审核内容根据供应商产品特点和发生问题情况，根据航天外协产品供应商质量保证能力评定准则中重点选定专项审核项目。强调集团公司和院视情况对年度绩效评价结果为“合格”和“基本合格”的供应商及连续出现质量问题的供应商开展不定期的专项审核。

对供应商的评价主要定位于对供应商名录的管理，建立集团公司统一的《外包产品合格供应商名录》，通过准入评定的供应商纳入集团公司统一的《合格供应商名录》。各院将型号试验、检验、工序外包供应商纳入院名录中。各单位选择名录外的供应商必须先通过准入评定。依据绩效评价、变更审核、期满复评、专项审核等结论对《合格供应商名录》进行动态管理。

对准入评定为“合格”的供应商应及时纳入名录。名录内供应商具有以下情况之一，取消其合格供应商资格：

1)期满复评不合格；

2)提供虚假资料；

3)不按照合同规定履行或擅自终止合同；

4)擅自降低产品功能标准或改变功能结构；

5)提供假冒伪劣产品或以次充好、以假充真、弄虚作假；

6)擅自把外包合同全部任务转让、转包和分包；

7)拒绝集团公司及所属单位监督检查；

8)因供应商的人为责任造成型号任务重大损失；

9)年度绩效评价结果连续两年为“基本合格”；

10)年度绩效评价结果为“不合格”；

11)专项审核结果为“不合格”;

12)其他违反法律、法规和规章制度的情形。

被取消合格供应商资格的单位一年内不得重新申请供应商准入评定。名录内供应商出现以下情况之一，需要进行重新评定，重新评定视同初次评定：

1)一年内连续发生两项严重质量问题或一项重大质量问题;

2)供应商的企业性质、外包产品、生产能力、生产基线、生产过程等发生重大变化;

3)连续三年未承担集团公司外包任务的;

4)出现其他需要重新评定的情况。

3.4 技术状态管理

3.4.1 基本概念

技术状态是指在技术文件中规定的且在产品(硬件、软件)中达到的功能特性和物理特性。

技术状态管理是指用技术的和行政的方法对产品的技术状态实施指导、控制和监督。其主要内容有：

1)技术状态标识，标识技术状态项目的功能特性和物理特性并形成文件;

2)技术状态控制，控制技术状态项目及其相关文件的更改;

3)技术状态纪实，记录和报告管理技术状态项目所需的信息，包括更改建议的状况和已批准更改的执行情况;

4)技术状态审核，审核技术状态项目，检查其与研制项目专用规范、图样、接口控制文件和合同要求的符合性。

3.4.2 适用范围

技术状态管理适用于航天器、运载火箭和导弹武器系统及其组成部分等航天产品在研制、生产中的技术状态项目的管理。

3.4.3 主要内容

(1)技术状态标识

技术状态标识是指在确定产品工作分解结构的基础上所进行的下述活动：

1)选择技术状态项目;

2)确定每个技术状态项目所需的技术状态文件;

3)指定技术状态项目及相应文件(包括内部和外部接口文件)的标识符;

4)发放技术状态文件;

5)建立技术状态基线。

技术状态标识的目的是为了在产品整个寿命周期内进行技术状态控制、技术状态纪实和技术状态审核建立并保持一个确定的文件依据。

(2)技术状态控制

技术状态控制是指在技术状态基线建立后，为控制技术状态项目的更改对提出的更改建议进行的论证、评定、协调、审批和实施的活动。技术状态控制始于功能基线确立之时，一般从方案阶段开始，贯穿于设计、生产、试验、使用全过程。技术状态控制主要是控制技术状态项目及其技术状态文件的更改，以及这些更改在产品上的落实，包括工程更改及对技术状态产生影响的偏离和超差。

①工程更改

工程更改指在技术状态项目研制、生产过程中，对已正式确认的现行技术文件所做的更改以及对相应实物的更改。具体项目的更改，要根据型号的不同研制阶段、用户要求及更改的不同类别及涉及的范围，履行规定的更改手续。

②偏离

偏离是在技术状态项目制造之前，对该项目的某些方面在指定的数量或时间范围内，可以不按其已被批准的现行技术状态文件要求进行制造的一种书面认可。

偏离是指设计文件的临时性变动、补充和说明，不构成对原设计文件的正式更改。当技术状态项目偏离技术状态文件规定时，则应进行偏离处理。

③超差

超差是指对接受技术状态项目的一种书面认可：在制造期间或检查验收过程中，发现某些方面不符合已被批准的现行技术状态文件要求，但不需修理或用经批准的方法修理后仍可使用。超差处理是不合格品处理的方法之一，是对使用或放行不符合规定要求的产品的许可，通常是限于在商定的时间或数量内，对含有不合格特性的产品的交付。

(3)技术状态纪实

技术状态纪实是指对已确定的技术状态文件、提出的更改状况和已批准更改的执行情况所作的正式记录和报告。技术状态纪实为技术状态演变进行有效管理提供可见性和可追溯性。

技术状态纪实始于第一份技术状态文件形成之后，并贯穿于产品研制、生产的全过程。各单位应根据工程管理工作的需要，认真、系统、准确地做好技术状态及工艺状态情况记录和报告，并将纪实情况及时报告有关人员，使所有参与工程项目研制的人员都能获得准确、及时的信息。

在型号研制转阶段时，以及不同批次或同批不同发型号产品的技术状态发生变化时，应由设计师系统分级编写《技术状态纪实报告》，工艺师系统编写《工艺状态纪实报告》，并逐级上报，最后由总体设计部进行汇总，形成《技术状态纪实报告》。参加飞行试验的型号产品在出厂评审时，应提供全型号的《技术状态纪实报告》。

技术状态纪实资料要妥善保管，应按型号总体、分系统、设备分级建立技术状态档案。

(4)技术状态审核

技术状态审核是为确定技术状态项目是否符合其技术状态文件所进行的检查。技术状态审核分为功能技术状态审核和物理技术状态审核。

①功能技术状态审核

功能技术状态审核是为证实技术状态项目是否已达到了技术状态文件中规定的功能特性所进行的正式检查。功能技术状态审核应在定型(鉴定)前根据准备正式提交定型(鉴定)的样机的试验情况进行，或在产品研制过程中结合设计评审逐步完成。

②物理技术状态审核

物理技术状态审核是为证实已制出的技术状态项目的技术状态是否符合其技术状态文件所进行的正式检查。物理技术状态审核应在完成功能技术状态审核之后或与功能技术状态审核同时，根据按正式生产工艺制造的首批(个)生产件的试验与检验情况进行。物理技术状态审核完成后，最终建立生产基线。物理技术状态审核也可以结合产品定型(鉴定)工作进行。

③技术状态审核要求

1)当在合同或其附件(工作说明)中规定了技术状态项目的技术状态审核要求时，应按合同规定执行。若合同中没有明确要求，则应按各院的有关规定及具体型号的技术状态管理计划中的规定执行。

2)技术状态审核应由订购方和承制方共同组成的审核组在承制方或分承制方的现场进行。

3)技术状态审核应自下而上分级进行。审核活动要有记录，审核结论应形成文件，审核记录应归档保存。

4)审核中发现的问题，要指定责任单位限期解决，做到质量问题归零。

3.5 技术评审

3.5.1 基本概念

技术评审是指航天型号产品在研制过程中邀请同行专家对产品设计、生产、试验工作和结果进行的评议审查活动。型号研制单位应结合产品特点，确定各阶段需进行的技术评审类型和要求，并列入型号研制计划，按规定要求完成评审，作为转入下一阶段工作的前提条件。

3.5.2 适用范围

技术评审适用于航天产品研制、生产过程中的阶段评审、关键点评审和专项评审。

3.5.3 主要内容

(1)技术评审范围

技术评审是为型号两总系统技术决策和各级行政系统管理决策提供咨询意见的一项必

须进行的工作。评审不改变型号原有的技术责任和管理责任。质量评审的类型一般包括阶段评审、关键点评审和专项评审。

①阶段评审

阶段评审一般包括：

1)方案设计评审；

2)工程研制设计评审；

3)设计定型(或鉴定)评审。

②关键点评审

关键点评审是在型号研制过程的关键时刻对关键工作的评审，主要有：

1)总体方案评审，评审型号总体方案和总体对各分系统的设计要求(任务书、技术条件等)；

2)分系统评审，评审分系统方案满足总体要求的程度以及分系统对整机产品的研制要求(任务书、技术条件等)；

3)整机评审，评审整机产品设计符合研制要求的程度及对产品制造试验的要求；

4)产品质量评审，评审分系统、整机级硬件、软件产品质量达到产品制造和试验要求情况，提出产品能否交付总装或出厂使用的意见；

5)型号出厂评审，评审各分系统综合、匹配试验结果和总装测试质量达到规定要求情况，提出能否出厂执行飞行任务或交付用户使用的结论意见；

6)型号转场评审，评审型号在技术阵地完成的各项工作情况和质量问题归零情况，提出能否转入发射阵地或航天器能否加注的意见。

③专项评审

专项评审是为降低风险，对产品质量、研制进度和经费有重大影响的专业技术问题进行的评审，主要有工艺评审、软件评审、可靠性与安全性评审、工艺评审、元器件评审、质量问题归零评审等。专项评审可独立进行，也可与关键点评审结合进行。

(2)技术评审的组织和管理

技术评审分级组织和管理，总体负责评审分系统，分系统负责评审整机。技术评审工作由评审组长主持，评审组长由负责组织技术评审的单位聘请。评审组长应由经验丰富并具备资格的同行专家担任。评审组成员由评审组长会同组织评审单位邀请同行专家组成。

(3)技术评审的实施和监督检查

型号研制主管部门应确定各阶段技术评审的项目和要求，并列入型号研制计划。未按规定完成评审项目，不得转入下一阶段研制工作。

承制单位的质量管理部门和上级型号质量管理人员对技术评审是否按标准及计划执行进行监督检查，对评审结论的执行情况进行监督检查，设计班组长应积极配合。

设计评审可按 QJ 1302.2—2001《设计评审》标准实施，工艺评审按 QJ 1302.3《工艺评审》标准实施，产品质量评审按 GJB 907—90《产品质量评审》标准实施，出厂评审可按 Q/QJA 14A—2009《航天型号出厂评审》标准实施，转阶段评审按照 Q/QJA 65—2010《航天型号研制转阶段评审》标准实施。

3.6　元器件“五统一”管理

3.6.1　基本概念

元器件“五统一”管理是指统一需求规划、统一评价认定、统一选用管理、统一组织采购、统一质量保证。

3.6.2　适用范围

元器件“五统一”管理适用于航天型号元器件管理。

3.6.3　主要内容

（1）统一需求规划

统一制定航天关键元器件需求总体规划。各院应设立专门的技术机构，建立专业的技术队伍，持续开展航天型号元器件的需求研究。集团公司组织各院根据未来航天型号应用需求和元器件专业技术发展，提出航天型号使用的关键元器件发展路线，统一制定航天关键元器件需求总体规划，优化航天型号元器件的选型，引导关键元器件国内研制。

加强航天型号配套元器件需求论证。型号总体院在组织航天型号立项论证时，须贯彻落实《武器装备使用进口电子元器件管理办法实施细则》（装电[2011]263 号）和《武器装备研制生产使用国产军用电子元器件暂行管理办法》（装法[2011]2 号）的有关要求，立足国产、成熟、可获得的元器件开展设计，论证制定型号元器件保证总体方案，确定型号使用进口元器件的规格、数量和经费的比例控制目标，并分解落实到各分系统、各单机承制单位。各分系统、单机承制单位应据此制定元器件保证工作的具体方案并组织实施，严格控制使用进口元器件，实现关键元器件百分之百自主可控。

统筹规划航天型号配套元器件新品需求。在航天型号立项论证阶段，型号总体院应牵头组织相关配套单位开展型号所需元器件新品的需求论证工作，依据航天型号关键元器件需求总体规划，按照通用化、系列化的原则对元器件新品需求进行统筹规划，在保证整机性能、满足型号使用的前提下，应尽量减少使用元器件新品；同时，开展元器件新品的应用可行性研究，研究制定应用计划，确保新品项目上机应用。

统一航天元器件标准体系。集团公司组织各院在元器件国军标体系框架的基础上，研究制定航天元器件的基础标准、产品规范、保证标准等相关内容，形成统一、完整的航天元器件标准体系。航天型号配套元器件的选型、研制、生产、采购、应用验证、质量保证和装机使用等相关工作须统一按航天元器件标准体系的相关标准执行。

（2）统一评价认定

统一航天型号元器件供应商管理。集团公司统一组织各院依据《航天型号配套物资供应商管理办法》和《航天型号配套物资合格供应商评价准则》(Q/QJA 36—2006)，共同对航天型号元器件供应商的资质能力及其配套的产品进行认定评价，合格者纳入集团公司《航天型号配套元器件合格供应商名录》，供各单位、各型号选择。

集团公司组织各院从质量、进度、价格、技术服务以及科研项目完成情况等方面对供应商年度供货绩效进行综合评价，评价结果作为各单位订货和供应商动态管理的依据。

统一航天型号元器件准入管理。航天型号选用的元器件须符合航天元器件的产品规范，航天型号首次选用的元器件须由选用单位负责组织按航天元器件产品规范和相关标准进行评价和应用验证，合格后方可在航天型号产品上使用。元器件的评价和应用验证应由集团公司认可的机构实施。

统一认定型号元器件质量保证机构资质。集团公司统一组织对所属各单位元器件可靠性中心、失效分析中心、应用验证中心等元器件质量保证机构的资质能力进行审核认定，确认其可从事的元器件质量保证工作业务范围。集团公司及各院组织对元器件质量保证人员开展专业知识和技能培训并考核，通过考核后持证上岗。

(3)统一选用管理

健全型号元器件选用管理机构。型号总体院应设立型号元器件协调委员会，以加强各型号之间关键元器件选型的统筹协调；各单位应按型号系列设立型号元器件控制委员会，以加强型号元器件的选用控制。各型号系列应设立元器件副总指挥、副总师、主任设计师或指定一名副总指挥、副总师，负责型号元器件选用管理等工作。集团公司和各院元器件专家组负责型号元器件选用的技术咨询和把关工作。

统一型号元器件选用控制依据。集团公司组织各院根据航天型号元器件采购供应情况、实际使用情况以及元器件专业发展趋势，研究制定《航天型号元器件优选目录》。各型号总体院应根据型号任务的需要，在航天型号元器件合格供应商通过认定的产品类别范围内，按照标准化、通用化、系列化的原则优化选型、压缩品种，制定《航天型号元器件选用目录》。对集团公司《航天型号元器件优选目录》中的元器件品种，型号总体院须将其纳入《航天型号元器件选用目录》中优先选用。

规范型号元器件选用控制行为。各型号应依据《航天型号元器件选用目录》选择型号配套的元器件，严格控制选择目录外的元器件。如选用目录中的元器件确实不能满足型号配套要求而不得已选择目录外的元器件时，选用单位应按照《宇航用目录外元器件选用控制要求》(Q/QJA 20066—2012)进行必要性、可行性论证和产品鉴定评价。型号首次选用的目录外元器件须提交型号元器件控制委员会审批。选择非合格供应商生产的元器件还须按照集团公司《航天型号配套物资供应商管理办法》有关要求进行供应商资质能力的考核认定。

提高型号元器件选用评审的有效性。在型号预研、演示验证、方案阶段、初样阶段和正样阶段，型号总体单位、系统单位和整机单位要分层次组织型号元器件的选用评审，评审结果作为型号各阶段设计评审的必要条件之一。元器件选用评审内容至少应包括：型号所选元器件的正确性、可获得性和经济性，是否按目录选用、目录外选用元器件控制情况以及进口元器件数量、规格和经费比例控制情况等。元器件选用评审具体要求按 QJA 20068—2012《宇航元器件选择评审要求》执行。

（4）统一组织采购

科学制定型号元器件需求计划。各单位在制定型号科研生产计划时，须充分考虑型号配套元器件的固有生产周期，给元器件备料工作预留足够时间，确保科研生产计划可实施。各单位应根据型号科研生产备料计划，按型号任务进行梳理，制定元器件需求计划，组织设计、质量、生产、计划等相关部门评审，以保证需求的正确性和全面性。

加强型号元器件采购计划管理。各单位应综合考虑各型号任务配套元器件的需求、质量保证要求、已有库存、消耗、起订量等因素，制定型号元器件采购计划，形成采购文件，经评审后实施。

实施型号通用元器件的协同采购。对型号通用元器件，集团公司组织各院研究建立协同采购机制，统筹各型号元器件的共性需求，委托在专业技术、人员及供应商关系方面具有优势的集团公司所属单位统一组织与供应商签订框架协议，各单位在框架协议下实施采购，以提高采购效率和效益。各院应加强型号进口元器件引进渠道的管理，对进口元器件实施院集中统一采购或院统一组织采购，对面临禁运和停产的进口元器件统一实施战略储备。

加强各型号之间配套元器件的调剂。集团公司和各院应充分利用信息化手段支持，实现型号元器件库存的虚拟集中管理，建立型号元器件的调拨调剂机制，以加强各单位、各型号之间元器件的互相调剂。

（5）统一质量保证

统一开展型号元器件的监制与验收。航天型号使用的关键元器件应由使用单位委托集团公司认可的元器件质量保证机构统一实施现场监制与验收，出具监制报告和验收报告，给出验收意见。监制与验收具体要求按 QJA 20072—2012《宇航元器件监制与验收管理要求》执行。

统一开展型号元器件的筛选与复验。型号使用的元器件在入库前或超过储存期继续使用前均应进行复验，复验由集团公司认可的元器件质量保证机构统一实施，复验合格后开具统一的复验合格证。当生产厂的筛选试验不能满足使用方要求或有其他特殊要求时，须进行相应的补充筛选。型号元器件的筛选与复验的具体要求按 QJA 20075—2012《宇航元器件复验管理要求》执行。

加强型号元器件质量问题的处理。型号研制过程中发生的元器件质量问题应按《航天产品质量问题归零实施要求》（Q/QJA 10—2002）进行归零。发生质量问题的元器件应在集团公司认可的失效分析中心统一进行失效机理分析，判定失效性质，出具失效分析报告。型号元器件失效分析的具体要求按 QJA 20077—2012《宇航元器件失效分析管理要求》执行。

推进元器件质量保证工作信息共享和互认。各质量保证机构应及时将元器件质量保证工作的结果和相关信息录入型号物资管理信息系统，实现各单位、各型号之间的质量保证工作信息共享和与结果互认。

3.7 元器件破坏性物理分析

3.7.1 基本概念

元器件破坏性物理分析(DPA)是评价元器件质量的主要方法之一，对于高质量等级的元器件，DPA 更是不可缺少的试验项目。由于 DPA 是破坏性的试验，所以只能抽样进行，但 DPA 的结果用于批评价(抽样进行 DPA 试验不合格，将被整批绝收)，所以 DPA 的判断结论具有一定的风险性。

3.7.2 适用范围

DPA 主要适用于下列情况：

1)元器件质量鉴定；

2)元器件验收；

3)元器件质量复验(包括超期复验)；

4)已装机元器件的质量验证。

3.7.3 主要内容

(1)实施 DPA 前应得到的信息

根据不同用途，实施 DPA 前应获得下列信息：

1)当 DPA 用于元器件质量鉴定时，需要向生产方获得的信息至少包括元器件名称、型号、封装形式、生产单位、生产批号、生产日期、生产线质量保证体系、产品规范、质量等级(质量保证等级或失效率等级)、工艺结构特征、结构图等；

2)DPA 用于元器件质量复验时，DPA 委托方填写《元器件 DPA 委托表》，向承担 DPA 的单位提供表中要求的信息。

(2)DPA 抽样

DPA 是破坏性的试验，所以必须抽样进行。用于 DPA 的样品一般应是合格的元器件，只有当元器件生产方和使用方同意时，方能抽取电参数不合格但未丧失功能的元器件作为 DPA 样品。

抽样检验结果将用于批质量的评价，因此，就有可能将不合格批误判为合格批的风险。加大样本大小将有利于减少误判风险，但受到产量和经费的制约，样本大小不可能过大。欧洲空间局(ESA)标准规定 DPA 的样本大小一般为 3 只，NASA 标准规定的 DPA 样本大小与 GJB 4027 规定的相同，按以下原则确定样本大小：

1)对于一般元器件(指通用的二极管、晶体管、阻容元件等)按母体的 2% 抽样品，但不得少于 5 只或多于 10 只；

2)对于结构复杂的元器件(指集成电路等)按母体的 1% 抽样，但不得少于 2 只多于

5只；

3)对于母体数量不到10只的，允许只抽1只。

(3)DPA试验项目

国军标GJB 4027—2000《军用电子元器件破坏性物理分析方法》对13大类37小类元器件共规定了18个DPA项目。需要说明的是，DPA试验项目的多少，对不同的元器件是不同的，有的元器件例如片式固定电阻器，仅需做3个DPA试验项目，有些半导体器件需要做12个DPA试验项目，并不是所有元器件都要做18个试验项目。

在18个DPA试验项目中，外形照相、外部目检、X射线检查、微粒撞击噪声探测(PIND)、密封等5个项目是非破坏性的，而且除外形照相外，其他4个项目大多数是需要100%进行的筛选项目。在DPA中做这些项目，一方面可验证筛选的有效性，另一方面还可为确定DPA不合格的原因提供参考材料。

在破坏性的DPA试验项目中，可分为开封前的破坏性试验项目和开封时和开封后的试验项目两种情况。前者，诸如引出端强度、轴向引线抗拉试验、内部气体分析、物理检查、接触件检查、显微洁净检查等6个项目都具有破坏性，其中有些项目是质量一致性试验项目。因此，可以认为这些项目是质量一致性检验的补充验证，也为确定DPA不合格的原因提供参考材料。

对于有外壳包封的元器件，都需要进行开封，但是有些元器件的开封项目包含在内部目检或显微洁净等项目中。对于无外壳包封的元器件，大多数要制样镜检。开封后的DPA试验项目，诸如内部目检、内部检查、键合强度、扫描电子显微镜（SEM)检查等是DPA的重点试验和分析项目。

以上说明了GJB 4027规定的18项DPA试验项目，对于不同的元器件是不同的。目前已有部分元器件在总规范中列入了DPA项目，当元器件总规范的DPA要求与GJB 4027的要求有矛盾时，一般应以相应的总规范的要求为准。

3.8 软件工程化

3.8.1 基本概念

软件工程化是一门如何用系统化、规范化、数量化等工程原则和方法去进行软件开发和维护的学科，包括软件开发技术和软件项目管理。

3.8.2 适用范围

软件工程化适用于被列入型号配套表的软件项目的工程化管理。

3.8.3 主要内容

软件工程化实施要点包括以下方面。

1）按照集团公司有关要求制定了软件研制管理程序，严格执行软件工程化管理。对软件需求分析、软件设计、软件实现、软件测试、软件配置管理、软件固化生产、软件验收交付等各环节实施控制。

2）编制《软件产品保证大纲》，明确软件总体策划与设计情况、软件分级分类管理要求、软件可靠性安全性要求、软件研制技术流程及质量控制节点、外购外协和重用软件管理要求、测试和第三方评测要求、软件配置管理要求、产品数据包要求、风险因素及控制措施等，指导软件产品保证工作的开展。

3）开展型号软件系统分析与设计工作，主要工作包括：

a. 在方案阶段，型号两总应组织型号系统初步确定整个型号的型号软件系统组成和待开发的软件配置项，初步明确分系统间的接口关系；

b. 在初样阶段，应根据型号总体的技术要求，进行软件任务全景分析和系统策划，根据系统拓扑结构建立整体信息流，规定软件产品代号、安全关键等级、软件研制类型和软件规模，确定软件基线状态，完成软件产品配套表；

c. 在试样（正样）阶段，完善型号软件系统分析与设计工作；

d. 型号软件系统分析与设计输出应为《型号软件系统设计说明》、《型号软件系统接口设计说明》、《型号软件系统危险分析报告》。

4）根据型号软件的特点和软件研制类型定义，选择合适的研制类型，执行相应的技术流程，并与型号研制周期相协调。

5）交办方应依据型号系统测试计划，负责验证软件系统设计是否满足任务要求，编写《系统测试报告》。应按系统设计说明的规定，逐项测试系统的功能、性能等特性，测试系统接口的匹配性。参加系统测试的软件应取自产品库，测试中出现错误或缺陷的软件应进入软件纠正过程，更改后的软件应进行回归测试。

6）各软件测试单位应按 QJ 3027 的要求开展软件测试工作，策划测试计划、制定测试需求，建立相应的测试环境，设计测试用例，编制测试说明并按测试规程实施各阶段的测试工作，做好测试记录，编制各阶段测试报告。

7）软件测试应由相对独立的人员进行，根据软件项目的规模、安全关键等级和测试级别，由不同的团队组织实施，应将测试过程中产生的工作产品及文档纳入配置管理，对测试活动重要阶段进行评审，对测试工具和环境加以管理，确保测试的可重复性。

8）开展系统需求分析与设计的工作，分析系统的需求和组成，合理分配软件、硬件和人工操作的功能以及软硬件的性能指标，分析环境适应性和工具环境的完整性，提出软件可靠性要求；初步确定系统内各分系统间的信息流、控制流、接口和通信协议；确定软件运行环境；依据系统级初步危险分析结果，明确相关软件配置项的安全关键等级及可靠性安全性工作要求，按要求编写《软件研制任务书》；形成《型号软件系统设计说明》。

9）对Ⅰ类软件应进行软件沿用可行性分析，编写《软件沿用可行性分析报告》；对Ⅱ类软件应进行软件更改可行性及影响域分析；对Ⅲ类软件应进行软件更改影响域分析。

10）软件交办方应在单机测试或分系统联试中，依据《软件系统设计说明》和《软件任务书》对软件进行测试，必要时，可以组织软件专项测试；应验证软件的功能、性能以及该软件与所属系统的接口关系，并验证软件使用说明的正确性与适用性；测试中出现错误或缺陷的软件应进入软件纠正过程，修改后必须进行回归测试。

11）飞行产品软件原则上不得采用外购商业软件，如确需采用则由选购方进行论证，形成书面报告，再由系统组织对其进行专项审查，报主管部门批准，并纳入配置管理。软件外协研制单位应具备相应的软件研发资质和保密资质；外协软件的委托方应在签订合同前对外协研制单位的资质进行审核，对软件研制过程进行监控，并对外协软件的产品质量负责。出口型号中的安全关键软件，软件承制方需采取相应的技术保护措施。

12）软件承制方应针对每个软件配置项建立一套独立的软件开发文档，保证文档的完整性、一致性、准确性、可理解性和可追溯性。软件开发全过程的文档、程序、数据应当完整齐全并受控，保证文文一致、文实相符，形成软件产品数据包。

13）各级主管部门应制定软件产品化相关管理办法，建立软件产品资源库，鼓励所属各单位、各系统共享。软件承制单位应策划并开展软件产品化工作，确定软件产品化的程序与方法，研制可配置、可重用的软件产品，建立软件产品型谱，开展软件产品定型相关工作。新型号应该优先考虑采用已经列入产品化管理的软件。

14）软件研制各阶段应同时开展软件可靠性与安全性工作（含软硬件接口分析），各阶段的可靠性与安全性工作应该体现到文档中，并保持一致性和可追溯性。型号系统进行初步危险分析，明确安全关键系统和系统级的危险事件，将初步危险分析结果传递给软件承制方，在《软件研制任务书》中明确软件的可靠性和安全性要求。根据系统级安全性分析结果，确定安全关键软件和软件关键部件。软件承制方应在《软件产品保证计划》中列出软件可靠性、安全性工作项目。在软件研制的各阶段，安全关键软件应进行可靠性与安全性的分析和验证工作。

15）软件的验证与确认工作应列入软件研制计划流程，由独立于该软件研制的技术人员和专家完成。不满足前一过程验证要求的软件，不得转入下一过程。必要时，可委托独立的第三方进行验证与确认。在每个阶段的验证与确认活动完成时生成《阶段验证与确认报告》，每个阶段结束时要对《阶段验证与确认报告》进行评审。

3.9 软件能力成熟度模型

3.9.1 基本概念

软件能力成熟度模型（CMM）是一种对软件组织在定义、实施、度量、控制和改善其软件过程的实践中各个发展阶段的描述。CMM 将软件开发视为一个过程，并根据这一原则对软件开发和维护过程进行过程监测，促使其更加科学化、标准化。

3.9.2 适用范围

CMM 适用于软件研制和维护活动中的软件管理过程和工程过程的实践。

3.9.3　主要内容

(1)软件能力成熟度模型的框架

CMM 为软件企业的过程能力提供了一个阶梯式的进化框架，阶梯共有 5 级。第一级实际上是一个起点。除第一级外，每一级都设定了一组目标，如果达到了这组目标，则表明达到了这个成熟级别，可以向下一个级别迈进。CMM 体系不主张跨越级别的进化，因为从第二级起，每一个低级别的实现均是高级别实现的基础。CMM 级别示意如图 3－2 所示。

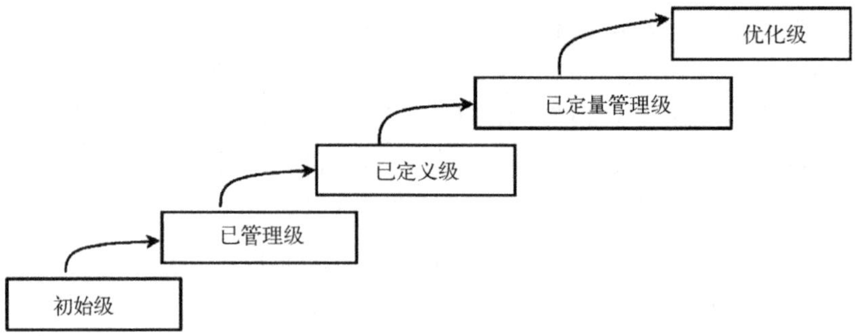

图 3－2　CMM 级别

①初始级(Initial)

在初始级，企业一般不具备稳定的软件开发与维护的环境。常常在遇到问题的时候，就放弃原定的计划而只专注于编程与测试。在初始级，项目的成功完全取决于有一个杰出的经理和高效、团结合作的开发组。当组中关键人物离开后，项目就会搁浅。

②可管理级(Management)

在这一级，在以往项目经验的基础上建立了软件项目的管理方法及执行措施。软件项目的计划和跟踪是稳定的，能重复以前的成功。项目过程处在项目管理系统的有效控制之下。

③已定义级(Defined)

企业的软件开发和维护的标准过程已文档化，称之为标准软件过程。所建立的产品线内，成本、进度、功能均受控，对软件质量也进行了跟踪。

④已定量管理级(Quantitative Management)

第四级的管理是量化的管理。所有的产品和过程均建立了定量的质量目标和相应的度量方式、度量指标。通过度量可控制软件过程和产品，开发新领域的软件的风险也可有效控制。因此，软件产品具有可预测的高质量。

⑤优化级(Optimizing)

在第五级，企业已达到持续改善的境界。通过在现有过程中通过增量式前进的方法，也通过采用新技术、新方法等革新办法，不断改进软件生产过程以求达到最佳。

(2)CMM 的结构

CMM 的结构如图 3－3 所示。

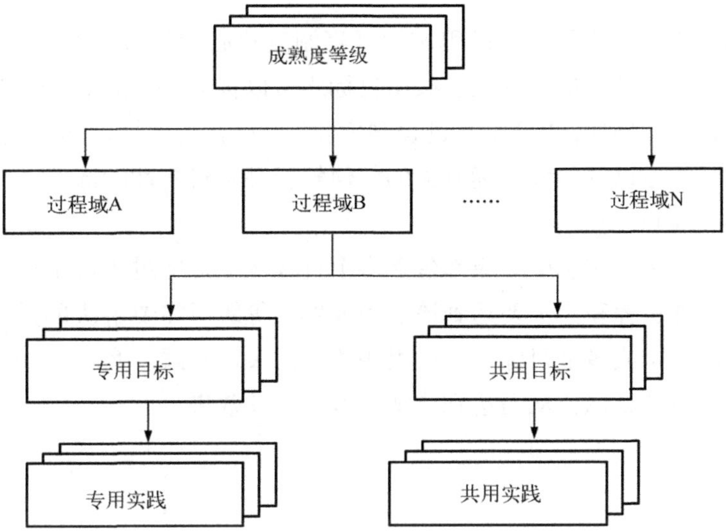

图 3－3　CMM 结构

成熟度等级即 5 个进化阶梯，上面已做了详细描述。下面对其余三个层次逐一介绍。

①过程域

第一级(初始级)无关键过程域，2～5 级共包含 22 个过程域，见表 3－1。

表 3－1　CMM 关键过程域

序号	ML2	ML3	ML4	ML5
1	配置管理	决策分析和决定	组织过程绩效	原因分析和决定
2	测量与分析	集成项目管理	定量项目管理	组织创新和部署
3	项目监控	组织过程定义		
4	项目策划	组织过程焦点		
5	过程和产品质量保证	组织培训		
6	需求管理	产品集成		
7	供方协议管理	需求开发		
8		风险管理		
9		技术解决方案		
10		确认		
11		验证		

②专用目标

专用目标部分描述满足该过程域必须呈现的一些独特特征，是必需的部件。在评估中，专用目标用来确定是否已满足过程域。例如，配置管理过程域的一个专用目标是“建立和维护基线的完整性”。只有专用目标的陈述是必需的部件，专用目标的标题、编号以及与该目标有关的任何解释都应视为资料性的部件。

③共用目标

共用目标部分描述了使所实现过程域的过程制度化必须呈现的特征，是必需的部件，在评估中用来确定是否已满足过程域。共用目标之所以称为“共用”，是因为同一个目标陈述应用于多个过程域。例如，“已定义过程制度化”。只有共用目标的陈述是必需的部件，共用目标的标题、编号以及与该目标有关的任何解释都是资料性的部件。

④实践(Key Practices)

除第一级外，每一个成熟度等级都包含多个过程域。这些过程域指出了企业需要集中力量实行改进的软件过程和为了要达到该能力成熟度等级所需要解决的具体问题。每个过程域都明确地列出一个或多个目标，及一组相关联的关键实践。实行这些关键实践就能实现这个关键过程区域的目标，从而达到增加过程能力的效果。

3.10　6S 管理

3.10.1　基本概念

6S 是整理(Seiri)、整顿(Seiton)、清洁(Seiso)、规范(Seiketsu)、素养(Shitsuke)、安全(Safety)的简称，因前五个日语单词的罗马拼音和最后一个英语单词均以字母“S”开头，故简称为 6S。6S 管理是实施管理和现场改进的基础。

3.10.2　适用范围

6S 管理适用于各个单位和各个区域。

3.10.3　主要内容

(1)整理

整理是对物品进行区分和归类，将经常使用的物品放在使用场所附近，而将不经常使用或很少使用的物品放在高处、远处乃至仓库中去。整理的目的是将空间腾出来活用，防止误用无关的物品，塑造清爽的工作场所。

完成整理后，为使需要的物品能立即得到，可采用标牌、指示牌或黑板等予以标识。指示牌内容应简明扼要，如物品名称、分类、数量、存放位置或由谁使用等。

(2)整顿

整顿是将现场所需物品有条理地定位与定量放置，让这些物品始终处于任何人都能随时方便使用的位置。整顿的目的是，使工作场所一目了然，消除过多的积压品，不浪费时间找物品，创造整齐的工作环境。

(3)清洁

清洁主要是指维持和巩固整理、整顿的效果，保持生产现场任何时候都处于整齐、干净的状态。清洁的目的是，消除脏污，保持现场干净整洁，消除不利于产品质量、功效、成本的环境因素，保证设备良好运行，减少对班组成员健康的不良影响。

除了日常工作中的自检，还要组织定期检查。一是检查现场的清洁状态；二是检查现场的图表和指示牌设置是否有利于高效作业以及现场物品数量是否适宜。

(4)规范

将上面的整理、整顿、清洁三个步骤实施的做法制度化、规范化。其目的是通过制度化来维持成果。

整理、整顿、清洁的最终结果是形成清洁、明亮的工作环境。动员全班组成员参加上述管理活动，使所有人都该清楚干什么，在此基础上将大家都认可的各项工作和应保持的状态汇集成文形成专门的规范或手册。

(5)素养

6S中的素养活动是指培养人达到整洁有序，自觉执行厂(所)的规定和规划，养成良好的习惯，通过素养提高每一个人的“行为美”水平，为创造良好的企业文化搞好6S活动提供保证。开展素养活动，主要目的在于提升员工素养，实现员工的自我规范。培训职工有自觉正确执行厂(所)各项规定的良好习惯，自愿实施整理、整顿、清洁、规范、安全这5S活动，高标准、严要求维护现场环境的整洁、安全和美观。素养是保证其余5个S得以持续、自觉、有序地开展下去的基石。

(6)安全

贯彻“安全第一、预防为主”的方针，消除事故隐患，落实工作场所的安全保障措施，保证员工的人身安全、设施安全和产品安全。目的是确保安全生产，杜绝事故发生。安全的实施包括：建立健全安全管理制度，制定应急预案；落实和加强员工的安全培训教育；实行现场巡视，及时排除隐患；创建有序、安全的工作环境。

3.11　试验设计

3.11.1　基本概念

试验设计是一种安排试验和分析试验数据的数理统计方法。试验设计主要对试验进行合理安排，以较小的试验规模(试验次数)、较短的试验周期和较低的试验成本，获得理想的试验结果以及得出科学的结论。

3.11.2　适用范围

试验设计适用于试验的安排及试验数据的分析。

3.11.3　主要内容

(1)试验设计基本原理

试验设计的三个基本原理是重复、随机化以及区组化。

重复，意思是基本试验的重复进行。重复有两条重要的性质：第一，允许试验者得到试验误差的一个估计量。这个误差的估计量成为确定数据的观察差是否是统计上的试验差的基本度量单位。第二，如果用样本均值作为试验中一个因素的效应的估计量，则重复允许试验者求得这一效应的更为精确的估计量。如 s^2 是数据的方差，而有 n 次重复，则样本均值的方差是 s^2/n。如果 n 合理的大，试验误差足够小，则当我们观察得到的随机化是试验设计使用统计方法的基石。

随机化，是指试验材料的分配和试验的各个试验进行的次序，都是随机地确定的。统计方法要求观察值(或误差)是独立分布的随机变量。随机化通常能使这一假定有效。将试验进行适当的随机化亦有助于"均匀"可能出现的外来因素的效应。

区组化是用来提高试验的精确度的一种方法。一个区组就是试验材料的一个部分，相比于试验材料全体它们本身的性质应该更为类似。区组化牵涉到在每个区组内部对感兴趣的试验条件进行比较。

(2)试验设计基本方法

常见的试验设计方法有正交试验设计法、析因法。

①正交试验设计法

正交试验设计法是研究与处理多因素试验的一种科学方法。它利用一种规格化的表格——正交表，挑选试验条件，安排试验计划和进行试验，并通过较少次数的试验，找出较好的生产条件，即最优或较优的试验方案。

正交试验设计主要用于调查复杂系统(产品、过程)的某些特性或多个因素对系统(产品、过程)某些特性的影响，识别系统中更有影响的因素、其影响的大小，以及因素间可能存在的相互关系，以促进产品的设计开发和过程的优化、控制或改进现有的产品(或系统)。

②析因法

析因法又称析因试验设计、析因试验等。它是研究变动着的两个或多个因素效应的有效方法。许多试验要求考察两个或多个变动因素的效应。例如，对产品质量的效应，对某种机器的效应，对某种材料的性能的效应，对某一过程燃烧消耗的效应等。将所研究的因素按全部因素的所有水平(位级)的一切组合逐次进行试验，称为析因试验，或称完全析因试验，简称析因法。

用于新产品开发、产品或过程的改进以及安装服务，通过较少次数的试验，找到优质、高产、低耗的因素组合，达到改进的目的。

(3)试验设计的实施步骤

1)确定目标。通过控制图、故障分析、因果分析、失效分析、能力分析等工具的运用，或者是直接实际工作的反映，会得出一些关键的问题点，它反映了某个指标或参数不能满足我们的需求，针对这样的问题，可能运用一些简单的方法根本就无法解决，这时候我们可能就会想到试验设计。对于运用试验设计解决的问题，我们首先要定义试验的目的，也就是解决一个什么样的问题，问题给我们带来了什么样的危害，是否有足够的理由支持试验设计方法的运作，我们知道试验设计必须花费较多的资源才能进行，而且对于生产型企业，试验设计的进行会打乱原有的生产稳定次序，所以确定试验目的和试验必要性是首要的任务。随着试验目标的确定，我们还必须定义试验的指标和接受的规格，这样我们的试验才有方向和检验试验成功的度量指标。这里的指标和规格是试验目的的延伸和具体化，也就是对问题解决的着眼点，指标的达成就能够意味着问题的解决。

2)剖析流程。任何一个问题的产生，都有它的原因，事物的好坏、参数的便宜、特性的欠缺等都有这个特点，而诸多原因一般就存在于产生问题的流程当中。流程的定义非常的关键，过短的流程可能会抛弃掉显著的原因，过长的流程必将导致资源的浪费。我们有很多的方式来展开流程，但有一点必须做到，那就是尽可能详尽地列出可能的因素，详尽的因素来自于对每个步骤的详细分解，确认其输入和输出。其实，对于流程的剖析和认识，就是改善人员了解问题的开始，因为并不是每个人都能掌握好我们所关注的问题。这一步的输出，使我们的改善人员能够了解问题的可能因素在哪里，虽然不能确定哪个是重要的，但我们至少确定一个总的方向。

3)筛选因素。流程的充分分析，使我们有了非常宝贵的资料，那就是可能影响我们关注指标的因素，但是到底哪个是重要的呢？我们知道，对一些根本就不或微小影响因素的全面试验分析，其实就是一种浪费，而且还可能导致试验的误差。因此，将可能的因素进行筛选就有必要性，这时，我们不需要确认交互作用、高阶效应等问题，我们的目的是确认哪个因素的影响是显著的。我们可以使用一些低解析度的两水平试验或者专门的筛选试验来完成这个任务，这时的试验成本也将最小处理。而且对于这一步任务的完成，我们可以应用一些历史数据，或者完全可靠的经验理论分析，来减少我们的试验因子，当然要注意一点就是，只要对这些数据或分析有很小的怀疑，为了试验结果的可靠，你可以放弃。筛选因素的结果，使得我们掌握了影响指标的主要因素，这一步尤为关键，往往我们在现实中是通过完全的经验分析得出，甚至抱着可能是的态度。

4)快速接近。我们通过筛选试验找到了关键的因素，同时筛选试验还包含一些很重要的信息，那就是主要因素对指标的影响趋势，这是我们必须充分利用的信息，它可以帮助我们快速地找到试验目的的可能区域，虽然不是很确定，但我们缩小了包围圈。这时我们一般使用试验设计中的快速上升(下降)方法，它是根据筛选试验所揭示的主要因素的影响趋势来确定一些水平，进行试验，试验的目的就像我们在寻找罪犯一样地缩小嫌疑范围。我们得出的一个结论就是，快速接近方法优点就在因素的最终反映的水平范围内，我们离成功更近了一步。

5)析因试验。在筛选试验时，我们没有强调因素间的交互作用等的影响，但给出了主要的影响因素，而且快速接近的方法，使我们确定了主要因素的大致取值水平，这时我们就可以进一步度量因素的主效应、交互作用以及高阶效应。这些试验是在快速接近的水平区间内选取得，所以对于最终的优化有显著的成效，析因试验主要选择各因素构造的几何体的顶点以及中心点来完成。这样的试验构造，可以帮助我们确定对于指标的影响，是否存在交互作用或者哪些交互作用，是否存在高阶效应或者哪些高阶效应。试验最终是通过方差分析来检定这些效应是否显著，同时对以往的筛选、快速接近试验也是一个验证，但我们不宜就在这样的试验基础上来描述指标与诸主效应的详细关系，因为对于 3 个水平点的选取，试验功效会有不足的可能性。

6）回归试验。我们在析因试验中，确定了所有因素与指标间的主要影响项，但是考虑到功效问题，我们需要进一步地安排一些试验来最终确定因素的最佳影响水平。这时的试验只是一个对析因试验的试验点的补充，也就是还可以利用析因试验的试验数据，只是为了最终能够优化我们的指标，或者说全面有效地构建因素与水平的相应曲面和等高线，我们增加一些试验点来完成这个任务。试验点一般根据回归试验的旋转性来选取，而且它的水平应该根据功效、因子数、中心点数等的合理设置，以确保回归模型的可靠性和有效性。这些试验的完成，我们就可以分析和建立起因素和指标间的回归模型，而且可以通过优化的手段来确定最终的因子水平设定。当然为了保险起见，我们最后在得到最佳参数水平组合后进行一些验证试验来检验我们的结果。

7）稳健设计。我们知道，试验设计的目的就是希望通过设置我们可以调控的一些关键因素来达到控制指标的目的，因为对于指标来讲我们是无法直接控制的，试验设计提供了这种可能和途径。但是，在现实中却还存在一类这样的因素，它对指标影响同样的显著，但是它很难通过人为的控制来确保其影响最优，这类因素我们一般称为噪声因素。它的存在往往会使我们的试验成果功亏一篑，所以对待它的方法，除了尽量的控制之外可以选用稳健设计的方法，目的是这些因素的影响降低至最小，从而保证指标的高优性能。事实上，这些因素是普遍存在的，例如，汽车行驶的路面，不可能保证都是在高级公路上，那么对于一些差的路面，我们怎样来设计出高性能呢？这时我们会选择出一些抗干扰的因素来缓解干扰因素的影响，这就是稳健设计的意图和途径。通常，我们会经常使用在设计和研发阶段，但有时也会随着问题的产生而暴露出来，我们会提出一个问题，即重新选定主要因素的水平会不会带来指标的振荡和劣化？这是完全有可能的，但我们可以通过渐近操作（EVOP）等途径来重新设定以保证因素更改后的输出效果。

3.12 防错技术

3.12.1 基本概念

防错技术是一种在作业过程中采用自动作用、报警、标识、分类等手段，使操作者不特别注意也能防止缺陷产生的手段。防错装置是指满足特定用途的简单装置，用于在质量控制过程中，检测操作的异常并立即采取纠正措施，消除加工差错所造成的产品缺陷，它是防错技术的物化形式。防错技术是利用防错装置，防止人、材料和机器产生产品(或零件)缺陷，实现零缺陷的一种质量工程技术。在产品的研制和生产中，防错技术是集成了自动化、自动检测等先进技术，比防错法更专业、更具体。防错技术和防错装置能有效地防止人为差错，减少加工过程中产生的缺陷，以简单的方法和手段，大幅度提高产品质量。防错充分重视产品的源头质量，发现差错立即发出警告并及时纠正，将提高产品质量建立在流程中而不是单纯依靠检验保证质量。防错技术强调对过程和产品进行设计，使得差错不会发生或者至少及早地发现并纠正，使工作地点和日常工作程序(甚至产品本身)从设计上就能防止差错，建立一个零缺陷的工作环境，从而避免在生产过程中发生由于疏忽造成的人为差错。

3.12.2　适用范围

防错技术适用于制造过程的各环节，主要用于以下方面：

1)依靠工人的注意力、技能或经验的过程；

2)顾客犯错影响输出的过程；

3)在输出中的产品被转移到另一个工人时的交接环节；

4)过程早期一个微小的错误导致后期一个重大问题；

5)过失的后果代价很大或很危险时。

3.12.3　主要内容

(1)防错技术的目的

防错技术能够达到以下目的：

1)减少错误来提高产品利润率；

2)减少时间的浪费可以提高生产力；

3)提高产品使用人性化、提高消费者满意度和信誉；

4)提高产品质量和可靠性。

(2)防错技术的实施原则

确保防错技术的顺利实施，通常需要遵守防错技术的精益性原则和预防性原则。

①精益性原则

精益性原则强调“消灭浪费，创造价值”。它的内涵是：以越来越少的投入，即较少的人力、较少的设备、较短的时间和较少的场地，获取越来越多的产出。精益性是人、过程与技术的集成，精益性原则作为一种价值创新的理念，已经成为许多现代企业质量管理的一个关键组成部分。实施防错设计时的精益性原则体现在以下 4 个方面。

1)节约性原则。防错成本一般包括防错工具、装置的制作费用，人员培训投入，耗费的操作工时等。实施防错需要考虑精益性原则，设计的防错装置、防错工具和防错系统等应该是简单而廉价的，如果太过复杂或昂贵，那么这些装置就不具有成本效益，失去降低成本的意义了。实际上，一些简单、低成本和多层次的应用反而能够提高防错系统的效果。

2）便利性原则。便利性原则体现在设计防错装置时应能帮助操作者，充分考虑在发现缺陷或差错后排除缺陷或差错的便利性，消除操作者的体力或脑力负担为设计原则。人为差错是不可避免的，加工设备也不总是能够达到技术要求，当差错发生后，防错装置不仅要“报警”，而且要通过报警并清除提示出错的位置，在不增加作业量和人工检测的情况下比较容易地排除缺陷，减少操作者恢复设备或工具运行的时间，以尽可能少的成本和简单的装置，帮助操作者减少或防止人为差错的“蔓延”，避免产品缺陷。

3）简单化原则。与复杂防错系统相比，简单防错系统的实施和维护成本较低，系统启动率较高，一般不需要太多的维护就能保持良好的工作状态，即使出现故障，修复时间也比复杂的防错系统少。每个操作者必须了解自己工位防错系统的功能，操作者需要知道系统是怎样运行的，防止的是什么样的差错或缺陷，如何确认防错系统在正常工作。而简单的防错系统能够加强操作者在这方面的理解和认识。

4）重复性原则。有效的防错系统采用重复性（或多层次）防错装置，及时发现那些可能造成严重后果但又容易被制造过程忽略的差错或缺陷。重复性（或多层次）防错系统一般进行 2 ~3 次甚至多次简单的防错检查，大大提高了发现缺陷的可能性。重复性（或多层次）防错的优势主要表现为以下 3 点：

a. 一个 2 ~3 层次的简单防错系统在成本和可靠性方面一般都优于复杂装置，能够以较低的成本获得更理想的效果，体现了防错装置简单、便利、有效的防错理念。例如，日本丰田汽车公司的生产线上，仅车轴组装线就有 20 余种防错技术。

b. 综合使用多种防错法，能够进一步提高系统的有效性。多层次的重复性防错相对降低了检查工序停机造成的影响，单层次防错可能难以做到 100% 有效，而利用多层次的防错装置却能够获得理想效果，如果某道检查工序暂时停机，其他检查工序仍然能够保证整个系统有效性，发现和防止缺陷，杜绝“防错不到位”的现象发生。

c. 重复性（或多层次）防错使企业的全体员工在思想上逐渐认识到，只要有确切的操作资料，几乎都能够通过使用新颖而简单的方法来发现零件安装不到位、操作者疏忽导致的漏装或错装，树立正确的防错理念。

②预防性原则

质量是设计、制造出来的，产品设计决定了产品质量的先天性，制造使设计的质量要求得以实现，因此，从设计阶段就考虑防错，不要等到缺陷出现之后再考虑防错技术和安装防错装置。制造过程是产品质量的直接形成过程，建立一个能够稳定地生产合格产品的防错系统，抓好每个环节上的质量保证和预防工作，即用防错装置把影响产品质量的因素都控制起来，防止差错的“蔓延”和缺陷的产生，从而实现不制造缺陷、不传递缺陷、不接受缺陷的目的。对于复杂的产品，如航天器整机、航天器零部件的设计和开发是一个复杂的过程，如何从一开始就控制产品的质量，是实施防错技术所要追求的目标，这就需要借助防错技术的预防性原则。预防性原则表现为以下两种形式：

1）针对性原则。防错设计应该是具体而富有针对性的，设计的防错装置能容易地解决问题，而不是华而不实。

2)及时性原则。设计的防错装置应该放置在靠近差错发生的地方，每个装置至少针对一个差错，可以向操作者提供快速的反馈，使差错可以得到快速的修正，以消除不合格的原因和潜在不合格的原因，防止不合格的发生。

(3)防错技术的实施步骤

1)获得或制作过程流程图，审视每个步骤，考虑人为过失可能发生的地点和时间；

2)对每个可能的过失，通过流程寻找过失的源头；

3)对每个过失，考虑使之免于发生的可能途径，即消除(消除引起过失的步骤)、替换(用防错步骤替换错误步骤)、简易(使正确的行为比错误的更容易产生)；

4)如果不能使过失免于发生，考虑检测出错误或减小影响的方法，考虑检查方法、功能设定以及功能调节；

5)对每个过失选择最好的防错方法或设备，检验，然后实施。

(4)防错技术应用的注意事项

防错设备的基本种类有限位开关、计数器、导向销、报警器和检查单。

在审视可能犯错的过程中应寻找交接环节、原料和信息的传递过程或数据登记项。寻找那些身份匹配具有关键性或者条件必须恰到好处的环节。

防错技术一个重要的原则就是使错误发生和反馈的时间间隔最小化。如果错误在流程一开始时发生而直到结束时才发现，不仅输出有缺陷，而且错误有可能重复好多次或者太晚了而找不到出错的原因。有了防错技术，错误会立刻被发现，结果和原因也能立刻被改正。

(5)防错方法分类

防错方法和设备分为3类：检验方法、功能设定和功能调整。

①检验方法

三种检验方法用于提供快速回馈。分类是基于操作人员以及过程中与对可能的错误相关的检验所发生的地点。

连续检验发生在过程中下个员工要做的环节。自我检验是员工在刚做完活后立即检验自己的工作。尽管两种都是事后检验，但是自我检验优于连续检验。来源检验是在过程发生前检验条件是否合适，这经常是自动的，阻止过程进行直到条件合适。来源检验优于前两种方法。

100%全检对于质量管理和质量改善不是一种有效的方法。

②功能设定

功能设定是一种检验过程参数或产品特性错误的方法。接触或物理方法通常用传感器检验物理特性(如直径或温度)。动作或顺序方法检验过程顺序以确保每一步都是按顺序进行的。除非释放按钮闸伴随扳机同时按下，否则不开动力锯。采用固定值或分组以及计数方法计量复制品、零件、质量来确保完整。有时也引入第4个功能设定，信息增强，它确保信息在所需的时间和地点处能被获得感知。

③功能调节

功能调节是当员工出现错误时，警告员工已经发生错误的一种信号。

警告功能有铃声、蜂鸣器、灯光和其他传感信号。考虑用不同色彩、形状、符号和有特色的声音做标记。警告功能要求一个人采取行动来阻止或修复错误。控制功能阻止过程进行直到错误被纠正（如果错误已经发生）或条件适当（如果是来源检验并且错误还没发生）。控制功能比警告功能限制性更高、更强大。

3.13　看板

3.13.1　基本概念

看板就是表示出某工序何时需要何数量的某种物料的卡片，是传递信号的工具。看板分两种，即传送看板和生产看板。传送看板用于指挥零件在前后两道工序之间移动。当放置零件的容器从上道工序的出口存放处运到下道工序的入口存放处时，传送看板就附在容器上。当下道工序开始使用其入口存放处容器中的零件时，传送看板就被取下，放在看板盒中。

3.13.2　适用范围

看板适用于现场生产流程控制。

3.13.3　主要内容

（1）看板管理的主要思想

遵循内部用户原则，把用户的需要作为生产的依据。传统生产采用上道工序向下道工序送货，加工过程由第一道工序向最后一道工序推进，因而被称为推动式生产。看板生产则采用拉动式，由后道工序向前道工序取货，一道一道由后向前传送指令。生产看板用于指挥工作地的生产，它规定了所生产的零件及其数量。它只在工作地和它的出口存放处之间往返。当需方工作地转来的传送看板与供方工作地出口存放处容器上的生产看板对上号时，生产看板就被取下，放入生产看板盒中。该容器（放满零件）连同传送看板一起被送到需方工作地的入口存放处。工人按顺序从生产看板盒内取走生产看板，并按生产看板的规定，从该工作地的入口存放处取出要加工的零件，加工完规定的数量之后，将生产看板挂到容器上。看板管理是只对最后一道工序下达生产指令，而不进行将主生产计划按照物料清单分解到各个工序和原材料采购的方法。

（2）看板的种类

看板的本质是在需要的时间，按需要的量对所需零部件发出生产指令的一种信息媒介体，而实现这一功能的形式可以是多种多样的。看板总体上分为三大类：传送看板、生产看板和临时看板。传送看板又分为工序间看板、外协看板；生产看板分为工序内看板、信号看板。

①工序内看板

工序内看板是指某工序进行加工时所用的看板。这种看板用于装配线以及即使生产多种产品也不需要实质性的作业更换时间(作业更换时间接近于零)的工序，例如，机加工工序等。典型的工序内看板见表 3 -2。

表 3 -2　典型的工序内看板

(零部件示意图)		工序	前工序		本工序
			热处理		机加 1#
		名称	A233 -3670B(联接机芯辅助芯)		
管理号	M -3	箱内数	20	发行张数	2/5

②信号看板

信号看板是在不得不进行成批生产的工序之间所使用的看板。例如，树脂成形工序、模锻工序等。信号看板挂在成批制作出的产品上，当该批产品的数量减少到基准数时摘下看板，送回到生产工序，然后生产工序按该看板的指示开始生产。另外，从零部件出库到生产工序，也可利用信号看板来进行指示配送。

③工序间看板

工序间看板是指工厂内部后工序到前工序领取所需的零部件时所使用的看板。表 3 -3 为典型的工序间看板，前工序为部件 1#线，本工序总装 2#线所需要的是号码为 A232 -6085C 的零部件，根据看板就可到前一道工序领取。

表 3 -3　典型工序间看板

前工序部件 1#线	零部件号：A232 -6085C(上盖板)	使用工序总装 2#
出口位置号 (POSTNO12. 2)	箱型：3 型(绿色) 标准箱内数：12 个/箱 看板编号：2#/5 张	入口位置号(POSTNO4)

④外协看板

外协看板是针对外部的协作厂家所使用的看板。对外订货看板上必须记载进货单位的名称和进货时间、每次进货的数量等信息。外协看板与工序间看板类似，只是前工序不是内部的工序而是供货商，通过外协看板的方式，从最后一道工序慢慢往前拉动，直至供货商。因此，有时候企业会要求供货商也推行 JIT 生产方式。

⑤临时看板

临时看板是在进行设备保全、设备修理、临时任务或需要加班生产的时候所使用的看板。与其他种类的看板不同的是，临时看板主要是为了完成非计划内的生产或设备维护等任务，因而灵活性比较大。

(3)看板的使用方法

看板有若干种类，因而看板的使用方法也不尽相同。如果不周密地制定看板的使用方法，生产就无法正常进行。在使用看板时，每一个传送看板只对应一种零部件，每种零部件总是存放在规定的、相应的容器内。因此，每个传送看板对应的容器也是一定的。

①工序内看板的使用方法

工序内看板的使用方法中最重要的一点是看板必须随实物，即与产品一起移动。后工序来领取中间品时摘下挂在产品上的工序内看板，然后挂上领取用的工序间看板。该工序然后按照看板被摘下的顺序以及这些看板所表示的数量进行生产，如果摘下的看板数量变为零，则停止生产，这样既不会延误也不会产生过量的存储。

②信号看板的使用方法

信号看板挂在成批制作出的产品上面。如果该批产品的数量减少到基准数时就摘下看板，送回到生产工序，然后生产工序按照该看板的指示开始生产。没有摘牌则说明数量足够，不需要再生产。

③工序间看板的使用方法

工序间看板挂在从前工序领来的零部件的箱子上，当该零部件被使用后，取下看板，放到设置在作业场地的看板回收箱内。看板回收箱中的工序间看板所表示的意思是“该零件已被使用，请补充”。现场管理人员定时来回收看板，集中起来后再分送到各个相应的前工序，以便领取需要补充的零部件。

④外协看板的使用方法

外协看板的摘下和回收与工序间看板基本相同。回收以后按各协作厂家分开，等各协作厂家来送货时由他们带回去，成为该厂下次生产的生产指示。在这种情况下，该批产品的进货至少将会延迟一回以上。因此，需要按照延迟的回数发行相应的看板数量，这样就能够做到按照 JIT 进行循环。

3.14　统计过程控制

3.14.1　基本概念

统计过程控制(Statistical Process Control，SPC)是一种借助数理统计方法的过程控制工具。它对生产过程进行分析评价，根据反馈信息及时发现系统性因素出现的征兆，并采取措施消除其影响，使过程维持在仅受随机性因素影响的受控状态，以达到控制质量的目的。它认为，当过程仅受随机因素影响时，过程处于统计控制状态(受控状态)；当过程中存在系统因素的影响时，过程处于失控状态。由于过程波动具有统计规律性，当过程受控时，过程特性一般服从稳定的随机分布；而失控时，过程分布将发生改变。SPC 正是利用过程波动的统计规律性对过程进行分析控制。因而，它强调过程在受控和有能力的状态下运行，从而使产品和服务稳定地满足顾客的要求。低劣的零件、未经训练的工人、工具磨损等每一项都能改变过程，导致产品固有可靠性的降低，SPC 能对临界参数进行不断检查，而且当临界参数偏离预期的、以统计为基础的范围时，发出警告。

3.14.2　适用范围

SPC 依赖于控制图，一种基本的质量改进工具。在选择适当的控制图的基础上，SPC 可：用于过程控制，查明过程变异，并采取纠正措施，以保持或恢复过程稳定性；用于过程能力分析，从控制图获得的数据可随后用于估计过程能力；用于测量分析，控制图能显示测量系统是否有能力查明所关心的过程或产品的变异；用于因果分析，判断查明重要原因并策划有效措施，实行改进；用于持续改进，用于监控并识别过程变差的原因。

虽然控制图是在制造业环境下开发和使用的，但它可以很方便地用于服务机构，其中的关键是确定适宜的、可监控的质量指标，通过恰当地运用控制图，绝大部分服务过程可以得到改进。由于 SPC 要求过程显示出可测量的变异，因此，当质量水平接近于六西格玛时，SPC 则变得无效。不过，对于那些处于质量早期阶段的公司，SPC 还是十分有效的。

3.14.3　主要内容

实施 SPC 的过程一般分为两大步骤：首先用 SPC 工具对过程进行分析，如绘制分析用控制图等，根据分析结果采取必要措施，可能需要消除过程中的系统性因素，也可能需要管理层的介入来减小过程的随机波动以满足过程能力的需求；其次是用控制图对过程进行监控。

控制图是 SPC 中最重要的工具。目前在实际中大量运用的是基于休哈特原理的传统控制图。近年来又逐步发展了一些先进的控制工具，如对小波动进行监控的指数加权移动平均值(EWMA)控制图和累积和(CUSUM)控制图；对小批量多品种生产过程进行控制的比例控制图、目标控制图、相对偏差控制图及预先控制图；改进的控制图即移动平均控制图和几何移动平均控制图；另外，还有提高控制图监控灵敏度的一些措施；对多质量特性进行控制的多变量均值控制图、多变量单值控制图、多变量离差控制图、三向控制图、多变量累积和控制图、多变量指数加权移动平均控制图。

(1)控制图

控制图是将一个过程定期收集的样本数据按顺序点绘成的一种图示技术。控制图(又叫管理图)是用于区分由异常原因引起的波动，或是由过程固有的随机原因引起的偶然波动的一种统计工具。

可以理解为，控制图是用于判断过程正常或异常的一种统计工具。

①$3\sigma$ 原则

我们控制多少质量数据才能实现对过程的控制呢？事实上，当质量数据服从正态分布时，全部质量数据的 99.73% 落在 $\mu \pm 3\sigma$ 范围内，是绝大部分。根据小概率事件可以忽略的原则，如果将这 99.73% 的质量数据控制住，过程就基本实现了受控。如果超出 $\mu \pm 3\sigma$

范围，则认为过程存在异常(失控)。

控制图在应用过程中一般设有3条界线，如图3－4所示。

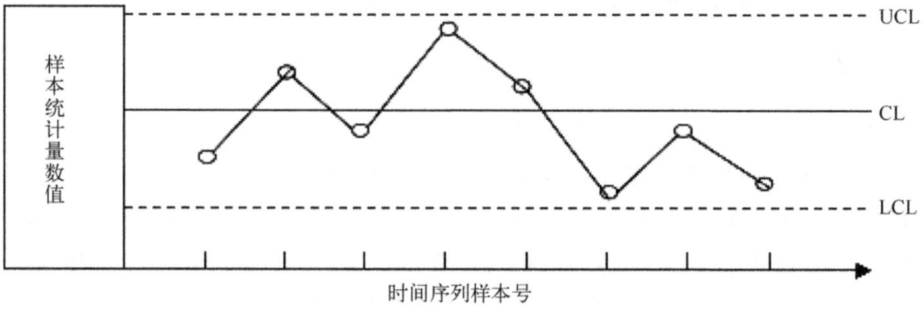

图3－4 控制图示例

1)中心线(CL)，其位置与正态分布均值重合。

2)上控制线(UCL)，其位置在$\mu+3\sigma$处。

3)下控制线(LCL)，其位置在$\mu-3\sigma$处。

②控制图的两类错误

控制图是利用从过程这一总体中抽取的样本数据，通过统计计算来对该过程是否稳定进行判断的，就其判断结果就可能存在两种风险：

1)第Ⅰ类错误(虚发警报)。把正常的过程错判为异常，虚假警报。当过程处于正常情况下，仍然有小于3‰的概率将一个正常过程错判为不正常。通常用符号α表示。

2)第Ⅱ类错误(漏发警报)。把不正常的过程误判为正常，漏发警报。当过程处于异常状态时，仍有可能因图形的表达，不能发出警报，从而发生漏报的错误。通常用符号β表示。

③控制图在过程控制中的作用

控制图的作用在于：

1)质量诊断，用来度量和评估过程的稳定性，即过程是否处于统计控制状态；

2)质量控制，用来确定过程何时需要调整，何时需使过程保持其稳定的统计控制状态；

3)质量确认，用来确认某过程是否得到了改进。

(2)控制图的判稳准则

控制图对过程异常的判断是以小概率事件原理为依据的。小概率事件原理(又称为小概率事件不发生原理)：若事件发生的概率很小(如1%)，现经过一次(或很少次数)试验，事件居然发生了，就有理由认为事件的发生是异常的。

在实际应用中，对于单值控制图，通常按以下准则判断过程出现了异常或过程处于失控状态。当控制图上的点出现下列任何一种情况时，则判断过程出现失控情况。

准则一：一点或多点落在控制限外。

准则二：连续9点或更多点出现在中心线的同一侧。

准则三：连续6点或更多点连续上升或下降。

准则四：连续14点中相邻点交替上下。

准则五：连续3点中有2点超出2 σ 警戒限。

准则六：连续5点中有4点落在中心线同一侧的1 σ 以外。

准则七：连续15点均落在中心线1 σ 区内。

准则八：连续8点落在中心线两侧且无一在1 σ 区内。

在点随机排列的情况下，出现下列情况之一，则可判断过程处于稳态：

1)连续25个点，落在控制界限外的点数为0；

2)连续35个点，落在控制界限外的点数小于等于1；

3)连续100个点，落在控制界限外的点数小于等于2。

(3)常用的控制图

控制图的种类很多，一般按数据的性质分成计量值控制图和计数值控制图两大类。

计量值控制图是用于分析和控制具有连续计量属性(如尺寸、重量、硬度、化学成分等连续变量)的质量特性的控制图。计量值控制图所控制的是计量值数据正态分布的样本分布特征值，常用的计量值控制图包括均值－极差图($\bar{x}-R$ 图)、均值－标准差图($\bar{x}-s$ 图)、中值－极差图($\tilde{X}-R$ 图)、单值－移动极差图($x-R_S$ 图)等。

计数值控制图是用于分析和控制非连续计量属性的质量特性(如不合格品数、不合格品率、缺陷数等)的控制图。计数值控制图又包括计件值控制图和计点值控制图。其中，计件值控制图的控制对象为计件值质量特性，是以二项分布为理论基础所设计的控制图。计点值控制图的控制对象为计点值质量特性，是以泊松分布为理论基础所设计的控制图。常用的计数值控制图有不合格品率图(p 图)、不合格品数图(np 图)、缺陷数图(c 图)、单位缺陷数图(u 图)等，其中前两种为计件值控制图，后两种为计点值控制图。

①均值－极差($\bar{x}-R$)控制图

该控制图用于具有一定批量的连续生产的情况。$\bar{x}$ 控制图主要用于分析和监控过程均值的变化，R 控制图用于分析和监控过程分散程度的变化。通常将 $\bar{x}$ 控制图与 R 控制图联合使用，同时分析和监控过程均值和分散程度的变化，合称 $\bar{x}-R$ 图。

②均值－标准差($\bar{x}-s$)控制图

该控制图是 $\bar{x}$ 控制图和 s 控制图一起使用的一种控制图。它通过直接判断质量特性的均值和标准差是否处于或保持在所要求的水平，进而判断生产过程是否处于稳定状态。其优点是判断准确率最高，但 s 的计算量较大。$\bar{x}-s$ 控制图和 $\bar{x}-R$ 控制图应用程序相似。

③中值－极差($\tilde{X}-R$)控制图

该控制图是用中值 $\tilde{X}$ 代替 $\bar{x}-R$ 控制图中的 $\bar{x}$ 而作成的。不必分组计算均值 $\bar{x}$，在现场使用较为方便。但是，由于按测量值大小顺序排列后只利用了一个中值，因而其精度不如 $\bar{x}-R$ 控制图。$\tilde{X}-R$ 控制图常常用于当计算均值 $\bar{x}$ 比较麻烦而又缺少计算工具的情况下。$\tilde{X}-R$ 控制图作法与 $\bar{x}-R$ 控制图作法基本相同。

④单值－移动极差($x-R_S$)控制图

该控制图的作图步骤与 $\bar{x}-R$ 控制图相同，只是打点值与控制图参数计算方法不同。此时样本量为 $n=1$，这时就不能计算每一个样本的极差，但是可以用相邻的样本数据之差，即移动极差来估计分布的分散程度。

⑤不合格品率(p)控制图

该控制图是用于对产品不合格品率控制的场合，是通过产品的不合格品率的变化来控制质量的。p 控制图单独使用，不需组合，是计数值中计件值的控制图。该控制图常常用于目测检查零件外观从而确定不合格品率的场合，也用于对光学元件和电子元件不合格品率的控制。

⑥不合格品数(np)控制图

该控制图是用于产品不合格品数控制的场合，是通过产品的不合格品数来控制质量的。np 控制图样本大小必须为定值，也就是与 p 控制图在 n 一定时的情况相当，其原理在本质上与 p 控制图没有差别。因此，在样本 n 不变的场合，可用不合格品数 np 代替不合格率 p 而采用 np 控制图。与 p 控制图相同，np 控制图属于计数值中计件值控制图，如用于元件不合格品数的控制等。

⑦缺陷数(c)控制图

该控制图是用于产品上缺陷数控制的场合，是通过对产品的缺陷数来控制产品质量的。c 控制图是计数值中计点值控制图。

⑧单位缺陷数($u=c/n$)控制图

该控制图主要用于对单位缺陷数控制的场合，是通过测定样本单位数量(如面积、长度、时间、重量、容积)上的缺陷数来控制产品质量的。另外，也用于控制事故、故障、灾害等的发生次数。

(4)选择控制图

选择控制图主要是根据所控制质量指标的数据性质来进行选择：

1)数据为计量的选择 $\bar{x}-R$ 图；

2)数据为计件的可选择不合格品数控制图(简称 np 图)或不合格品率控制图(简称 p 图)；

3)数据为计点的可选择缺陷数控制图(简称 c 图)或单位缺陷数控制图(简称 u 图)。

3.15 田口方法

3.15.1 基本概念

田口方法(Taguchi Method)是确定产品或服务的最佳输入组合的标准化方法，它将传统的产品设计、工艺设计程序改为按系统设计、参数设计、容差设计三次定量优化的程序。在系统设计中，运用科学和工程知识进行功能性样机设计；在参数设计中，确定关键尺寸和关键特性，以便在降低成本的情况下，优化产品性能；在容差设计中，以成本损失与功能波动损失各自最小为前提，确定设计参数的合理容差。在系统设计、参数设计、容差设计三次设计中，以误差因素模拟造成产品质量波动的各种干扰，以信噪比作为衡量产品质量稳定性的指标，通过对试验数据的分析，找出性能最稳定、可靠且成本低廉的设计方案。

3.15.2　适用范围

田口方法可适用于实验室有限条件下设计的产品和开发的技术，也可适用于包括未知条件在内的大规模生产或与实验室有很大差别的各种市场条件。田口方法采用误差因素来模拟客观存在的噪声影响，通过对各试验数据的统计分析，找出抗干扰能力最强的、最稳健的可控因素水平组合。凡有明确的目标值，且能建立数学模型，不管数学模型多么复杂，应用田口方法，配合计算机运算，都可以快速地找到最佳设计参数组合，使设计最优化。

3.15.3　主要内容

田口方法的独特性包括田口的质量定义、质量损失函数和稳健设计概念。

(1)田口的质量定义

田口玄一博士认为："所谓质量，是指产品给社会带来的损失的大小。"质量好的产品给社会带来的损失就小，质量差的产品，给社会带来的损失就大。

田口认为，以制造业为基础的质量就是符合规范的这一定义有着内在的缺陷。例如，假设某质量特性的规范是0.500±0.020。根据这一定义，这一质量特性的实际值可以落在0.480~0.520范围内的任意一点上。这种定义假定顾客，无论是消费者还是生产过程中的下一个部门，会接受0.480~0.520范围内的任意值，而会对公差限之外的值感到不满。同时，它还假定，成本与质量特性的实际取值无关，只要它落在了规定的公差限内(如图3-5所示)。

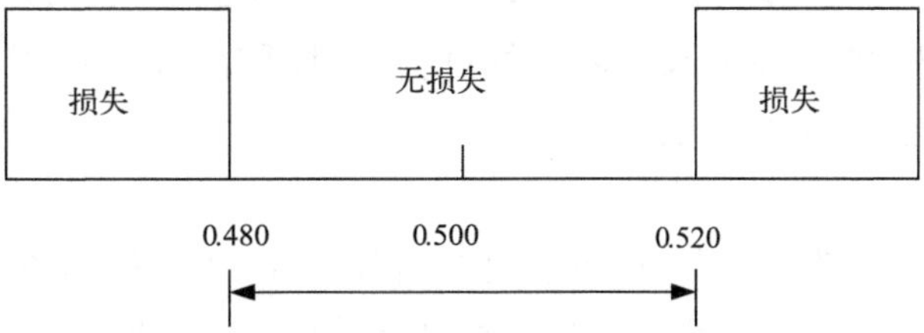

图3-5　对符合规范的传统的经济学观点

但是，0.479与0.481之间的真正差异何在？前者会被认为"超出了规范"，要么返工要么报废，而后者则是可接受的。事实上，这个数值对于产品性能特征的影响几乎是一样的。两个值都不接近0.500的公称值。公称值是对于关键质量特性而言最理想的目标值。田口的理论认为相对于公称值的变异越小，质量就越好，从而产品就具有更高的一致性，总成本就越低。

(2)质量损失函数

要评价产品质量的好坏，可以计算质量损失函数。质量损失函数(Loss Function)来度量由于产品功能波动所导致的质量损失，并以此来评价产品的质量好坏。

田口认为损失近似于二次方函数，越是偏离目标值，损失越大。如果确定了实现最佳性能的具体目标值 T，当实际值偏离目标值两侧时，质量随之下降。损失函数可以表述为

$$L(x) = k(x - T)^2$$

式中　x——质量特性的实际值；

k——常数。

因此，$(x - T)$表示了实际值和目标值的偏差，损失以偏差的平方倍增加。图 3-6 说明了该函数。

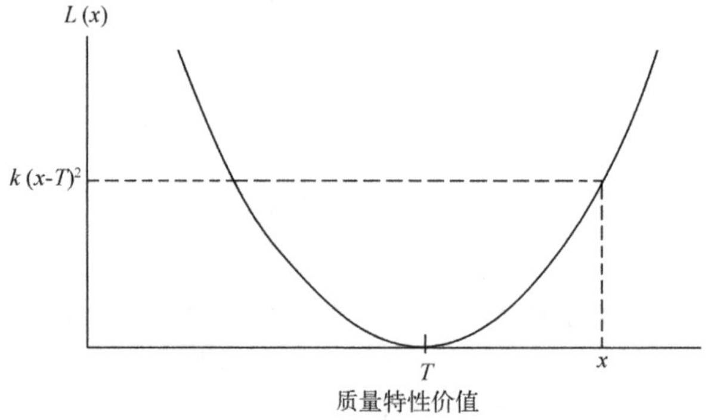

图 3-6　损失函数

(3)稳健性设计

①系统设计

系统设计是稳健性设计方法体系的重要组成部分。系统设计可区分为两个不同的过程：分析的过程和创造的过程。分析的过程将顾客对产品的要求加以分解，落实到产品的方案选择和产品(工艺)的实现上来，创造的过程是对原有的产品(工艺)进行脱胎换骨的革新，赋予产品新的强大的生命力。

②参数设计

参数设计就是在充分考虑产品外干扰、内干扰和产品间干扰的条件下，在选用价格便宜的产品零部件的前提下，确定高稳定性的产品参数组合。参数设计过程主要包括两部分内容：首先是产品试验设计，针对产品各因子对整体性能的影响，进行试验研究，利用正交试验技术确定各因子取值水平与质量性能之间的数量关系；其次是对试验结果的优选分析。根据试验数据，利用信噪比 S/N 衡量和确定各因子在不同的水平情况下的产品质量水平，从而确定优选方案。

③容差设计

容差设计是三次设计的最后一个阶段，是在完成系统设计和参数设计的基础上通过质量损失函数分析控制产品成本，使产品的社会损失最小的设计过程。容差设计是根据参数的波动对产品质量特性贡献(影响)的大小，从经济性角度考虑有无必要对影响大的参数给予较小的容差，一方面可以进一步减小质量特性的波动，提高产品的抗干扰能力，另一方面通过增加少量成本来大幅度减少社会损失。

田口方法的基本理论思想是将传统的产品设计、工艺设计程序改为按系统设计、参数设计和容差设计(具体如图3-7所示)三次定量优化的程序，可以实现设计与技术开发的稳健性和再现性，在实际应用中可以根据具体情况进行必要的剪裁。在三次设计中利用正交表安排试验方案，以误差因素模拟造成产品质量波动的各种干扰，以信噪比作为评价产品质量稳健性的指标，通过对各种设计参数方案的统计分析，确定抗干扰能力强、调整性好、性能稳定可靠的设计方案，并以质量损失最小为原则，合理确定参数容差，达到成本最低、质量最优的技术经济效果。

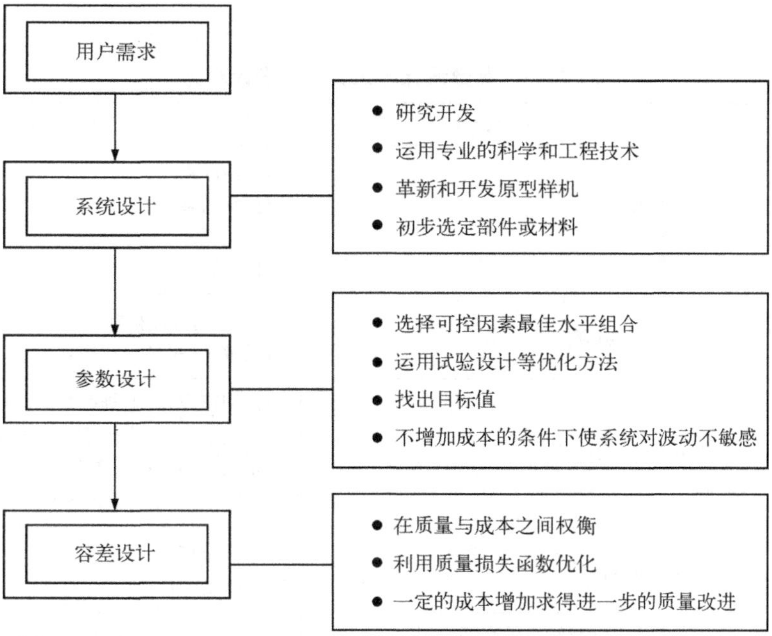

图3-7　田口方法程序框图

田口所倡导的三次设计，不同于一般的优化设计，其基本思想和设计特点如下：

1)设计分三个阶段进行，即系统设计—参数设计—容差设计。

2)以信噪比(SNR)作为产品质量特性稳健性指标，进行稳健性设计。一般的优化设计直接分析质量特性，即进行所谓的响应曲面分析。而田口主张以SNR作为指标分析，寻求SNR最大的设计方案，就是质量特性值稳健、抗干扰能力强的设计方案。

3)以误差因素模拟三种干扰，并且重点模拟内外两种干扰。为了寻求抗干扰能力强的设计方案，田口主张以误差因素模拟三种干扰，并重点模拟内、外两种干扰。因为对于物品间的干扰还可以用制造阶段的质量工程学解决，这十分相似于可靠性中的劣化试验和环境试验，但是在试验方案的设计和数据分析方法上较可靠性试验更科学。

4)望目特性参数设计阶段的两阶段设计法。对于望目特性参数设计，一般的优化设计方法是，首先，分析质量特性的均值使之符合目标值，由此确定诸参数，然后，通过严格要求各参数的容差(进行元器件筛选，规定较严的公差)来保证产品的质量。这种设计方法的效果常常会造成成本高、质量差。与之相反，田口则主张首先分析质量特性的SNR，使SNR达到最大的方案就是质量特性波动最小、最稳健的设计方案，然后再分析灵敏度。田口式的参数设计的优点是质优、价廉，甚至会出现用三等品的元部件设计出一等品的产品奇迹。

5)以正交表为工具，进行试验方案的设计和试验结果的统计分析。田口在参数设计和容差设计时均用正交表来进行试验方案设计和试验结果的分析，但是，这种方法与一般的正交试验有本质的差别。表3－4说明了参数设计与正交试验设计的区别。

6)以质量损失函数评价产品质量，在社会总损失最小的前提下，追求质量与成本的最佳平衡。

表3－4　参数设计与正交试验设计对比

比较项目	正交试验设计	参数设计
因素分类	1)可控因素 2)误差项	1)可控因素 2)标示因素 3)误差因素 4)信号因素
指标	质量特性(响应)	1)SNR(稳健性指标) 2)灵敏度(平均性指标)
正交表	使用内侧正交表	1)内侧正交表(安排可控因素)和标示因素 2)外侧正交表(安排信号因素和误差因素) 3)常选用不完备正交表 $L_{12}(2^{11})$，$L_{18}(2^1\times3^7)$，$L36(3^{13})$
分析步骤	分析质量特性值	1)SNR分析 2)灵敏度分析
对交互作用的考虑	适当考虑个别影响大的交互作用	尽可能不安排可控因素之间的交互作用
数据分析	以方差分析为主	以直观分析为主，辅以方差分析

3.16　抽样检验

3.16.1　基本概念

抽样检验又称抽样检查，是从一批产品中随机抽取少量产品(样本进行检验，据以判断该批产品是否合格的统计方法和理论。它与全面检验的不同之处，在于后者需对整批产品逐个进行检验，把其中的不合格品拣出来，而抽样检验则根据样本中的产品的检验结果来推断整批产品的质量。如果推断结果认为该批产品符合预先规定的合格标准，就予以接收，否则就拒收。所以，经过抽样检验认为合格的一批产品中，还可能含有一些不合格品。采用抽样检验可以显著地节省工作量。在破坏性试验(如检验产品的寿命)以及散装产品(如矿产品、粮食)和连续产品(如棉布、电线)等检验中，也都只能采用抽样检验。抽样检验是统计质量管理的一个组成部分。

在实际问题中，常要求设计一个抽样方案，使它具有所需要的抽查特性。例如，若以批不合格品率 p 为质量水平，根据生产方的生产水平和使用方对产品的要求，可以确定两个质量水平 p_0、p_1($p_0<p_1$)，而要求所设计的抽样方案有如下性质：当 $p\leqslant p_0$时，以高概率(大于或等于 $1-\alpha$)接收整批产品；而当 $p\geqslant p_1$时仅以低概率(小于或等于 β)接收整批产品。通常称 α 为生产方风险，β 为使用方风险，p_0为生产方风险质量，p_1为使用方风险质量。除此之外，也可以根据其他形式的要求来设计抽样方案。例如，挑选型抽样方案中要求经检验后的平均质量水平(称为平均检出质量)达到一定的数值。

3.16.2　适用范围

抽样检验的使用场合如下：

1)破坏性检验；

2)数量很多，全数检验工作量很大的产品的检验；

3)检验对象是连续体的检验，如对布匹、油的检验等；

4)检验费用比较高的检验。

3.16.3　主要内容

抽样检验指从批量为 N 的一批产品中随机抽取其中的一部分单位产品组成样本，然后对样本中的所有单位产品按产品质量特性逐个进行检验，根据样本的检验结果判断产品批合格与否的过程。

1)单位产品：构成产品总体的基本单位。

2)样本大小：样本中所包含的单位产品数量，一般用 n 表示。

3)单位产品的质量表示方法：计数、计量。

4)不合格：单位产品的质量特性偏离技术标准(规范)要求，即不符合规定的。按单位产品质量特性的重要程度，某些行业可分为 A 类不合格、B 类不合格和 C 类不合格。

a. A 类不合格：单位产品极重要的质量特性不符合规定或重要的质量特性极不符合规定。

b. B 类不合格：单位产品重要的质量特性不符合规定或质量特性严重不符合规定。

c. C 类不合格：单位产品的一般质量特性不符合规定或质量特性轻微不符合规定。而某些行业可分为 A 级不合格、B 级不合格、C 级不合格和 D 级不合格。

- A 级——非常严重——不合格分值 100 分；
- B 级——严重——不合格分值 50 分；
- C 级——中等严重——不合格分值 10 分；
- D 级——不严重——不合格分值 1 分。

5）不合格品：具有一个或一个以上不合格的单位产品。按不合格的重轻程度，可划分为 A 类不合格品、B 类不合格品、C 类不合格品。

6）检查批：为实施抽样检查而汇集起来的单位产品，简称批。

7）批量：批中所包含的单位产品数，即提交检查的一批产品中所包含单位产品的总数，以 N 表示。

抽样检验的过程包括抽样、检验和判断三个步骤。由于检验属于专业技术范畴的内容，与抽样无关，所以，构成抽样检验方案的是抽样（抽多少、怎样抽）和判断（如何判断）两个内容。例如，一次抽样方案的构成应当记为[N，n，A_c]，其中，N 为提交检验批的批量，n 为组成检验样本的样本量，A_c为接收判定数。若经检验，在样本行中有 d 个不合格品，则有如下判断：当 $d \leqslant A_c$时判合格，当 $d > A_c$时判不合格。

（1）抽样的方法

抽样的方法有以下三种：简单随机抽样、系统抽样和分层抽样。

①简单随机抽样

简单随机抽样是指一批产品共有 N 件，如其中任意 n 件产品都有同样的可能性被抽到，如抽奖时摇奖的方法就是一种简单的随机抽样。简单随机抽样时必须注意不能有意识抽好的或差的，也不能为了方便只抽表面摆放的或容易抽到的。

②系统抽样

系统抽样是指每隔一定时间或一定编号进行，而每一次又是从一定时间间隔内生产出的产品或一段编号产品中任意抽取一个或几个样本的方法。这种方法主要用于无法知道总体的确切数量的场合，如每个班的确切产量，多见于流水生产线的产品抽样。

③分层抽样

分层抽样是指针对不同类产品有不同的加工设备、不同的操作者、不同的操作方法时对其质量进行评估时的一种抽样方法。在质量管理过程中，逐批验收抽样检验方案是最常见的抽样方案。无论是在企业内或在企业外，供求双方在进行交易时，对交付的产品验收时，多数情况下验收全数检验是不现实或者没有必要的，往往经常要进行抽样检验，以保证和确认产品的质量。验收抽样检验的具体做法通常是：从交验的每批产品中随机抽取预定样本容量的产品项目，对照标准逐个检验样本的性能。如果样本中所含不合格品数不大于抽样方案中规定的数目，则判定该批产品合格，即为合格批，予以接收；反之，则判定为不合格，拒绝接收。

（2）抽样方案的分类

①计量型抽样检验

有些产品的质量特性，如灯管寿命、棉纱拉力、炮弹的射程等，是连续变化的。用抽取样本的连续尺度定量地衡量一批产品质量的方法称为计量抽样检验方法。

②计数抽样检验

有些产品的质量特性，如焊点的不良数、测试坏品数以及合格与否，只能通过离散的尺度来衡量，把抽取样本后通过离散尺度衡量的方法称为计数抽样检验。计数抽样检验中对单位产品的质量采取计数的方法来衡量，对整批产品的质量，一般采用平均质量来衡量。计数抽样检验方案又可分为：标准计数一次抽检方案、计数挑选型一次抽检方案、计数调整型一次抽检方案、计数连续生产型抽检方案、二次抽检、多次抽检等。

1)一次抽检方案。一次抽检方案是最简单的计数抽样检验方案，通常用(N，n，C)表示。即从批量为 N 的交验产品中随机抽取 n 件进行检验，并且预先规定一个合格判定数 C。如果发现 n 中有 d 件不合格品，当 $d \leqslant C$ 时，则判定该批产品合格，予以接收；当 $d > C$ 时，则判定该批产品不合格，予以拒收。例如，当 $N = 100$，$n = 10$，$C = 1$，则这个一次抽检方案表示为(100，10，1)。其含义是指从批量为 100 件的交验产品中，随机抽取 10 件。检验后，如果在这 10 件产品中不合格品数为 0 或 1，则判定该批产品合格，予以接收；如果发现这 10 件产品中有 2 件以上不合格品，则判定该批产品不合格，予以拒收。

2)二次抽检方案。和一次抽检方案比，二次抽检方案包括 5 个参数，即(N，n_1，n_2；C_1，C_2)。其中，n_1表示抽取第一个样本的大小，n_2表示抽取第二个样本的大小，c_1表示抽取第一个样本时的不合格判定数，c_2表示抽取第二个样本时的不合格判定数。二次抽检方案的操作程序是，在交验批量为 N 的一批产品中，随机抽取 n_1 件产品进行检验。若发现 n_1件被抽取的产品中有不合格品 d_1件，则：

a. 若 $d_1 \leqslant C_1$，判定批产品合格，予以接收；

b. 若 $d_1 > C_2$，判定批产品不合格，予以拒收；

c. 若 $C_1 < d_1 \leqslant C_2$，不能判断。在同批产品中继续随机抽取第二个样本 n_2件产品进行检验。

若发现 n_2件中有 d_2件不合格品，则根据($d_1 + d_2$)和 C_2的比较作出判断：

a. 若 $d_1 + d_2 \leqslant C_2$，则判定批产品合格，予以接收；

b. 若 $d_1 + d_2 > C_2$，则判定批产品不合格，予以拒收。

例如，当 $N = 100$，$n_1 = 40$，$n_2 = 60$，$C_1 = 2$，$C_2 = 4$，则这个二次抽检方案可表示为(100，40，60；2，4)。其含义是指从批量为 100 件的交验产品中，随机抽取第一个样本 $n_1 = 40$ 件进行检验，若发现 n_1中的不合格品数为 d_1：

a. 若 $d_1 < 2$，则判定该批产品合格，予以接收；

b. 若 $d_1 > 4$，则判定该批产品不合格，予以拒收；

c. 若 $2 < d_1 \leqslant 4$(即在 n 件中发现的不合格品数为 3、4 件)，则不对该批产品合格与否作出判断，需要继续抽取第二个样本，即从同批产品中随机抽取 60 件进行检验，记录其中的不合格品数。若 $d_1 + d_2 \leqslant 4$，则判定该批产品合格，予以接收。若 $d_1 + d_2 > 4$，则判定该批产品不合格，予以拒收。

3）多次抽检方案。多次抽检方案是允许通过3次以上的抽样最终对一批产品合格与否作出判断。按照二次抽检方案的做法依次处理。以上是计数抽样检验方案，计量抽样检验方案原理相同。

（3）抽样检验的国家标准

抽样检验就是用尽量少的样本量，来尽量准确地判断总体质量状况，这是一个很复杂的领域。欲达到上述目的，根据不同情况要用不同的抽样方案或抽样系统。到目前为止，我国已正式颁布了20个关于抽样检验的国家标准，如下：

1）GB/T 2828.1—2012《计数抽样检验程序第1部分：按接收质量限（AQL）检索的逐批检验抽样计划》；

2）GB/T 2828.2—2008《计数抽样检验程序第2部分：按极限质量（LQ）检索的孤立批检验抽样方案》；

3）GB/T 2828.3—2008《计数抽样检验程序第3部分：跳批抽样程序》；

4）GB/T 2828.4—2008《计数抽样检验程序第4部分：声称质量水平的评定程序》；

5）GB/T 2828.5—2011《计数抽样检验程序第5部分：按接收质量限（AQL）检索的逐批序贯抽样检验系统》；

6）GB/T 2828.10—2010《计数抽样检验程序第10部分：GB/T 2828计数抽样检验系列标准导则》；

7）GB/T 2828.11—2008《计数抽样检验程序第11部分：小总体声称质量水平的评定程序》；

8）GB/T 6378.1—2008《计量抽样检验程序第1部分：按接收质量限（AQL）检索的对单一质量特性和单个AQL的逐批检验的一次抽样方案》；

9）GB/T 6378.4—2008《计量抽样检验程序第4部分：对均值的声称质量水平的评定程序》；

10）GB/T 8051—2008《计数序贯抽样检验方案》；

11）GB/T 8051—2002《计数序贯抽样检验程序及表》；

12）GB/T 8052—2002《单水平和多水平计数连续抽样检验程序及表》；

13）GB/T 8053—2001《不合格品率的计量标准型一次抽样检验程序及表》；

14）GB/T 8054—2008《计量标准型一次抽样检验程序及表》；

15）GB/T 10111—2008《随机数的产生及其在产品质量抽样检验中的应用程序》；

16）GB/T 10325—2012《定形耐火制品验收抽样检验规则》；

17）GB/T 13262—2008《不合格品百分数的计数标准型一次抽样检验程序及抽样表》；

18）GB/T 13264—2008《不合格品百分数的小批计数抽样检验程序及抽样表》；

19）GB/T 13393—2008《验收抽样检验导则》；

20）GB/T 13732—2009《粒度均匀散料抽样检验通则》。

3.17　批次管理

3.17.1　基本概念

航天型号产品批次管理是指在给定的生产周期内，在一定的生产条件下，按照特定的产品技术状态，以完成规定数量的性能稳定、状态一致的航天型号产品的连续生产过程为目的的管理活动组合。

3.17.2　适用范围

批次管理用于生产阶段成批产品的批次管理，研制及使用阶段的批次管理亦可参照执行。

3.17.3　主要内容

承制单位必须建立批次管理制度，根据产品特点、技术条件以及合同等要求确定批次管理的范围。一旦产品出现质量问题，通过产品及其批次号和有关批次凭证可以保证追查到产品的责任厂家、产品出厂(生产)日期、组成该产品的各组装件的批次号、同批产品所涉及的范围。产品批量生产中按批组织生产，确保投入产出数量清、质量清的管理制度。实行批次管理的产品要做到“五清六分批”，即产品批次请、质量状况清、原始记录清、数量清、炉(批)号清；分批投料、分批加工、分批入库、分批装配、分批出厂。为此，要按批次建立《生产过程质量跟踪卡》，详细记录投料、加工、装配、装试过程中投入产出的数量、质量状况以及操作者和检验者。批次管理要与生产组织形式相适应，在保证批次产品质量的前提下，综合考虑生产任务、生产能力、管理费用等因素，达到经济合理。批次要按照时间顺序连续编号，不应重复，批次标志必须清晰可辨，牢固持久。

批次管理包括批次凭证管理，外购器材的批次管理，加工批次管理，装配的批次管理，检验的批次管理，保管的批次管理，交验的批次管理，包装、运输、贮存的批次管理。

(1)批次凭证的管理

在器材验收保管发放单据、特种工具的质量记录、产品制造过程中的《随工流通卡》、《产品装配调配记录》、《材料代用和不合格品处理单据》、《产品出厂质量证明》、《备件出厂质量证明》等文件必须具有批次的栏目，并相应记录批次量、质量状况、责任者、检验者等。

批次凭证的填写字迹和印章要准确、清楚、易认，符合归档要求，批次内容填写不完整、不明确时，不得转入下道工序。批次凭证中有关批次内容变更时，应严格履行更改手续，并归档备查。

随工流动卡等需流动的批次凭证，应随该批产品传递。从外购器材进厂验收到成品出厂，全过程的各环节的批次凭证，应相互衔接，准确传递。

各种批次凭证应及时进行整理，并妥善保管，需要归档的批次凭证应按产品、批次号归档备查，归档的批次凭证的保存期，应不低于产品的使用寿命期，完全全批报废时，其批次凭证应妥善保管。批次凭证的处理须履行审批手续。

(2)外购器材的批次管理

主要外购器材应具有批号(或炉号)标志和该批次的质量证明文件，同种器材在采购时应尽量减少供应单位和批号(或炉号)的数量。

外购器材应具有批号(或炉号)标识，批次标识要与质量证明文件相符，根据技术条件要求，应按批次进行复验。

按批入库、按批建账，必须做到：账、物、卡相符；按批号(或炉号)和技术条件要求，分批进行保管，严防混批；有批次标志的卡片必须置于醒目的位置上；按批发放，先入库先发放；在库存或生产过程中发现不合格器材，应注明批号，并按相关标准进行处理。

(3)加工批次管理

根据生产任务及生产技术条件，确定生产批次。按批投料，每批一般应采用同批号(或炉号)器材。器材要求要有明显的批号(或炉号)标志，如果需切割或分离应作标志转移，并有记载。

产品或零部件必须按批加工，在规定的部位，打印明显的批次标志，并在批次凭证中记录。凡无法在其表面打印标志的产品或零部件，应采用适当的方法，以明确其批次，并在批次凭证中记录。在一个批的产品加工期间，要保持加工人员、设备及加工工艺的稳定性。出现不合格时必须当批及时处理完毕，对于不能跟批的返修品，要重新建立批次凭证，安排后续加工，产品或零部件必须按批周转，批与批之间应严格控制和区分，严防混批。

(4)装配的批次管理

构成产品的各组装件，应有批次凭证和标志，组装件批次标识应与产品装配配套文件相符。产品装配时，应采用同批组装件进行组装，若不能时，应办理转批手续后采用技术状态相同的相邻批次的组装件。在装配过程中出现废品时应凭废品单到库房补领，并在有关凭证上及时更改批次号。装配完工的产品，应有明显的批次标志。

(5)检验的批次管理

产品或零部件必须按批进行检验。批次凭证上批号、数量应与实物相符。不合格品按批隔离，及时处理。产品或零部件检验后按批做好凭证记录。

(6)保管的批次管理

产品或零部件应按批保管，批次要有明显的标识，按批发放，先入库先发放。收发时，应按批做好有关凭证记录。

(7)交验的批次管理

产品合格证上必须有产品的批次号，按批提交订货方代表验收。单据订货的备件，应有该备件的批次标志。

(8)包装、运输、贮存的批次管理

按产品的批次进行包装，严禁混批。产品包装物上按有关规定应作明显的批次标志。产品要按批运输，如若干批同时运输时，应有隔离措施，产品贮存应按批次存放，并有明显的批次标志。

3.18　首件鉴定

3.18.1　基本概念

首件鉴定是按照设计图样等技术的要求，对试制和批量生产的第一件零(部或组)件进行全面的工序和成品检查、考核，以确定生产工艺和设备能否生产出符合设计要求的产品。

3.18.2　适用范围

首件鉴定主要对能代表首批生产的产品进行。首件鉴定的范围包括：

1)试制产品；

2)在生产(工艺)定型前试生产中首次生产的新的零(组)件，但不包括标准件、借用件；

3)在批生产中产品或生产过程发生了重大变更之后首次加工的零(组)件；

4)顾客在合同中要求进行首件鉴定的项目。

3.18.3　主要内容

首件鉴定的主要内容包括：

1)编制《首件鉴定目录》，包括首件鉴定应在选定的，对质量、进度或成本有重要影响的零(部或组)件上实施；首件鉴定项目应在包括关键件、重要件、含有关键工序的零(部或组)件上实施；标准件或借用件不列入首件鉴定的范围；《首件鉴定目录》由技术部门编制，应由质量部门会签。若首件鉴定作为生产定型的一个组成部分，或作为合同指定的项目，使用方代表应参加会签。

2)首件(批)工艺路线卡(流程卡)必须单列，并加盖“首件”印记。

3)对首件鉴定件加盖“首件”印章或挂“首件”标志(签)。

4)首件鉴定过程中，需下道工序验收才能验收的上道工序，需经过下道工序验收合格后，再继续投产。

5)鉴定合格的首件零件，应装在首件装配件上。

6)首件鉴定记录至少应包括零(部或组)件图号、名称、图样和技术文件的有效版次，以及检验设备和计量器具的名称和编号、检测结果、鉴定结果和鉴定人员的签字等。

7）首件制造的整个过程中，操作、检验和技术人员应及时填写首件鉴定有关的原始记录，记录必须正确、完整、清晰，并能确保产品质量的可追溯性，并且对操作、检验和处理结果的文实相符负责并签字。

8）当首件鉴定未被通过时，在确保首件鉴定记录完整的前提下，允许用后续产品递补，重新进行首件鉴定。

9）若要进行生产定型，首件鉴定应作为生产定型的一个组成部分。

10）首件的技术文件应正确、完整、协调和有效。

11）首件应符合设计要求，选用的器材应符合规定的要求。

12）选用的加工设备、试验设备、检测设备、工艺装备和计量器具应符合规定的要求，处于正常工作状态。

13）首件生产环境应符合生产的要求。

14）首件生产线上应有随产品周转的路线卡。

15）首件质量原始记录应完整，首件质量与其质量原始记录应文实相符。

16）首件操作者和检验人员应有资格考核合格证。

17）首件鉴定工作项目输出包括《首件鉴定目录》、《首件加工原始记录》、《首件检验报告》、《首件鉴定报告》、《首件鉴定合格证》。

3.19 强制检验点

3.19.1 基本概念

强制检验点的控制是型号研制生产过程中重要的质量把关活动。强制检验点是在型号产品研制生产过程中，由用户或上级技术抓总单位提出的对产品关键过程或关键特性进行检验的检验点。强化对产品关键过程和关键特性指标的检验，确保产品的性能指标满足要求。

3.19.2 适用范围

强制检验点适用于研制、生产过程的质量控制。

3.19.3 内容和要求

当满足以下之一原则时，应设置强制检验点：

1）当产品的状态最能表现出其质量特性时；

2）项目实施关键工序（或关键过程）时；

3）下步工序不可逆，或下步工序完成后产品难以分解、对前面的工序无法实施检验时；

4）当产品一旦装配到更高一级的组件上，可能由于其失效而损坏高一级组件时；

5）过去的故障或失效记录表明必须进行检查时；

6）由于制造步骤的关键性或复杂性，可能对最终产品的质量和性能等构成潜在的危害时；

7）分承制方无法进行的试验或关键性能的检验；

8）验证试验是破坏性的，并且产品质量不完全由在供方工厂进行的检验或试验得到验证时；

9）策划复杂设备或分系统（如有效载荷）的制造、装配、总装和验证时；

10）较低级别的分承制方过去的工程成绩或质量历史不十分令人满意时；

11）项目要进行最终检验时；

12）当发生以下情况时，应考虑对供应商设置强制检验点，如供应商承担复杂设备或分系统的制造、装配或总装，或供应商的产品质量或历史记录不十分令人满意时。

设置的强制检验点应体现在用户（含型号项目办）或上级抓总单位相应的技术文件和验收规范中，并明确实施强制检验时产品研制的具体节点、设置原则、检验项目或指标、检验方法（建议）、记录、确认等方面要求，并下发产品承制单位作为执行依据。

3.20　关键件、重要件、关键工序质量控制

3.20.1　基本概念

关键特性是指如果达不到设计要求或发生故障，可能导致产品功能失效或型号主要系统失效或对人身财产的安全造成严重危害的特性。

重要特性是指如果达不到设计要求或发生故障，可能导致产品不能完成预定的功能，但不会引起型号主要系统失效的特性。

关键件是指具有关键特性的产品（一般指零件、部组件）。

重要件是指具有重要特性的产品（一般指零件、部组件）。

关键工序是指在产品生产过程中，对产品质量起决定性作用并需要进行严密控制的工序。

3.20.2　适用范围

适用于产品研制、生产过程的质量控制。

3.20.3　主要内容

（1）确定原则

①关键件确定原则

具有关键特性的产品，当关键特性达不到设计要求或发生故障时，可能导致以下一种结果时，可确定为关键件：

1)产品功能失效;

2)型号主要系统失效;

3)对人身、财产安全造成严重危害。

②重要件确定原则

具有重要特性的产品,当重要特性达不到设计要求或发生故障时不能完成预定的功能,但不会引起型号主要系统失效。

③关键工序确定原则

具备下列条件之一的特性可确定为关键工序:

1)设计文件规定的某些关键特性或重要特性所构成的工序;

2)加工或装配难度大,质量不稳定的工序;

3)原材料昂贵或加工周期长,出废品后经济损失大的工序;

4)对人身、财产的安全造成严重危害的工序;

5)关键外购器材或外协件入厂验收工序等。

(2)确定时机

设计部门在初样研制阶段初期识别关键件和重要件并制定控制措施,生产单位工艺部门在初样研制阶段初期识别关键工序,制定关键件、重要件、关键工序控制方案;初样研制阶段末期确定产品关键件、重要件和关键工序,确认关键件、重要件、关键工序详细的控制措施;正(试)样研制阶段初期设计阶段再次确认关键件、重要件和关键工序,包括其特性和控制措施。

初样研制阶段和正样研制阶段关键件、重要件、关键工序的控制可分为准备、实施和总结3个阶段:

1)准备阶段,由产品设计人员、工艺人员开展特性分析和生产关键过程分析,将产品关键特性由设计分析文件转化为生产过程的操作实施的工艺文件(包括检验文件);

2)实施阶段,对关键件、重要件和关键工序在产品生产过程中由工艺文件确定的关键过程进行操作、检验和数据确认;

3)总结阶段,产品生产完成后对关键件、重要件和关键工序相关的关键参数进行汇总和确认。

(3)控制流程

关键件、重要件、关键工序控制流程如图3-8所示。

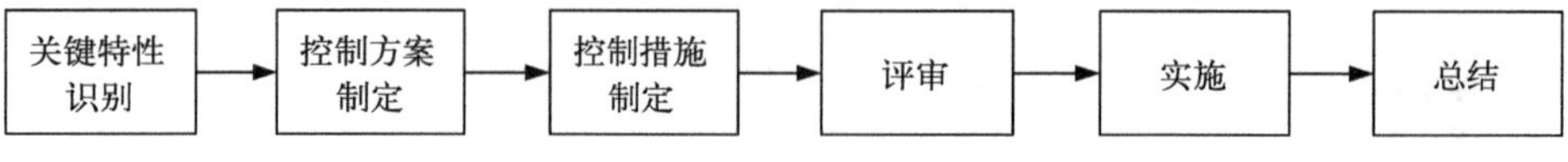

图3-8 关键件、重要件、关键工序控制流程图

(4)工作项目要求说明

①M1 关键特性识别

产品设计人员按照QJ 892A的规定开展产品特性分析工作,通过技术要求和设计以及

FMEA 等可靠性分析，识别出产品关键特性和重要特性，并进一步分析所涉及到的部、组件或电路等，并细化到零、部件或元器件，确定关键件和重要件，按照 QJ 3230 编制产品特性分类分析报告。

②M2 控制方案制定

工艺人员对产品生产过程进行工艺分析，制定关键件、重要件控制方案。根据关键检验点确定原则，对关键件、重要件在加工、装配等生产过程中涉及到关键特性形成的环节设置关键检验点；将用户要求的强制检验点落实的到工艺流程中；根据关键工序确定原则，对产品尤其是关键件、重要件在加工、装配等生产过程中的工序确定为关键工序。然后，形成《关键件和重要件明细表》。

③M3 控制措施制定

工艺人员根据工艺总方案和相关的设计文件，编制工艺规程，确定生产过程详细的加工、装配、检验等方法，在相应的工艺文件中编写关键件、重要件的关键检验点和关键工序操作的详细要求，对关键件、重要件的关键检验点和关键工序操作的详细要求编写在相应的工艺文件中，如量化的检验要求、检测工具、环境条件、特殊岗位以及判定准则等。形成《关键件和重要件过程控制结果检查表》。

④M4 评审

质量保证(产品保证)人员按照 QJ 1302.3 的规定组织关键件、重要件、关键工序工艺评审工作。

⑤M5 实施

按照工艺文件的要求，在关键件、重要件以及关键工序实施过程中进行操作、检验和确认，并将过程记录作为生产过程数据包重要内容之一。

⑥M6 总结

设计人员和质量保证(产品保证)人员收集、汇总关键件、重要件和关键工序的相关数据，形成《关键件、重要件控制措施落实情况汇总表》。

(5)关键件、重要件、关键工序的文件标识

关键件、重要件、关键工序的相关特性标识、特性分类符号应按照 QJ 892A 的规定执行，在设计(包括技术要求和图样)、工艺等文件中进行标注，并在设计文件明显处加盖“关键件”或“重要件”字样。

特性分类标识文件应按照 QJ 892A 的规定，在设计(包括技术要求和图样)、工艺等文件中对关键件、重要件、关键工序进行标注，并在设计文件明显处加盖“关键件”和“重要件”字样。含有关键工序的工艺规程文件应在关键工序的显著位置加盖“关键工序”字样或采用规定的其他形式标识。

在批生产阶段，关键件、重要件应在设计文件中明确规定批次产品的编号方法(包括批次号和零件序号)，以及在产品上标注的方法、大小与位置。

（6）关键件、重要件、关键工序的控制要求

①设计控制

涉及关键件、重要件的技术状态更改，审批权限应相对原设计文件审批权限提高一级。涉及批生产产品的关键件、重要件技术状态更改，应报院技术状态控制委员会批准。根据实际需求和可能，对关键件、重要件设计方案进行仿真试验或安排专项试验，进一步验证设计的正确性。

②工艺控制

工艺部门在进行初样和正样设计文件工艺性审查时，应对设计文件、图样及产品特性分类分析报告进行分析，对可能包含关键工序的设计方案从工艺改进方面提出降低风险的意见。

《关键工序工艺规程》应将所涉及的关键项目、不可测项目及关键件、重要件控制措施具体化，并对关键工序的人员、设备、工艺方法和参数提出明确要求，对关键、重要参数应设置关键检验点，提出明确的检验（含过程检验记录）要求。

含有关键件、重要件或关键工序的工艺文件（包括装配工艺）在产品投产前必须应完成工艺评审，工艺评审应按照 QJ 1302. 3 中的要求进行。

关键件、重要件研制和关键工序执行过程中，对影响产品关键特性或重要特性的工艺状态更改必须应履行更改手续，经设计会签后由本单位总工艺师批准。必要时，按 QJ 1302. 3 中的评审程序再次组织评审。

涉及批生产产品的关键工序更改，应报本单位技术状态控制委员会批准。

③生产过程控制

关键件、重要件和关键工序的人、机、料、法、环控制要求如下：

1）关键件、重要件和关键工序的操作与检验人员必须应持证上岗，并相对固定；

2）对涉及主要工艺参数的工装、设备、仪器应相对固定，并满足《关键工序工艺规程》中对工装、设备与仪器的要求；

3）必要时在操作前应进行预操作试验，以获得符合要求的操作方法；

4）涉及关键件、重要件的原材料代料应报本单位的技术状态管理委员会批准，涉及批生产产品关键件、重要件的原材料代料应报五院技术状态管理委员会批准，原材料代料应进行充分论证，执行“以优代劣”原则，根据需要进行必要的试验验证。

关键件、重要件和关键工序的检验控制要求如下：

1）关键件、重要件和关键工序的检验设备与工具应在有效周检期内，必要时，应在检测前对检测设备与工具进行校准；

2）在同一批次相同工序中应使用固定的检验设备与工具，保证参数的可比较性；

3）关键件、重要件和关键工序应进行严格检验，关键工序应实施工步检验，所有检验项目及结果必须应符合设计文件和工艺文件规定的要求。

关键件、重要件和关键工序的不合格处理及质量问题归零要求如下：

1）关键件、重要件中关键和重要特性在正样产品研制过程一般不允许超差使用，对关

键件、重要件不合格审理后需让步接收时，应提高一级审批，并报项目办备案；

2)出现的故障和不合格排除后必须应形成报告，出现的质量问题必须应归零。

④试验验证控制

关键件、重要件和关键工序出现需检测项目在过程中不能直接获得检测结果时，应安排试验件进行破坏性检测或按设计文件规定采用事后试验的方法判断特性的符合性。经过试验验证的数据经整理后形成检测报告。破坏性检测和事后试验所使用的试验件，应由质量检验部门妥善保存、备查。

⑤外协控制

关键件、重要件或关键工序需要到外单位协作时必须应签订外协合同，由任务提出单位制定相应的外协加工质量保证措施(含应交付的过程记录及客观凭证)，纳入合同管理。应对关键工序实施现场监控，严格按合同规定的技术和质量条款进行验收，检查过程有关质量记录和客观凭证。

⑥质量记录、数据包控制

关键件、重要件研制过程中有关工作项目应实施表格化文件管理，各项控制措施实施结果和相关数据必须应有记录，记录应要做到详细、完整、有效，及时做好对记录的分析、整理、保存，保证各项记录具有可追溯性。对于特殊的控制过程，可采用照相、录像等措施进行记载。

关键件、重要件和关键工序的质量记录、客观凭证应收集、汇总形成数据包归档，随产品交付时，可以交付复印件，但应由质量部门盖章。

3.21 不合格品审理

3.21.1 基本概念

不合格品审理是规范型号产品不合格品控制的一种方法，确保不合格品得到识别和控制，防止不合格品的非预期使用或交付。

3.21.2 适用范围

在型号产品实现过程及交付后发生不合格品时，由主管部门组织进行不合格品审理。

3.21.3 主要内容

(1)建立不合格品审理系统及分级审理范围

①外包单位审理级审理范围

外包单位不合格品审理级的组织按本单位的规定执行。对重大质量问题，应提请型号级进行审理。

②物资部门审理范围

物资部门审理范围包括材料、元器件、电线电缆、火工品等不合格品。对重大质量问题及本单位不能审理的型号不合格品，应提请型号级进行审理。对涉及多个型号的重大质量问题的不合格品，应提请单位级进行审理。

③型号审理级的组织及审理范围

型号总指挥负责，型号办公室组织实施。不合格品的审理按质量问题处理。质量问题的处理按 Q/QJA 10 执行。审理范围包括：型号办公室负责组织的匹配试验、大型外场地面试验、飞行试验过程中发生的质量问题和外包单位、部门上报的重大质量问题及不能审理的不合格品。

型号级不能处理的质量问题，应提请院级进行审理。

④单位审理级的组成及审理范围

对重大质量事故进行审理，组成调查委员会，必要时邀请顾客代表参加。审理范围是：型号上报的型号重大质量事故及重大质量问题，部门上报的涉及多个型号的重大质量问题及不合格品。

⑤审理系统人员的职责和权限

合格品审理人员需经资格确认，征得顾客代表同意，并经单位主要行政领导授权。按规定的职责和权限对不合格品进行审理，有权提出审理意见，形成审理结论。如果要改变单位级审理结论时，需由单位主要行政领导签署书面决定。顾客可不接受审理系统所做出的不合格品审理结论，有权做出独立判定。

⑥不合格品鉴别、标识、隔离、记录和报告

物资部门、产品生产车间检验人员按验收依据，对产品质量特性的符合性进行鉴别，判断产品是否满足规定的要求。当确认产品的某些质量特性不符合产品验收依据时，检验人员应进行标识、隔离、记录和报告。物流中心、产品生产车间和外包单位检验员可以处理以下不合格品：可返工的；有标准返修规范的；明显报废的。外包单位级、部门级和型号级不能审理的不合格品应及时上报。

(2)不合格品的处置

经返工或返修的不合格品，应重新进行检验或试验。不合格品的审理结论一次有效。不能作为以后不合格品审理和验收产品的依据。不合格品的返修应编制返修工艺规程。报废处置的不合格品，应采取破坏性或打上永久性标识，放入废品库，并在《质量跟踪卡》上记录。申请返修、原样超差使用、降级使用的不合格品，应提请设计人员处理，并按规定征得顾客同意，并办理技术文件。不合格品涉及合同规定的产品性能、寿命、互换性、可靠性、维修性以及军代表验收的项目处理时必须经过顾客代表同意。物资部门将采购物资的不合格品信息及时反馈给供方，办理退货。当在交付或开始使用后发现产品不合格时，应采取与不合格的影响或潜在影响的程度相适应的措施。

不合格品审理小组应定期对发生的不合格品进行统计和分析，并形成《不合格品统计分析报告》，作为分析和评价产品质量、质量管理体系运行情况以及降低内、外部质量损失的依据。

(3)实施程序与过程

外包单位对重大质量问题及按型号规定上报的不合格品，应填写《型号产品不合格品审理单》(上报)。物资部门对重大质量问题及本单位不能审理的不合格品，应填写《物资不合格品审理单》(上报)，并将该不合格品审理单报型号办公室。型号办公室按要求对质量问题进行处理，型号级不能处理的质量问题提请院级审理。型号级不能处理的质量问题，应由型号办公室报质量部门。涉及多个型号的重大质量问题及不合格品，应由部门报质量部门。质量部门按要求对质量问题进行处理。

(4)跟踪管理

责任部门要对审理结果进行跟踪管理，质量问题由责任单位按规定完成归零报告，型号办公室及质量部门对型号级及单位级审理结果要进行跟踪管理。对发生的重大质量问题和重大质量事故，由责任单位按规定完成归零报告，并落实相应归零措施。

3.22　质量检查确认

3.22.1　基本概念

质量检查确认是指通过提供客观证据，证实规定要求已得到满足所进行的系统的、有计划的认定活动。质量检查确认方法是排查、识别风险源的有效方法。

3.22.2　适用范围

质量检查确认基于要求与实际的一致性原则，一般在设计文件发出前完成设计文件的检查确认，工艺文件发出前完成工艺文件的检查确认，分系统级及其以上试验前和试验报告发出前完成试验的检查确认，整机或分系统产品验收前完成整机或分系统产品的检查确认，工程出厂前完成全型号的检查确认。

3.22.3　主要内容

(1)质量检查确认的主要内容

1)产品设计输出满足设计输入情况，产品设计条件和涉及接口的设计文件经上级设计单位和相关单位会签确认情况；

2)设计文件的完整性，执行有关标准情况；

3)设计依据更改、补充(内容)的落实情况；

4)元器件、原材料、外协外购件选用情况；

5)沿用、借用产品于本型号有关环境、要求的适应性；

6)设计计算、分析的依据及结果的正确性，内外部接口的匹配协调性；

7）试验环境、状态与产品实际工作环境、状态的一致性，及试验方案和试验结果满足设计技术要求的情况；

8）关键件、重要件的确定及其设计文件中的落实情况；

9）复核复算情况，复核复算遗留问题、待办事项落实情况；

10）技术状态更改控制情况；

11）测试覆盖性工作落实情况；

12）软件研制质量控制情况；

13）可靠性、安全性设计等工作落实情况；

14）设计评审遗留问题的解决和落实情况，工艺审查（会签）提出问题的处理情况；

15）质量问题归零及其他型号质量问题在本型号举一反三工作的落实情况；

16）《质疑单》内容处理的正确性；

17）其他需要检查确认的内容。

（2）工艺检查确认的主要内容

1）采用工艺的科学性、可行性；

2）工艺文件及标识、签署的完整性，与设计要求及有关规定的符合性；

3）关键工艺评审及采用的新工艺和工艺攻关成果的鉴定情况；

4）关键件、重要件工艺文件编制情况；

5）工艺评审遗留问题落实情况；

6）禁（限）用工艺执行情况，采用限用工艺的质量保证措施；

7）特种工艺（特殊过程）质量控制情况；

8）检验点设置的合理性，不可检测部位或项目工艺保证措施；

9）工艺技术状态更改控制情况；

10）其他需要检查确认的内容。

（3）生产检查确认的主要内容

1）产品质量满足设计要求情况；

2）元器件、原材料、外协外购件采购及使用情况；

3）关键件及关键、重要特性（工序）的加工记录及管理符合要求的情况；

4）超差、代料情况；

5）不合格品审理及措施落实情况；

6）焊缝质量档案建立及焊缝质量情况；

7）电子产品装联工艺、三防（防潮、防盐雾、防霉菌）措施和固封措施情况；

8）多余物控制情况；

9）生产过程的产品检验、测试、试验情况，异常现象、数据分析处理情况；

10）产品的关键及重要特性、参数的稳定性、一致性；

11）《技术通知单》、《更改单》和《质疑单》内容在产品上的落实情况；

12）测试覆盖性要求的落实情况；

13)配套产品验收情况，验收遗留问题落实情况；

14)质量问题归零及其他型号质量问题在本型号举一反三工作的落实情况；

15)生产、检测、试验用设备、仪器、量具的贮存期、检定期符合规定情况；

16)《产品证明书》、《产品质量履历书》填写、签署符合情况及其正确性；

17)其他需要检查确认的内容。

(4)试验前检查确认的主要内容

1)试验大纲满足《试验任务书》要求的情况；

2)试验状态与试验大纲及有关要求的一致性；

3)检测项目满足试验大纲要求的情况；

4)其他需要检查确认的内容。

(5)试验报告发出前检查确认的主要内容

1)检测数据与以往检测数据和设计指标比对情况；

2)异常现象和数据的分析处理情况；

3)试验结果分析及报告编写情况；

4)试验结果满足试验大纲、《试验任务书》要求情况；

5)其他需要检查确认的内容。

3.23　双想

3.23.1　基本概念

双想是前期工作回想(简称“回想”)和后期工作预想(简称“预想”)的总称。“回想”是指围绕型号发射(飞行试验)任务目标，从设计质量、产品质量、操作质量等方面，对已完成的工作是否满足要求、是否存在薄弱环节和需进一步确认环节等进行分析和重新审视的过程。“预想”是指围绕任务发射场工作流程，从后续操作的要求、步骤、设备、环境、人员等方面，对即将开展工作中可能出现的问题和隐患及故障处理预案等进行预先分析的过程。对“回想”发现、经确认的前阶段工作中存在的问题和隐患，要及时排除；对“预想”提出、经确认的问题及隐患，要及时制定预防措施和解决办法。

3.23.2　适用范围

适用于集团公司型号发射场双想工作，双想工作要贯穿型号发射(飞行试验)任务全过程，做到“点火不到，双想不止”。对于任务完成后的发射场撤收工作等要一并纳入双想工作范畴。

3.23.3 主要内容

(1)双想工作模式

双想工作一般按照“试验队→中队(分队)→岗位人员”自上向下发动、布置，按照“岗位人员→中队(分队)→试验队”自下而上主动双想、反馈确认的模式进行，要做到系统开展，覆盖全面。

双想工作要基于前期型号已形成技术文件、操作文件(含故障处理预案)和相关的产品过程记录、产品质量报告、检查确认报告、归零报告、分析报告等的基础上开展。双想提出问题和隐患的处理必要时应及时与发射场和用户方协调沟通。试验队应统一协调好双想工作与发射场专项质量检查确认、复核复算等工作的关系，紧密结合，高效实施。

(2)双想工作流程

在任务准备阶段，应结合任务进场动员会等进行思想动员，强化参试人员的责任意识，提出双想工作总体要求。

在试验队进场后，要针对型号特点、发射场工作特点，结合发射场工作流程，及时部署安排双想工作，明确双想工作计划和要求，制定、下发《双想记录表》，引导岗位人员开展双想工作。

在任务展开实施阶段，应结合型号特点、发射场工作阶段等分阶段组织开展双想工作，明确各阶段双想工作的重点，并按阶段对双想提出的问题进行清理。

在任务总结阶段，应进行发射场双想工作总结并纳入《发射场质量工作总结》。

对双想工作中提出的涉及发射场试验队之间接口关系的项目，由相关试验队联合完成确认和处理。对于发射场双想提出的问题和隐患，需发射场前后方联动进行确认和处理的，相关单位必须积极组织协调，配合开展工作，确保发射场工作顺利开展。根据发射场双想工作梳理出的问题，相关单位应及时完善设计、工艺文件和有关管理要求。

(3)双想一般内容

发射场双想工作可参考以下内容确定每个阶段的重点内容：

1)各岗位人员应对当日(或前一阶段)的状态检查、操作、测试等各环节进行回想，反思是否存在疑点、不放心环节。对下一工作日(或后一阶段)工作项目从状态准备、过程关注点、故障模式、故障影响等多个方面进行预想，重点加强产品转运、加注、转场、发射等环节和“难操作、易出错”项目及安全风险等级较高操作项目的预想工作。

2)出厂前遗留工作项目，是否在发射场已落实？是否有不放心的问题？

3)出厂前不覆盖发射场测试项目，发射场检测测试保证措施是否充分？

4)负责产品是否为型号出厂前技术风险分析评估的高、中风险项目？风险控制措施是否清楚，是否已得到落实？

5)负责产品技术状态是否清晰，产品状态最终确认环节是否明确，产品过程记录是否能充分真实反映产品最终状态？产品技术状态变化项目是否清晰，是否已全部落实？

6）负责产品是否存在涉及Ⅰ、Ⅱ类单点故障模式，产品三类关键特性及控制措施是否明确、量化，控制措施是否落实？

7）负责产品在飞行过程中历经的环境和执行的动作是否明确？是否还存在地面没有充分验证的地方？

8）负责产品与其他产品的接口是否清晰，接口参数是否明确，是否还有不协调的地方？

9）负责产品曾出现的质量问题的归零措施是否有效落实？其他型号相同或类似产品出现质量问题是否需在本产品上进行举一反三，举一反三的措施是否得到落实？

10）按发射场工作流程和飞行任务剖面，是否还存在工作漏项？

11）表格化工作是否均已落实？表格是否齐全、无漏项，表格内容是否全面、具体，表格化工作检查是否到位？

12）对自己负责的产品在发射场的操作项目、流程是否清楚？发射场最后一次操作为不可测试的项目，其操作文件是否齐全、人员是否落实、保证措施是否到位，结果确认是否到位？

13）作为二岗，产品质量交底时是否将技术状态变化和产品质量状况向一岗进行明确交底，工作要点和测试注意事项是否在工作前进行了讨论、交流，达成一致意见？能否做到监督一岗的口令、操作？

14）制定的相关预案考虑是否全面充分，流程、职责是否明确，是否与发射场及用户方进行充分协调？预案是否具有可操作性，演练是否充分？预案提出的相关保证措施是否已得到落实？

15）是否还存在其他不放心的问题、对其他岗位不放心的问题或部位？

3.24 质量信息上报与通报

3.24.1 基本概念

质量信息的上报与通报是利用信息、发挥信息价值的重要环节。各级信息机构应按规定的程序和时间要求，及时、真实和安全地进行信息的上报和通报。

质量信息的上报和通报是主管部门及时、准确获取质量和相关工作状况以及存在的主要问题等信息的重要渠道，是有关单位及时开展举一反三等质量工作的重要依据。航天产品的研制生产单位都应按有关规定，定期或实时地将产品质量状况及所发现的质量问题信息上报和通报给有关部门，以便决策层根据实际需要做出科学的决策，指导和控制相关质量工作的进行。

通过信息上报、通报实施闭环控制，是有效开展各项质量工程活动和提高装质量的基本途径。信息上报和通报与闭环控制可以在不同的层次之间实施，既可以在本单位的一项工作中进行，如产品设计者根据本部门各级审核和试验通报的信息，反复地完善设计工作；也可以在不同的部门之间进行，不断地改进和提高产品质量等。

3.24.2　适用范围

质量信息的上报和通报适用于集团公司各级单位、部门之间以及和上级机关、用户之间的信息上报和通报。

3.24.3　主要内容

集团公司级质量信息上报和通报分为定期报送和不定期报送两类，其中定期报送制度包括质量信息快报、月报、季报和年报，对集团公司关心的其他质量信息实行临时通知的不定期报送制度。

(1)质量问题信息快报

1)对型号研制、生产、试验和使用过程中发生的具有如下性质的质量问题实行信息快报制度。

a. 重大质量事故和重大质量问题信息。

b. 型号产品在初样阶段发生的下列质量问题信息：

- 批次性的质量问题；
- 影响型号研制进度的质量问题；
- 影响型号重要的研制试验成败的质量问题；
- 影响型号产品设计方案的质量问题；
- 其他有重大影响和造成重大损失的质量问题。

c. 型号研制进入正样(试样)阶段后发生的质量问题信息。

2)重大质量事故和重大质量问题发生后，责任单位应立即向本型号两总系统、所属院报告该事故的简要情况，所属院在事故发生后 2 h 内向集团公司型号主管部门报告该事故的简要情况。不能明确定位责任单位的，由总体单位负责报告。在发射场的可由发射场试验队负责人直接报告。集团公司型号主管部门在接到问题报告后应立即向集团公司领导报告。

3)由问题发生时的产品主管单位在 2 h 内分别向所属院质量部门和型号两总报告。各院质量部门在接到报告后 2 h 内按规定的格式和填写要求，通过内网质量问题信息管理系统向集团公司质量主管部门报告。重大质量事故和重大质量问题的相关信息，也必须在问题发生后工作时间 4 h 内通过内网质量问题信息管理系统向集团公司质量主管部门报告。

4)集团公司质量主管部门在收到各单位质量问题快报信息后，定期对质量问题快报信息进行汇总和统计，通过内网向集团公司领导和相关部门及时报告，同时向有关院(公司)发布。

5)集团公司质量主管部门在收到各单位质量问题快报信息后，定期对质量问题快报信息进行汇总和统计，通过内网向集团公司领导和相关部门及时报告，同时向有关院发布。

6)质量问题发生后，有关部门应尽快确定质量问题快报归零归口单位。质量问题快报归零归口单位负责对快报问题进行归零闭环工作，在质量问题完成归零工作3个工作日内完成《质量问题信息采集卡》的填写并通过信息系统上报集团公司，对应的《质量问题归零报告》应作为附件同时上报。如已上报的质量问题快报信息经分析无需归零，可由上报问题单位院质量部门向集团公司申请撤销该快报信息。

7)各院应跟踪和督促每个质量问题的归零闭环，确保快报信息的及时性、归零信息的准确性，集团公司将定期对质量问题归零情况进行统计并通报。

8)航天产品研制生产过程中如发现元器件批次性质量问题，除按正常质量问题快报程序上报外，各院物资主管部门应在2 h内将元器件批次性质量问题相关信息上报集团公司。集团公司收到上报的元器件批次性质量问题后，经分析、评议后将相关信息及清查的有关要求传达到各院物资主管部门。各院物资主管部门在接到集团公司清查要求后，要迅速组织对问题元器件同批次产品的库存和装机情况进行全面清查、统计，并在8 h内将清查结果报集团公司。各院要依据清查结果组织有关人员分析评估元器件质量问题对所有涉及型号的影响，提出处理措施，并于3个工作日内将结果报集团公司。

(2)月报

月报包括以下主要内容：

1)飞行任务质量信息和发动机试车质量信息；

2)航天用电子元器件、原材料等物资质量信息；

3)电子元器件DPA、失效分析、补充筛选与超期复验失效信息；

4)月度质量综合分析报告。

(3)季报

季报包括以下主要内容：

1)综合质量指标；

2)季度质量综合分析报告。

(4)年报

年报包括以下主要内容：

1)年度质量工作总结、质量工作要点及质量综合分析报告；

2)年度质量管理体系认证机构审核和二方审核情况。

(5)故障和事故信息通报

集团公司实行故障和事故信息通报制度。各级单位可参照建立相应的信息通报制度。

①集团公司故障和事故信息通报的范畴

质量问题由主管部门对其进行分析和性质判定。应对以下性质的问题发布故障和事故信息通报：

1)批次性质量问题，包括型号按批次性失效处理的电子元器件、原材料质量问题；

2)具有教育意义和警示作用的责任质量事故和重复性质量问题；

3)需要其他单位或型号尽快了解以便开展举一反三活动的共性质量问题。

②集团公司故障和事故信息通报的使用

具有以下特点：

1)集团公司故障和事故信息通报的发放范围由集团公司质量主管部门确定，名单适时更新。

2)各级单位应建立故障和事故信息通报发放对象的人员数据库，对数据库和发放对象进行动态管理。人员数据库的数据项至少应包括发放对象的姓名、单位、职务或职称、技术专业、负责型号、分系统等内容。

3)集团公司故障和事故信息通报接收人或所在单位在收到当期通报后应立即填写回执单，并反馈给航天质量可靠性信息中心备案，以避免错发漏发。

4)集团公司故障和事故信息通报接收对象应按职责对照通报的问题，组织在本单位、本型号产品中及时开展举一反三。质量与可靠性信息主管部门应将举一反三的情况纳入《本单位季度质量综合分析报告》。

3.25 面向产品质量分析

3.25.1 基本概念

面向产品质量分析是发生质量问题后或对一定时期内某类产品发生的质量问题进行统计后，通过对产品及其结构、使用和技术条件、产品研制过程等进行系统的研究，以确定问题原因、识别薄弱环节、明确措施的过程。

面向产品质量分析工作应做到主题明确、分析透彻、措施到位、记录完整，相关的主要概念如下：

1）以产品为质量分析的对象，贯穿产品全寿命周期。分析的对象是典型航天产品，以产品为牵引开展相应的分析工作。

2）以研制队伍为质量分析的主体，推动全员参与。产品负责人负责组织产品队伍对发生问题的产品采用不同的质量分析方法开展相应的分析工作。

3）以问题信息为质量分析的重点，识别薄弱环节。分析的重点是产品研制过程中和交付后发生的质量问题、不合格、产品超差和质量监督过程中发现的问题信息等。

4）以明确措施为质量分析的落脚点，提高产品成熟度。通过面向产品的质量分析，识别造成质量问题的深层次原因和薄弱环节，制定针对性的纠正和预防措施并加以落实，逐步提高产品成熟度。

3.25.2 适用范围

面向产品质量分析适用于针对航天型号产品在研制生产过程中和交付后发生的质量问题的分析。

3.25.3　主要内容

(1)面向产品质量分析的基本步骤

面向产品质量分析工作程序一般分为 3 个层次、12 个基本步骤，如图 3 -9 所示。

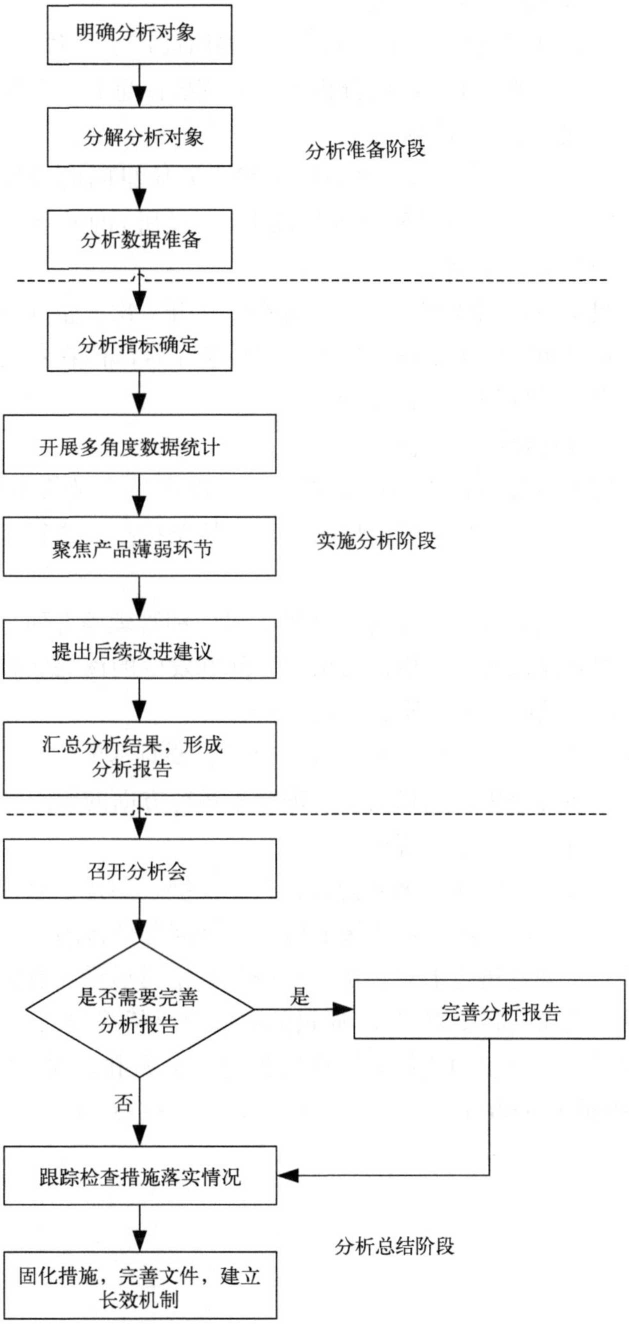

图 3 -9　面向产品质量分析的流程基本步骤

(2)集团公司对各级开展面向产品质量分析工作的要求

①建立质量问题分析例会制度

1)各级单位要高度重视并切实做好面向产品质量分析工作，按厂(所)、院、集团公司，自下而上逐级建立质量问题分析例会制度，并纳入到各级质量管理体系文件中，以实现面向产品质量分析工作的制度化和规范化；

2)各院要结合实际，对所属型号和单位提出开展面向产品质量分析工作的具体要求，落实相关职责，并且，在产品的质量问题分析中，尤其要注重并充分发挥基层班组、车间(研究室)等科研生产一线人员的作用；

3)各院、厂(所)每月，班组、车间每周应组织召开质量问题分析例会，各院的质量问题分析例会要建立在厂(所)、型号例会的基础上，厂(所)的质量问题分析例会要建立在班组、车间(研究室)例会的基础上；

4)集团公司定期组织质量问题综合分析，每季度召开一次质量问题分析例会，各院参加例会并汇报本单位质量问题分析工作，集团公司质量主管部门在各院质量问题分析工作的基础上，进行全集团的质量问题综合分析。

②重点围绕产品开展质量问题分析

1)各院要全面梳理本单位承研承制的主要产品，以产品为对象和归属，对产品研制、生产和使用过程中发生的所有质量问题要按时清理，拉条挂账，进行汇总统计，识别问题多发产品；

2)各院应从设计、工艺、设备、器材、软件、操作和管理等方面，查找产品发生质量问题的原因，进行归类并深入透彻分析，找出导致问题发生的深层次技术和管理原因，识别薄弱环节，并制定针对性的措施，实施改进；

3)各院要选择典型质量问题进行剖析，提出警示，要对本单位承制产品发生的共性问题、重复性问题进行全面的分析，查找质量管理体系运行方面的原因，提出改进的措施。

③做好质量问题分析相关信息的管理

1)各院要对发生的质量问题认真做好记录，包括文字、照片、录像等客观证据，确保记录的真实、准确、完整和可追溯，且各级要做好质量问题分析的记录，并存档备查；

2)各院要对本月质量问题进行汇总分析，检查清理上月质量问题归零情况，要做到彻底归零，要按附件的格式和内容要求完成《质量问题综合分析报告》；

3)各院要按年度对产品发生的质量问题进行汇总、分析和比对，完成《年度综合分析报告》上报集团公司质量主管部门。

3.26 型号独立评估

3.26.1 基本概念

型号独立评估是在型号的特定研制阶段，由独立于型号的专家团队对被评估型号的重大技术风险进行识别、分析与评价的活动。

3.26.2　适用范围

型号独立评估适用于航天领域国家专项工程、重点型号首飞任务以及质量、技术风险较大的在研型号。

3.26.3　主要内容

(1)评估内容

评估工作重点关注以下方面：

1)方案可行性、合理性和正确性；

2)技术指标满足任务要求情况；

3)关键技术成熟度情况；

4)新技术、新材料、新工艺等情况；

5)可靠性、安全性和环境适应性设计、分析、试验、评估的正确性及有效性；

6)系统接口的协调性和匹配性；

7)试验验证、仿真分析的全面性、充分性以及测试覆盖性情况；

8)关键软件研制、关键元器件保证等情况；

9)技术状态控制、生产过程质量控制和质量问题归零等情况；

10)其他薄弱环节和潜在技术风险。

(2)评估方式

评估活动一般通过听取汇报、查阅资料、实物考证、分析研究、交流质询、复核复算、试验验证等方式开展：

1)听取汇报。评估组听取型号系统研制方案、风险管控、试验验证等专题汇报，并与型号系统深入交流技术问题。

2)查阅资料。评估组查阅型号系统提供的方案设计、产品研制、专项试验、归零报告等技术文件，也可根据评估工作提出需查看的其他相关文件资料。

3)实物考证。评估组从产品、专业、单位等角度开展实物考证工作，证实型号任务完成与技术方案实现情况。

4)分析研究。评估组根据被评估型号提供的技术资料等客观证实文件，对重大风险项目进行分析与研究，综合考虑设计、试验和生产等方面的风险要素，梳理形成《评估组关注问题清单》。

5)交流质询。型号系统针对评估组提出的重点问题开展相关工作，将工作结果反馈给评估组，评估组就反馈情况与被评估型号系统进行沟通。

6)复核复算。评估组根据型号系统提供的数据，对重要技术指标组织开展复核复算工作。

7)试验验证。评估组可要求型号系统做进一步试验验证，必要时，评估组可安排第三方进行试验验证。

(3)评估程序

评估工作分为策划、实施、总结、闭环四个阶段，如图 3－10 所示。

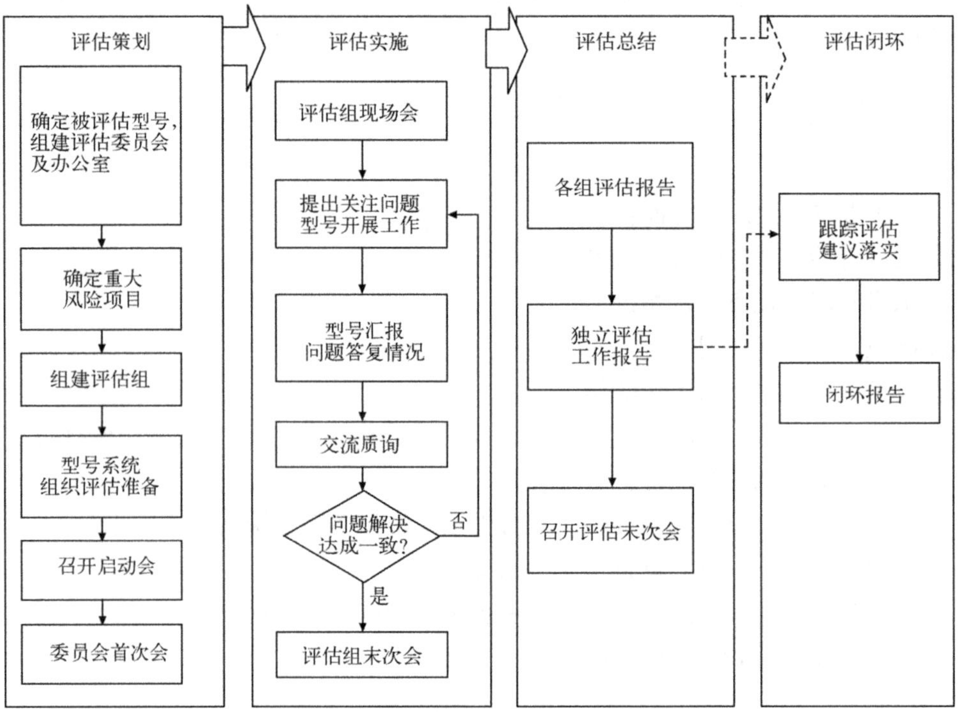

图 3－10　航天型号独立评估工作程序

3.27　质量问题归零

3.27.1　基本概念

质量问题归零是指对在设计、生产、试验和服务中出现的质量问题，从技术上、管理上运用适当方法，分析问题产生的原因、机理，并采取纠正和预防措施解决已发生的质量问题，同时通过开展举一反三，避免问题重复发生的闭环管理活动。

3.27.2　适用范围

适用于航天产品从初样阶段开始各阶段的质量问题技术归零和管理归零工作。

3.27.3　主要内容

质量问题归零包括技术归零和管理归零，如图 3－11 所示。

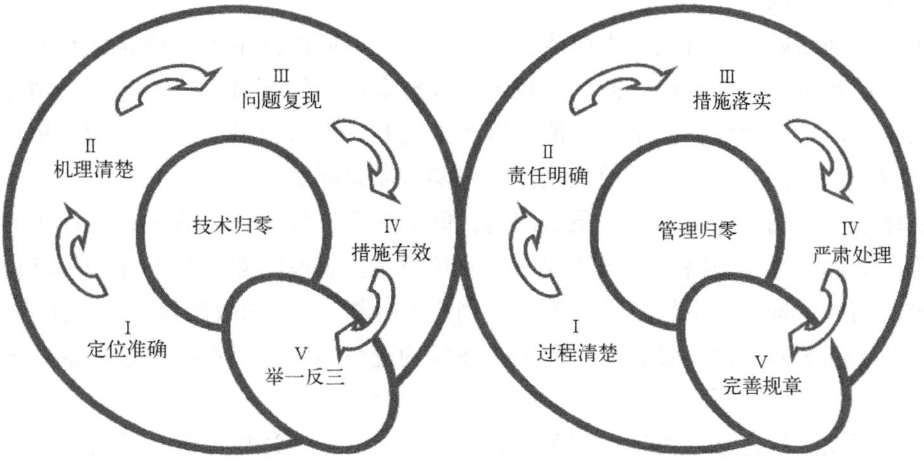

图 3－11　质量问题双归零

（1）技术归零

质量问题技术归零是针对发生的质量问题，从技术上进行的归零活动。质量问题技术归零可以归结为“定位准确、机理清楚、问题复现、措施有效、举一反三”五条要求。技术归零五条要求的具体含义如下：

1）定位准确。“定位准确”是确定质量问题发生的准确部位。

2）机理清楚。“机理清楚”是通过分析、计算或试验等手段，确定质量问题发生的根本原因。

3）问题复现。“问题复现”是通过试验或其他验证方法，复现发生的质量问题，证实定位的准确性和机理分析的正确性。

4）措施有效。“措施有效”是针对发生的质量问题，制定并实施纠正和纠正措施，并经过验证，确保质量问题得到解决。

5）举一反三。“举一反三”是把发生质量问题的信息反馈给本组织、本型号并通报其他组织、其他型号，检查有无可能发生类似模式或机理的问题，并采取预防措施。

技术归零的实施步骤如下。

①现场记录、确认和报告

质量问题发生后，应立即采取措施防止质量问题扩散。在不影响产品、设备和人员安全的情况下，问题发生单位的岗位人员应保护好现场，并做好记录，填写《质量问题报告单》，或口头方式（情况特别紧急时）按要求逐级上报质量问题信息。

报告内容一般应包括以下内容：

1）质量问题发生的时间、地点等；

2）发生质量问题的产品所处的工作状态、环境条件；

3）产品质量变化过程和现象的详细描述。

②故障定位和机理分析

出现质量问题后，项目负责人应当立即组织有关方面的技术人员确认质量问题的现象和部位，进行初步的问题定位，并确定技术归零的责任单位(部门)。在难以分清是设计质量问题还是生产质量问题，或难以分清是哪个系统时，由项目负责人组织相关单位分析查找原因，责任初步分清后由责任单位具体组织实施质量问题归零。

在具体进行问题定位时，有些质量问题，问题现象和部位比较直观，可以很容易确定问题部位。例如断线、短路、加工错误、尺寸超差等。有些问题产生的原因和部位不能直观看出来，例如系统工作不稳定等，就需要用质量分析工具(如故障树、鱼骨图等)进行分析，找出产生问题的原因，必要时，需要专业机构进行鉴定，对有些复杂产品，要做试验进行分析。

在质量问题定位之后，要组织有关方面的技术人员，通过试验和理论分析等手段，弄清故障发生的基本过程，搞清楚故障的模式，从而确定质量问题发生的根本原因。只有彻底查明问题的原因机理，才能解释问题发生的过程，才能提出有针对性的纠正措施。

机理分析是一件极其重要，却又非常困难的工作。影响机理分析的准确性的因素比较多，主要有：

1)思想上的顾虑，因为问题的原因涉及到责任；

2)数据和资料收集不全，质量事故的现场没有保护好；

3)分析人员的水平、经验和客观性的限制；

4)单位负责人的态度和作风；

5)分析设备的功能和精度；

6)监督机制的完备性；

7)奖惩机制的合理性。

针对某一特定的质量问题，特别是重大的质量事故应成立问题分析小组，其成员包括参与产品设计、生产、试验和使用等有关的单位和部门代表、专业失效分析机构和质量可靠性部门的代表。其任务是负责问题调查、分析工作，做出分析结论等。

③进行质量问题的复现试验

复现试验，是确认定位和机理分析的正确性。但对某些显而易见的失误造成的产品损伤等问题，可无需进行复现试验。

只有通过复现确认机理已经分析清楚，方能进入下一步制定具体的措施进行问题的纠正和预防。复现试验验证机理分析如图 3 - 12 所示。假设复现试验不能复现出发生的故障，则认为故障未能定位清楚，机理分析可能不正确，需要重新进行故障的定位和机理的分析。

有些复现试验涉及面广，耗资巨大，很难进行复现试验，如火箭发射失利，在这种情况下，可以利用模拟方法、仿真方法进行验证，或原理性试验来验证。

在航天产品质量问题归零中，除了大型破坏性试验可以用理论分析和数字模拟外，一般均要求进行实物仿真试验，以保证以前各个环节的正确性。

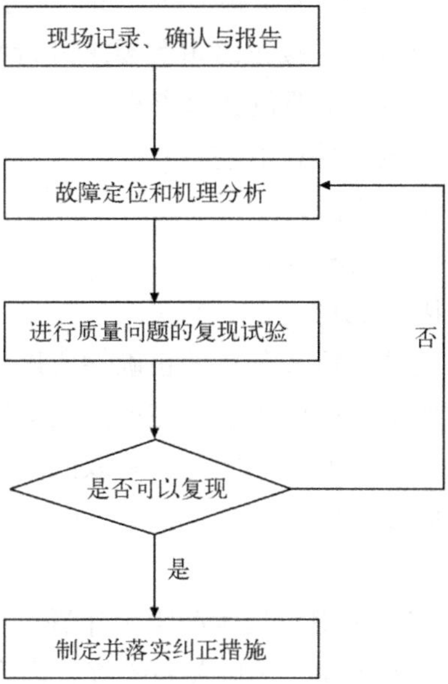

图 3－12　复现试验验证机理分析

④制定并落实纠正措施

根据质量问题的原因，采取相应的改进措施。对一些复杂问题要认真分析，制定改进的实施方案和验证方法，并通过必要的试验验证确认改进措施有效和合理，将措施固化到相应的设计文件或工艺文件中。

一般而言，措施可以分为两类：

1)应急处理。更换有质量问题的零部件，把系统恢复到正常的工作状态，这种更换只对有质量问题的产品采取了措施，不能提高产品的固有质量。

2)防止再发生。在问题原因分析清楚的基础上，采取纠正和预防措施，改进产品的设计、工艺、试验程序，消除产生质量问题的根本原因，从而提高了产品质量。

⑤开展举一反三工作

各级质量管理部门应将归零信息上报上一级质量管理部门。上一级质量管理部门明确举一反三的要求，并以通报的形式反馈相关单位和相关型号开展举一反三。各单位、各型号应根据通报内容组织本单位的举一反三工作。

举一反三工作内容主要可以分为两个方面：一方面是本型号范围内开展举一反三，要检查相同产品范围内，特别是本批次产品范围内是否存在类似的质量隐患，如果存在，都要进行改进，并办理相应的手续和文件；另一方面是对本单位和其他单位同原理设计生产的其他产品也要进行检查和改进，以防同类问题在其他产品上再次发生。

⑥编写《技术归零报告》

编写《质量归零报告》是归零工作的重要一环。归零报告是归零工作的成果，也是航天型号研制的宝贵经验和财富。通过《质量归零报告》所提炼的研制警示，可为今后产品研制工作提供有益借鉴，也是年轻一代研制人员极有价值的学习教材。

《技术归零报告》由责任单位编写，按三级审签要求进行签署，质量监督代表会签。外包单位归零报告应经订货和任务书提出单位会签审查。

一般而言，《技术归零报告》的主要内容包括：

1）问题概述，描述问题发生的现象；

2）问题定位，阐述问题定位的过程及结果；

3）机理分析，阐述故障原因及机理；

4）问题复现，阐述为验证定位及机理分析的正确性所进行的模拟试验情况；

5）采取措施及验证，阐述所采取的纠正措施在产品上落实情况；

6）举一反三情况，阐述举一反三发现的问题所采取的纠正措施和预防措施；

7）结论，明确该问题是否归零的结论。

⑦技术归零的评审

完成《技术归零报告》之后需要组织对技术归零工作进行评审。评审组织一般由责任单位质量部门负责，根据质量问题重要性、接口关系等综合因素考虑评审组的组成。涉及到用户的均应邀请用户代表参加。

技术归零评审重点评审以下方面内容：

1）故障的定位和机理的分析是否正确有效；

2）纠正措施是否落实，纠正措施的效果必须经过充分验证，并将纠正措施落实在设计、工艺文件和产品实物上，确保在产品上做到真正归零。

⑧归零信息的管理

质量问题发生后，责任单位按规定填报《航天产品质量问题信息采集卡》。采取月报、季报等定期统计分析质量归零信息，质量信息中心及时发布共性质量问题和产品质量趋势。形成质量问题快速收集、反馈、准确分析处理、充分利用及共享的有效的质量信息管理系统。归零评审完成后，应及时将归零报告、故障信息等归档，更新质量问题归零信息库。

（2）管理归零

质量问题管理归零是针对发生的质量问题，从管理上进行归零的活动。质量问题管理归零可以归结为“过程清楚、责任明确、措施落实、严肃处理、完善规章”五条要求。管理归零五条要求的具体含义如下：

1）过程清楚。“过程清楚”是查明质量问题发生和发展的全过程，分析产生问题的原因，查找管理上的薄弱环节或漏洞。

2）责任明确。“责任明确”是分清造成质量问题的责任单位和责任人，分清责任的主次和大小。

3）措施落实。“措施落实”是针对管理上的薄弱环节或漏洞，制定并落实有效的纠正措施和预防措施。

4）严肃处理。“严肃处理”是对由于管理原因造成的质量问题应严肃对待，从中吸取教训，达到教育人员和改进管理工作的目的。对于有章不循、违章操作、玩忽职守等原因造成的质量问题，应严肃处罚。

5)完善规章。“完善规章”是针对管理上的薄弱环节或漏洞，健全和完善规章制度，从制度上避免质量问题的发生。

管理归零的实施步骤如下。

①查明质量问题发生的过程和责任

质量问题发生后，在不影响产品、设备和人员安全的情况下，问题发生单位的岗位人员应保护好现场，并做好记录，填写《质量问题报告单》，按要求逐级上报质量问题信息。

由于管理原因造成的，由责任单位责任人进行管理归零工作。分析造成异常因素的过程管理和控制的文件规定、执行方面的原因，查找管理上的薄弱环节和漏洞。

②制定改进措施，完善规章制度

对造成质量问题的管理原因，应针对薄弱环节采取纠正措施。归零措施应通过完善质量管理体系文件、规章制度、标准等形式固化。凡属于规章制度不健全的问题，需明确完成规章制度制(修)定时间和具体内容要求。

制定的归零措施应当具体、细化、可操作、可检查，且措施中每一项工作应明确责任部门和责任人，对于中长期措施应有明确的计划和节点。

③问题处理

依据过程管理和控制文件的规定、执行和记录情况，确定相关组织和相关人员应承担责任的主次和大小等。对确属重复性质量问题和人为责任质量问题的责任单位和责任人，以及弄虚作假、隐瞒不报的有关责任人，应按照责任和影响大小，给予一定的处分或处罚。对预先发现规章制度或流程不完善、不健全等管理薄弱环节，能够主动归零并提出可操作、可落实、可检查措施的责任单位和责任人，根据情况给予奖励。

④编写《管理归零报告》

《管理归零报告》应经质量管理部门和相关部门会签、本单位行政正职批准。

一般而言，《管理归零报告》的主要内容包括：

1)过程概述，描述问题发生的现象；

2)原因分析，按管理环节和职责，分析管理方面的原因，明确有关人员和部门的职责；

3)采取的措施和落实情况；

4)处理情况，说明对责任部门和责任人处理方法、结果及依据；

5)完善规章，通过管理原因分析，明确哪些规章制度需要进一步完善或建立；

6)归零的结论；

7)管理归零的证明资料清单。

⑤管理归零评审

在完成质量问题管理归零后应组织质量问题归零评审。质量问题归零评审是对归零工作的正式审查。管理归零的评审由责任单位质量管理部门归口管理和组织，有关部门参加。双归零的质量问题，管理归零评审可与技术归零评审结合进行。

管理归零评审重点评审以下方面内容：

1)质量问题发生的过程是否清楚；

2)发生问题的主要原因和问题性质是否明确；

3)主要责任单位和责任人是否清楚，相关单位是否认可应承担的责任并采取了改进措施；

4)是否结合出现的质量问题对人员进行了教育，并对责任单位和责任人进行相应处罚，处罚是否得当；

5)属无章可循或规章制度不健全的是否完善了规章。

3.28　平衡计分卡

3.28.1　基本概念

平衡计分卡(The Balanced Score Card，BSC)是根据企业组织的战略要求而精心设计的指标体系。按照卡普兰和诺顿的观点，“平衡计分卡是一种绩效管理的工具。它将企业战略目标逐层分解转化为各种具体的相互平衡的绩效考核指标体系，并对这些指标的实现状况进行不同时段的考核，从而为企业战略目标的完成建立起可靠的执行基础”。

3.28.2　适用范围

平衡计分卡适用于以下情形：

1)高层管理者有短期行为，业绩不良；

2)缺乏有效的员工绩效管理系统；

3)对分公司业绩管理存在诸多问题，如虚假利润、短期行为等；

4)希望实现突破性业绩；

5)需要转型或变革的国营企业；

6)希望实现长期发展，打造百年品牌；

7)规范化管理，提高整体管理水平；

8)提高组织战略管理能力；

9)希望对市场有更快的反应速度。

3.28.3　主要内容

平衡计分卡方法打破了传统的只注重财务指标的业绩管理方法。平衡计分卡认为，传统的财务会计模式只能衡量过去发生的事情(落后的结果因素)，但无法评估组织前瞻性的投资(领先的驱动因素)。在工业时代，注重财务指标的管理方法还是有效的。但在信息社会里，传统的业绩管理方法并不全面的，组织必须通过在客户、供应商、员工、组织流程、技术和革新等方面的投资，获得持续发展的动力。正是基于这样的认识，平衡计分卡方法认为，组织应从4个角度审视自身业绩：创新与学习、业务流程、顾客、财务。

平衡计分卡反映了财务、非财务衡量方法之间的平衡，长期目标与短期目标之间的平衡，外部和内部的平衡，结果和过程平衡，管理业绩和经营业绩的平衡等多个方面。所以，能反映组织综合经营状况，使业绩评价趋于平衡和完善，利于组织长期发展。

平衡计分卡是一套从4个方面对公司战略管理的绩效进行财务与非财务综合评价的评分卡片，不仅能有效克服传统的财务评估方法的滞后性、偏重短期利益和内部利益以及忽视无形资产收益等诸多缺陷，而且是一个科学的集公司战略管理控制与战略管理的绩效评估于一体的管理系统，其基本原理和流程简述如下：

1)以组织的共同愿景与战略为内核，运用综合与平衡的哲学思想，依据组织结构，将公司的愿景与战略转化为下属各责任部门(如各事业部)在财务(Financial)、顾客(Customer)、内部流程(Internal Processes)、创新与学习(Innovation & Learning)等4个方面的系列具体目标(即成功的因素)，并设置相应的4张计分卡。其基本框架如图3-13所示。

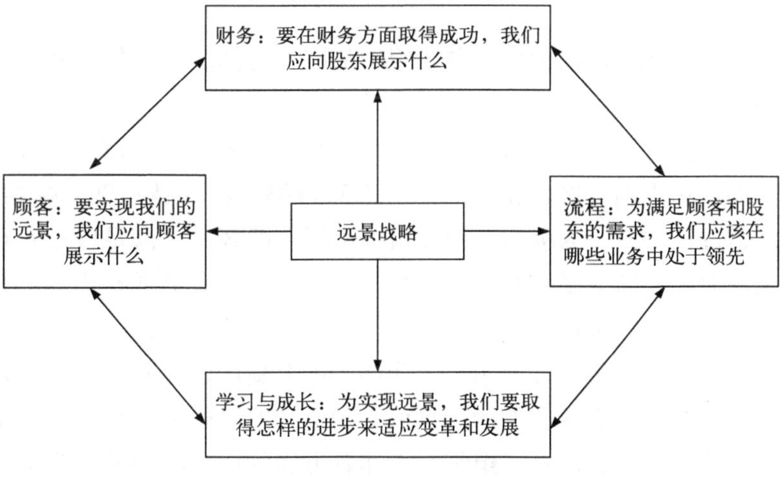

图3-13 平衡计分卡基本框架图

2)依据各责任部门分别在财务、顾客、内部流程、创新与学习等4个方面计量可具体操作的目标，设置一一对应的绩效评价指标体系。这些指标不仅与公司战略目标高度相关，而且是以先行(Leading)与滞后(Lagging)两种形式，同时兼顾和平衡公司长期和短期目标、内部与外部利益，综合反映战略管理绩效的财务与非财务信息。

3)由各主管部门与责任部门共同商定各项指标的具体评分规则。一般是将各项指标的预算值与实际值进行比较，对应不同范围的差异率，设定不同的评分值。以综合评分的形式，定期(通常是一个季度)考核各责任部门在财务、顾客、内部流程、创新与学习等4个方面的目标执行情况，及时反馈，适时调整战略偏差，或修正原定目标和评价指标，确保公司战略得以顺利与正确地实行。BSC管理循环过程的框架如图3-14所示。

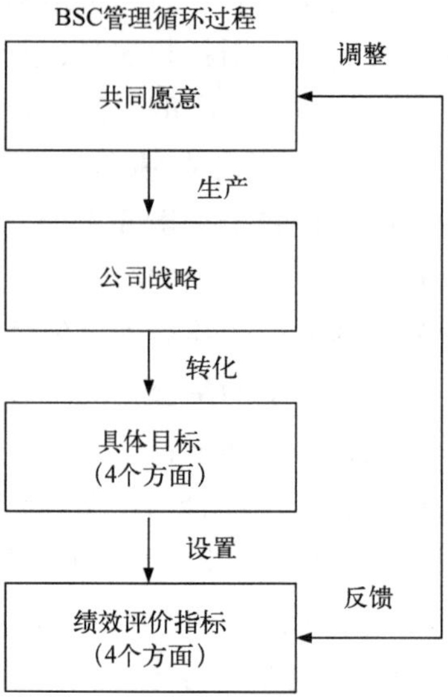

图 3 - 14　平衡计分卡管理循环图

平衡计分卡中的目标和评估指标来源于组织战略，它把组织的使命和战略转化为有形的目标和衡量指标。

BSC 中客户方面，管理者们确认了组织将要参与竞争的客户和市场部分，并将目标转换成一组指标，如市场份额、客户留住率、客户获得率、顾客满意度、顾客获利水平等。BSC 中的内部经营过程方面，为吸引和留住目标市场上的客户，满足股东对财务回报的要求，管理者需关注对客户满意度和实现组织财务目标影响最大的那些内部过程，并为此设立衡量指标。在这一方面，BSC 重视的不是单纯的现有经营过程的改善，而是以确认客户和股东的要求为起点、满足客户和股东要求为终点的全新的内部经营过程。BSC 中的学习和成长方面确认了组织为了实现长期的业绩而必须进行的对未来的投资，包括对雇员的能力、组织的信息系统等方面的衡量。组织在上述各方面的成功必须转化为财务上的最终成功。产品质量、完成订单时间、生产率、新产品开发和客户满意度方面的改进只有转化为销售额的增加、经营费用的减少和资产周转率的提高，才能为组织带来利益。因此，BSC 的财务方面列示了组织的财务目标，并衡量战略的实施和执行是否在为最终的经营成果的改善做出贡献。BSC 中的目标和衡量指标是相互联系的，这种联系不仅包括因果关系，而且包括结果的衡量和引起结果的过程的衡量相结合，最终反映组织战略。

3.29　质量成本管理

3.29.1　基本概念

质量成本是企业为了保证和提高产品或服务质量而支出的一切费用，以及因未达到产品质量标准，不能满足用户要求而产生的一切损失。主要包括：预防成本、鉴定成本、内部损失成本和外部损失成本，以及外部质量保证成本。

(1)预防成本

预防产品质量不良现象的活动所发生的费用。具体包括：

1)市场调研费，是指进行市场调研、收集和分析用户对产品质量的要求和意见所发生的费用；

2)设计试验和评审费，是指制定设计、试验规范，开展可靠性管理、设计和试验，组织设计评审等活动所发生的费用；

3)供应厂评审费，是指审查和评价供应厂的质量保证能力所发生的费用；

4)生产准备验证和评审费，是指审查和评价供应厂的质量保证能力所发生的费用；

5)工序控制费，是指在生产过程中实施工序控制所发生的费用；

6)质量改进措施费，是指改进设计方案、修正工艺要求、调整或更换工艺装备等改进措施所发生的费用；

7)质量工作费，是指编制《质量手册》、《质量标准》，制定质量计划，搜集、分析和反馈质量信息，组织质量评比、质量认证、质量体系审核、TQC 小组等管理活动所发生的费用；

8)质量教育费，是指对职工进行质量意识教育和质量管理、检测技术、设备操作等方面的职业培训所发生的费用；

9)质量奖励费，是指在完善质量管理和质量保证体系，以及改进产品质量方面支付的奖励费；

10)质量人员工资及附加费，是指专职从事质量管理人员的工资及附加费。

(2)鉴定成本

鉴别和判断产品、外购件、外协件是否符合规定的质量要求的活动所发生的费用。具体包括：

1)进货检测费，是指对外购、外协的原材料、元器件、零部件、设备和器具等进行检验或测试所发生的费用；

2)工序检测费，是指在产品制造过程中，各工序加工完毕后检验或测试产品是否符合质量要求所发生的费用；

3)成品检测费，是指产品完工和出厂检验或测试所发生的费用；

4)现场检测费，是指根据用户要求在产品使用现场安装后的检验和测试所发生的费用；

5)产品审核费，是指对在制品和成品进行质量审核所发生的费用；

6)检测设备费，是指检验和测试设备、仪器、量规(仪)等购置(折旧或开支)、维护、校准和管理等活动所发生的费用；

7)检测人员工资及附加费，是指专职检验、测试、计量、强化试验人员的工资及附加费。

(3)内部损失成本

产品出厂前，由于不符合规定的质量要求所造成的直接损失及其处理费用。具体包括：

1)进货损失，是指由于外购件、外协件不符合规定的质量要求所造成的而供应方又未能给予弥补的损失；

2)废品损失，是指工艺上不能修复或经济上不值得修复的不合格品报废所造成的净损失；

3)返工和返修损失，是指对不合格品进行返工、返修所造成的直接损失；

4)停工损失，是指由于质量事故而引起设备停工和减产所造成的直接损失；

5)降级损失，是指产品由于未达到规定的质量水平，而必须降级处理所造成的直接损失；

6)复检费，是指对返工、返修后的产品进行重复检验和测试所发生的费用；

7)不合格品审理费，是指对不合格品进行审查和处理所发生的费用。

(4)外部损失成本

产品出厂后，由于不符合用户的质量要求给企业造成的直接损失。具体包括：

1)索赔费，是指由于出厂产品不符合用户的质量要求所承担的赔偿金、罚金、申诉费、调查费和现场服务费；

2)退货损失，是指由于出厂产品不符合用户的质量要求，导致用户退货、换货给企业造成的直接损失；

3)降价损失，是指由于出厂产品不符合规定的质量标准，而进行降价处理所造成的损失；

4)保修费，是指产品保修期内和根据合同规定对用户提供维修服务所发生的费用；

5)产品责任费，是指在产品责任方面发生的费用，包括产品责任保险费；

6)用户安抚费，是指由于用户对所提供的产品在质量上不完全满意，对其给予安慰性质的补偿费。

(5)外部质量保证成本

为提供用户要求的客观证据所支付的费用。具体包括：

1)质量保证措施费，是根据合同和协议中质量保证要求，为顾客提供特殊的和附加的质量保证措施、程序和数据所发生的费用；

2)产品质量证实试验和评定费，是对产品质量进行证实试验和评定所发生的费用；

3)质量认证费，是质量管理体系认证、产品质量认证所发生的费用。

3.29.2 适用范围

质量成本管理的基础是型号设计、生产、试验等各相关单位的单机、零部件产品质量成本和试验、测试等各项质量预防、鉴定活动的费用，适用于建立质量管理体系的所有单位。

3.29.3　主要内容

（1）质量成本数据收集方式

质量成本数据收集的方式主要有以下三种。

①从会计资料中收集

直接利用现有的会计资料进行收集。即在日常填制凭证和登记明细账时，遇到与质量费用有关而又能直接分离的，即可在凭证上盖上质量费用的专用章，这样，质量成本核算员就能依次迅速地进行收集。质量成本的大部分费用均可通过这种方式收集。

质量成本数据的相当部分，主要是预防成本、鉴定成本、外部质量保证成本和部分损失成本来源于会计资料。在质量成本核算的初期，会计部门可以直接从会计账表中逐项收集这些数据，也可以在填制汇账凭证时注上标记，据此单独进行账外记录。随着质量成本核算与分析的深入，会计部门可以适当调整“企业管理费”、“车间经费”、“基本生产”、“材料采购”、“应付工资”等账户的二级科目和明细科目。例如，在“企业管理费”账户中设明细科目“质量工作费”、“质量教育费”，在“应付工资”账户中把质量管理人员的工资、检验计量人员的工资相对集中。这样，会计人员从调整后的账户中可以直接通过摘抄小计收集质量成本数据。采用计算机会计核算的企业需要调整程序，在输入记账凭证时将质量成本的标记一同输入，通过计算机将质量成本数据自动分离出来并汇总。上述方法既收集了质量成本数据，又不影响正常的会计核算体系。

②从统计资料中收集

不能从现有的会计资料中收集到的，不属于现行会计制度核算范围的隐含质量成本，如为改进和提高质量、开发新产品而放弃的各种机会损失等，则必须设置专用凭证进行单独核算。由于这些费用并没有实际支出，往往只能通过估算取得。因此，需要借助统计核算手段和业务核算手段，在充分调查分析的基础上，才能正确估算这些隐性成本。

部分质量成本项目，如返工和返修损失、停工损失不属于现行成本开支范围，会计账簿不反映。质量部门或统计部门应在检验部门和生产车间的配合下，根据记时工卡、生产台账、检验单、返工和返修单等资料收集数据，并逐项建立和完善质量成本数据收集和反馈系统。

③从质量分析资料中收集或估算

虽存在于现有的会计资料中，但很难直接从其他费用分离出来。如生产工人为返修少量次品所支出的工资、材料等费用，一般与日常的基本生产成本混在一起，对这类费用一般需要建立临时记录卡来反映，并通过调查分析将质量费用与非质量费用区别开来，以便科学地确定质量成本的实际发生额。

（2）质量成本核算

质量成本核算应遵循下列原则：

1）采用统一的货币量值单位；

2）尽量利用原始记录、台账和报表等统计资料，尽量利用工时定额、材料消耗标准、成本核算管理网络等产品成本核算的管理基础；

3）采用统计核算方法，避免影响财务会计核算体系的正常运行；

4）实行权责发生制，注重质量成本数据与核算对象之间的滞后性；

5）尽量利用计算机软件实行数据处理，尽量利用质量信息传递的程序和网络，便于质量成本数据分析、控制和查询。

质量成本核算属于管理会计的范畴，它主要是为企业内部进行质量成本分析提供依据。在某些合同环境下，它也用于对企业外部提供质量保证的客观证据。质量成本核算应该根据质量管理和对外质量保证的需要及行业和产品特点，核算内容不要求面面俱到，但应该突出重点。核算方式应该定期与不定期相结合，规范化与灵活性相结合。核算数据既不可能也没有必要达到绝对精确，只能是近似值。虽然部分质量成本数据需要从会计资料中收集，但是不受借贷记账平衡原理的约束，没有必要考虑对应科目，如同企业统计报表中的工资、利税、固定资产、流动资金等数据从会计账表中取得一样，采用统计核算的方法。在不影响正常会计核算的前提下，可以通过适当调整会计科目中二级科目和明细科目来简化质量成本数据的归集。

参考文献

[1] 天科质[2016]461号《关于进一步加强设计文件签署工作有关要求的通知》.

[2] QJ 1714.9B—2011 航天产品设计文件管理制度第9部分：设计文件的签署规定[S].2011.

[3] QJ 1714A 航天产品设计文件管理制度[S].1999.

[4] 天科质[2012]760号《关于印发〈航天型号外包产品供应商质量认证管理办法〉的通知》.

[5] Q/QJA 178—2014 航天型号外包产品供应商质量保证能力评定准则[S].2014.

[6] Q/QJA 179—2014 航天型号外包产品供应商准入评定工作程序[S].2014.

[7] Q/QJA 180—2014 航天型号外包产品合格供应商绩效评价准则及工作程序[S].2014.

[8] QJ 3118—1999 航天产品技术状态管理[S].1999.

[9] Q/QJA 32—2006 航天产品技术状态更改控制要求[S].2006.

[10] GJB 5709—2006 装备技术状态管理监督要求[S].2006.

[11] 天科技[2008]103号《关于加强航天产品技术评审工作的若干要求》.

[12] Q/QJA 14.1A ~ 14.6A—2009 航天型号出厂评审[S].2009.

[13] Q/QJA 65—2010 航天型号研制转阶段评审[S].2010.

[14] 天科质[2013]914号《关于印发〈强化航天型号元器件保证工作的若干要求〉的通知》.

[15] QJ 3065.4—1998 元器件筛选与复验管理要求[S].1998.

[16] QJ 3065.5—1998 元器件失效分析管理要求[S].1998.

[17] QJ 10002—2008 宇航用元器件筛选指南[S].2008.

[18] QJ 10003—2008 进口元器件筛选指南[S].2008.

[19] Q/QJA 30A—2013 航天型号软件工程化要求[S].2013.

[20] 瓦茨·S·汉弗莱. 软件过程管理[M]. 高书敬，顾铁成，胡寅，译. 北京：清华大学出版社，2003.

[21] GJB 5000A 军用软件研制能力成熟度模型[S].2008.

[22] QJ 1912.5 航天型号软件文档管理制度[S].1999.

[23] 李洪. 把成功作为信仰——航天工程质量管理[M]. 北京：首都经济贸易大学出版社，2015.

[24] Ronald G. Askin. Design and Analysis of Lean Production Systems[M]. Wiley，2002.

[25] 健壮设计手册[M]. 北京：国防工业出版社，2002.

[26] Douglas C. Montgomery. Design and Analysis of Experiments[M]. 8th edition，2012.

[27] 詹姆斯·R·埃文斯，威廉·M·林赛. 质量管理与质量控制[M]. 焦叔斌，等，译. 北京：中国人民大学出版社，2010.

[28] 约瑟夫·M·朱兰. 朱兰质量手册[M]. 北京：中国人民大学出版社，2014.

[29] W·爱德华兹·戴明. 戴明论质量管理[M]. 海南：海南出版社，2003.

[30] 刘宏. PDCA循环推进持续的质量改进[J]. 电子质量，2005，07.

[31] 马林，何桢. 六西格玛管理[M]. 北京：中国人民大学出版社，2014.

[32] 郎志正. 质量管理技术与方法[M]. 北京：中国标准出版社，1998.

[33] 孙静. 质量管理学[M]. 北京：高等教育出版社，2011.

[34] 李子强. 概率论与数理统计教程[M]. 北京：科学出版社，2011.

[35] 杨晓英，王会良，张霖，等. 质量工程[M]. 北京：清华大学出版社，2010.

[36] 张耀中．质量抽样检验标准实施指南[M]．深圳：海天出版社，2004.
[37] 张智勇．ISO/TS 16949：2002/QS 9000：1998 配套管理工具实施指南[S]．中国标准出版社，2007.
[38] GJB 1330—1991 军工产品批次管理的质量控制要求[S]. 1997.
[39] GJB 908A—2008 首件鉴定[S]. 2008.
[40] QJ 2936—1997 航天产品研制过程不合格品审理基本要求[S]. 1997.
[41] GJB 571A—2005 不合格品管理[S]. 2005.
[42] GJB 1027A—2005 运载器、上面级和航天器试验要求[S]. 2005.
[43] Q/QJA 16—2004 质量检查确认[S]. 2004.
[44] Q/QJA 11A—2007 航天产品质量与可靠性信息管理要求[S]. 2007.
[45] 天科质[2008]285 号《加强航天产品质量问题分析工作的若干要求》.
[46] 质字[2010]47 号《关于进一步加强面向产品质量分析工作的通知》.
[47] Q/QJA 10—2002 航天产品质量问题归零实施要求[S]. 2002.
[48] QJ 3183—2003 航天产品质量问题归零实施指南[S]. 2003.
[49] 天科质[2009]682 号《关于切实落实责任制，深入贯彻落实质量问题管理归零工作的通知》.
[50] 天科质[2009]660 号文《关于快速开展发射场型号质量问题归零和举一反三工作的若干要求》.
[51] 张东风，陈登平，张东红．卓越绩效管理范式研究：核心理论、技法与典范案例[M]．北京：人民出版社．2008.
[52] 张庆龙，彭志国．管理咨询理论与方法[M]．北京：中国时代经济出版社．2010.
[53] 刘林青．企业战略管理实验实训教程[M]．武汉：武汉大学出版社．2008.
[54] 顾煜．物流成本控制与优化[M]．北京：中国物资出版社．2009.
[55] GJB 5423—2005 质量管理体系的财务资源和财务测量[S]. 2005.

第 4 章　质量评价与改进

4.1　技术成熟度评价

4.1.1　基本概念

技术成熟度(Technology Maturity)是指某项技术在某个领域、某个时间节点达到的成熟状态，也就是技术经过研究、开发、验证和应用所达到的成熟状态的程度。所谓成熟技术，是指该技术经过一段时间的使用验证，其最初的错误和固有的问题已经通过进一步开发被消除或降低。通常，按照技术载体形态，技术分为硬件技术、软件技术和制造技术。因此，技术成熟度按照技术载体形态可分为硬件技术成熟度、软件技术成熟度和制造技术成熟度。

硬件技术成熟度是指以硬件产品为载体的技术经过理论研究、技术开发、样机制造、试验验证、系统集成和实际使用等所达到的成熟状态的程度。

软件技术成熟度是指以软件产品为载体的技术经过理论研究、构建模型、技术开发、演示验证和测试、系统集成和实际使用等所达到的成熟状态的程度。

制造技术成熟度是指以制造过程方法和手段为载体的技术，包括工艺技术、检验技术、测试技术、计量技术、试验技术等，经过技术开发、设施配置或开发、波动控制、成本控制、试制验证、实际应用等所达到的成熟度状态的程度。

技术成熟度等级是一套度量技术成熟度的标准，是一种用于评定开发中的技术(如模型、材料、工艺、设备等)成熟度所使用的度量标尺，是对一项技术从基本原理发现，经过技术研究、研发和试验验证达到工程成功应用的成熟进程所进行的划分和度量，以表明技术被掌握的程度和工程应用水平。

技术成熟度评价(Technology Readiness Assessment，TRA)是为了确定技术成熟度等级而考查项目的技术概念、技术需求及经验证的技术能力的活动。该活动是以评价将在研发系统中应用的关键技术项目的成熟度并形成评价报告的过程。其目的是通过对与关键技术项目成熟度有关的数据和信息进行评价分析，确定这些技术当前已发展到何种程度，评定在工程项目中是否可以采用这一技术或在相应的研制阶段对这一技术的成熟度等级需求的符合性。

4.1.2　适用范围

适用于航天产品预研、论证、工程研制和使用，开展技术成熟度评价可以支持预先研究等方面的技术创新成果的正确性和可用性的评估，规范化地实施新技术、新工艺的选用和控制工作，识别出关键技术项目及其潜在的技术风险。

4.1.3 主要内容

(1)技术成熟度等级

技术成熟度等级从本质上描述了给定技术的状态并提供基线用以度量成熟度以及定义技术发展进步情况。技术成熟度等级作为一个技术管理工具，通过确定与技术及系统集成相关的风险来为项目提供技术成熟度标志。

我国航天装备技术成熟度等级分为 9 个等级，见表 4－1。随着技术从基础研究向系统应用的转化，技术成熟度等级也从最不成熟的 1 级到最成熟的 9 级逐步提高。

表 4－1　航天装备技术成熟度等级定义

技术成熟度等级	定义
1	发现并报道了基本原理
2	已确定技术方案和/或应用
3	方案的关键功能、特性通过了分析与试验证实
4	部件或功能试验模型在实验室环境下得到确认
5	部件或功能试验模型在相关环境下得到确认
6	系统或分系统的模型或样机在使用环境中(地面或空间)得到验证
7	系统样机在使用环境中得到验证
8	真实系统已完成，并通过试验与演示的鉴定
9	实际系统通过了多次成功执行任务(地面或空间)的证明

(2)技术成熟度评价程序

①评价准备

评价组织方组织确定评价的关键技术，并通知被评价技术的开发单位或技术团队(简称被评价方)及其上级组织，明确拟评价的关键技术和评价要求等事项。评价组织方组织成立评价专家组，评价专家组由独立于被评价方的同行专家组成。评价专家组组长应由该技术领域内具有扎实专业理论知识和丰富工程经验的专家担任。评价专家组成员应承担保守被评价技术秘密的责任。评价组织方与评价专家组协商确定具体实施计划。

被评价方应按照评价组织方下发的通知要求，初步提出拟评价关键技术中的各项关键子技术及其相关备查技术文件清单。

评价组织方召开评价准备会，参加人员包括相关部门(论证或研制单位科研管理部门、工程项目的项目办公室等)代表、评价专家组成员、被评价方的项目负责人和技术负责人等。会议主要内容包括：

1)评价组织方明确本次评价的目的、原则、技术项目、要求等，宣布评价专家组组成及其职责；

2)评价组织方介绍评价的标准、程序、方法和注意事项等；

3)评价专家组和被评价方进行沟通，对评价细则的理解、评价时间安排、关注重点等达成一致意见；

4)评价专家组对被评价技术的子技术及其备查技术文件清单进行确认；

5)评价组织方宣布评价工作的具体实施安排。

被评价方按照评价准备会的要求，做好现场评价准备工作，包括：

1)办理评价备查技术文件借阅手续，包括研究报告、试验报告以及其他必要的分析、计算和相关信息资料等，备查技术文件对应每一技术成熟度等级提供相应的技术资料，为现场评价做好准备。资料、场所等方面的评价准备工作应符合有关保密的要求。

2)根据与评价专家组的沟通情况，可依据技术成熟度评价细则开展子技术的技术成熟度自评，填写《评价细则表》。

②现场评价

评价专家组组长主持召开评价工作首次会议，宣布评价的子技术、要求、评价专家组成员以及评价实施计划安排。被评价技术的负责人介绍该技术在预研和(或)论证、工程研制中的相关情况，包括原有的技术储备、相关理论原理的掌握情况、技术攻关、设计应用、样机制造、研试和设计文件、试验验证、技术状态控制、质量问题归零、技术评审的结论以及相关证据材料等，并结合填写的《评价细则表》说明自评意见。评价专家，依据技术成熟度等级评价细则，通过查阅相关资料、向被评价方技术人员询问和讨论等方式(必要时，进行科研、生产等现场考察)对每一项子技术的每一级的每一项评价条目进行逐级、逐项的评价，填写《评价细则表》，对不能满足评价细则要求的情况如实反映在评价记录中。评价专家组对被评价技术的各子技术进行讨论，深入分析技术原理是否真正掌握，判定该技术是否可以选用，确认技术分析和试验是否到位，发现技术攻关的瓶颈，给出技术成熟度等级，形成评价意见和结论。评价专家组按照该技术中子技术的最低等级作为该技术的技术成熟度等级的原则，确定其技术成熟度等级，形成评价结论和相关建议。评价专家填写《评价专家建议表》和《评价专家签署表》。同时，评价专家组将个别评价专家对多数评价专家的集体意见所持的保留意见详细记录并上报评价组织方。

评价组织方或评价专家组认为有必要时，评价专家组可走访工程总体等上级技术单位、相关技术单位、用户等，补充进行评价工作。

评价专家组组长主持召开评价工作末次会，向被评价方通告评价情况，包括评价结论、发现的薄弱环节和问题等，并提出提升该技术成熟度等级的建议。现场评价结束时，评价专家组应填写《评价活动汇总表》。

③评价后工作

评价专家组编写《技术成熟度评价报告》。评价专家组向评价组织方汇报评价工作情况、评价结论和相关建议。评价组织方组织审查评价报告，复议评价专家组中个别专家的保留意见(必要时组织补充评价)，审查确认评价结论和相关建议。评价报告通过审查后，发送至被评价方及其工程项目工程总体，必要时送被评价方的上级主管部门。

被评价方完成技术成熟度评价文档(评价文件清单、评价细则、现场记录、评价专家意见签署表和评价报告等)的归档工作。被评价方落实评价意见和建议，对于未能达到相应研制阶段规定的成熟度等级要求的技术，制定有针对性的提升成熟度的计划。

评价组织方检查被评价方对评价意见和建议的落实情况，跟踪被评价方对提升技术成熟度的计划实施情况。

4.2 制造成熟度评价

4.2.1 基本概念

制造成熟度是产品制造(生产)能力满足预期的装备生产目标的程度。制造成熟度等级是用于衡量制造成熟度的尺度。

4.2.2 适用范围

制造成熟度等级要求在可接受的成本限制条件下具备生产可靠的产品及其各组成部分的能力。制造成熟度评价主要是用于评价产品的制造准备程度、某项技术潜在制造工艺的成熟度以及识别制造过程中潜在的风险区域，确保快速、稳定地实现产品的生产。

4.2.3 主要内容

(1)评价的总体要求

①评价目的和原则

制造成熟度评价旨在发现和掌握装备的制造风险源，明确装备制造过程的优化改进方向。评价过程应遵循客观公正、流程规范、适度公开的原则。

②评价组织

制造成熟度评价组织包括评价方、专家组和被评方。具体指：

1)评价方是指组织评价的装备主管部门或其授权的单位；

2)专家组是指评价方组建的，由具备相应资质人员组成的，为制造成熟度评价提供支撑的技术组织；

3)被评方是指承担装备研制生产的单位。

③评价工作内容

制造成熟度评价工作包括制定评价计划、确定参评产品、编写评价准则、被评方自评价、专家组评价、撰写评价报告等。

④评价支撑信息

被评方根据评价工作需要，有针对性地收集、分析和整理有关工业基础与制造技术体系、设计、技术成熟度、工艺、物料、设备设施、制造人员、制造管理、质量管理和成本管理等支撑评价的信息，并保证信息的完整、准确和真实。

(2)评价流程

①制定评价计划

评价方根据评价需求，制定评价计划，组建专家组。专家组可根据项目规模和评价的范围，视情况分设若干专业小组。

②确定参评产品

被评方构建工作分解结构，明确产品构成。

被评方从工作分解结构中选取参评产品，编写《参评产品清单报告》提交评价方。一般应基于工作分解结构自顶向下梳理装备的系统、分系统、设备、零部组件，结合关键件和重要件的确定，从中选出拟开展制造成熟度评价的产品。所选产品应满足下列一个或多个条件：

1)产品所需物料尚未经过验证；

2)产品对装备全寿命周期的费用有重大的影响，且产品所用技术是新技术，存在潜在的费用风险；

3)产品采用新设计方案，或在设计中采用非常规的尺寸、结构、公差、配合等，或指标要求高；

4)产品制造工艺尚未在当前生产环境下验证；

5)产品有质量事故记录，或存在潜在的质量风险，或合格率低；

6)产品的生产准备时间较长，或是生产流程的关键环节，或制造时间较长；

7)产品生产需要新的制造装备和生产设施，或所需生产规模与现有规模不同；

8)产品存在供应问题的记录，或存在潜在的供应商风险；

9)实现产品的工业基础、制造技术体系存在明显的缺陷。

评价方组织专家组评审参评产品清单报告，协调确定参评产品，并明确每个参评产品的评价项目。必要时，评价方可组织专家组指定参评产品及其评价项目。

③编写评价准则

评价准则包括：

1)结合项目实际对制造成熟度等级划分及定义进行解释说明。最高等级的说明应以产品大批量生产或满足最终使用数量需求的稳定生产状态为目标。根据最高等级，逐级确定其下各级定义的具体内涵。

2)确定每个参评产品的制造成熟度等级条件，并对未选用的等级条件进行理由说明。宜以初判等级为中心，确定 3 个等级的条件。适宜时，应根据产品特点对等级条件内涵进行具体化。

评价准则提交评价方，由其组织专家组进行评审。评审通过后，作为评价正式依据。必要时，评价方可组织专家组确定评价准则。

④被评方自评价

被评方依据经专家组认可的评价准则开展参评产品制造成熟度等级的自评，编写《制造成熟度自评报告》。

完成自评价后，被评方应向评价方提出评价申请，并提交自评报告。

⑤专家评价

评价方批准被评方的申请后，组织专家组实施评价。

专家组根据参评产品清单、评价准则、评价支撑信息和自评结果，通过必要的实地实物调查、抽查或审查，进行质询和集中评议，形成等级判定结论。

⑥撰写评价报告

评价方就等级判定结论与被评方沟通后，全面梳理评价工作过程及成果，撰写《制造成熟度评价报告》。

(3)等级划分、定义及基本条件

制造成熟度评价的主要内容包括制造成熟度等级划分、定义及基本条件(见表4－2)。

表4－2　制造成熟度等级划分、定义及基本条件

等级	定义	基本条件
1	明确制造基本含义	开展基础性研究，提出研究方向并探索可能的实现途径
2	明确制造概念	1)开展应用性研究，提出新的制造概念及其广泛性的军事应用； 2)识别其中的新材料、新工艺，并开展理论性研究
3	完成制造概念可行性论证	1)提出顶层工艺流程图(工艺策划)； 2)初步论证影响生产性的关键工艺和关键物料； 3)通过分析或试验确认了制造概念
4	具备在实验室环境下制造技术物化载体的能力	1)完成对设计方案的生产性初步评价； 2)初步论证关重特性以及与之相关的工艺、制造设备、生产设施、人员技能等要求； 3)完成关键工艺调研和评估，细化工艺流程，识别流程变量； 4)初步确立成本目标，并明确影响因素； 5)初步评估制造风险，并制定风险应对初步计划； 6)相应的技术成熟度等级达到4级
5	具备在生产相关环境下制造部件原型的能力	1)初步评价工业基础能力，识别可能的配套厂家； 2)完善关重特性论证，识别关重件，并开展相应的生产性初步评价； 3)初步论证工序能力要求； 4)通过部件原型在生产相关环境下的制造，验证关键工艺、物料、制造设备、生产设施、人员技能，并提出开发需求； 5)建立成本模型框架； 6)评估制造风险，并完善风险应对计划； 7)相应的技术成熟度等级达到5级

续表

等级	定义	基本条件
6	具备在生产相关环境下制造分系统或系统原型的能力	1)完成转工程研制所需的工业基础能力评价； 2)完成关重件(技术)的生产性评价； 3)评估生产相关环境下的合格率与生产率，完善工序能力要求论证； 4)通过分系统原型或系统原型在生产相关环境下的制造，验证关键工艺、物料、制造设备、生产设施、人员技能，并提出进一步开发需求； 5)分析制造成本因素； 6)识别生产提前期长的物料； 7)完善制造风险评估和风险应对计划； 8)相应的技术成熟度等级达到 6 级
7	具备在生产典型环境下制造系统、分系统或部件的能力	1)完成生产性的详细权衡研究，基本完成详细设计； 2)评估生产典型环境下的合格率与生产率，持续完善工序能力要求论证； 3)通过系统、分系统或部件在生产典型环境下的制造，验证工艺； 4)已批准试生产所用的物料技术条件(产品规范)； 5)启动生产用工装和专用试验检测设备的研制； 6)完善成本模型到系统级，初步开展成本缩减工作； 7)评估关键配套厂家的供应能力和质量管理体系； 8)针对生产提前期长的物料，制定适宜的采购计划； 9)确定初步的制造计划和质量目标； 10)细化制造风险评估和风险应对计划； 11)相应的技术成熟度等级达到 7 级
8	完成试生产，具备小批量生产的能力	1)完成转小批量生产所需的工业基础能力评价； 2)完成全部详细设计且设计更改相对稳定，对小批量生产影响小； 3)制造过程受控，工序能力指数达标； 4)通过试生产，验证工艺、物料、制造设备、生产设施、人员技能； 5)完成生产用工装和专用试验检测设备的研制； 6)生产准备符合小批量生产需求； 7)根据试生产结果，完善合格率与生产率要求、成本模型； 8)完成配套产品的首件鉴定和质量检验，建立满足小批量生产的供应链； 9)确认对小批量生产无重大风险； 10)相应的技术成熟度等级达到 7 级
9	完成小批量生产，具备大批量生产或稳定生产的能力	1)设计已固化并通过使用考核； 2)工艺稳定、受控，合格率与生产率达标； 3)物料、制造设备、生产设施、人员达到预定目标并满足大批量生产或稳定生产需求； 4)根据小批量生产数据积累，完善成本模型，持续开展成本缩减工作； 5)确认对大批量生产或稳定生产无重大风险； 6)相应的技术成熟度等级达到 9 级

续表

等级	定义	基本条件
10	完成大批量生产或稳定生产验证，贯彻实施精益生产	1)产品满足性能要求及改进升级、延寿等需求； 2)工艺稳定、受控，合格率与生产率达标； 3)物料、制造设备、生产设施、人员符合大批量生产或稳定生产要求； 4)成本满足目标； 5)开展持续改进工作，建立精益生产体系； 6)相应的技术成熟度等级达到9级

4.3　产品成熟度评价

4.3.1　基本概念

产品成熟度是依据产品的设计、生产、试验和应用情况，对其质量与可靠性以及可应用程度的度量。产品成熟度等级用于衡量产品成熟度的尺度。

4.3.2　适用范围

适用于航天单机产品(航天器或运载火箭的组成部分)的成熟度评价。

4.3.3　主要内容

(1)产品成熟度定级程序

航天单机产品成熟度定级的程序应按照产品定级准备、产品定级申请、产品定级审查和产品定级批准等4个步骤开展。航天单机产品成熟度定级程序流程图如图4－1所示。

①产品定级准备

1)产品研制单位明确需定级的产品对象，确认拟申请定级产品当前的技术状态，如拟申请产品为型谱产品应明确产品的型谱代号，并确保产品主要技术指标与型谱保持一致；

2)产品研制单位应首先确定拟申请的产品成熟度目标等级，然后参考产品成熟度等级评定要素及子要素，制定具体产品成熟度评定检查单，全面梳理产品的设计、生产和使用情况，实施产品成熟度自评工作，确保各项产品成熟度等级评定子要素均满足目标等级要求；

3)在完成产品成熟度自评工作后，产品研制单位应对产品前期设计、生产、使用以及其他补充工作进行全面总结，编写《定级申请报告》，并整理《自评检查单及结果》、《产品技术状态文件清单》、《产品数据包清单》以及其他证明材料文件清单，作为定级申请报告的附件。

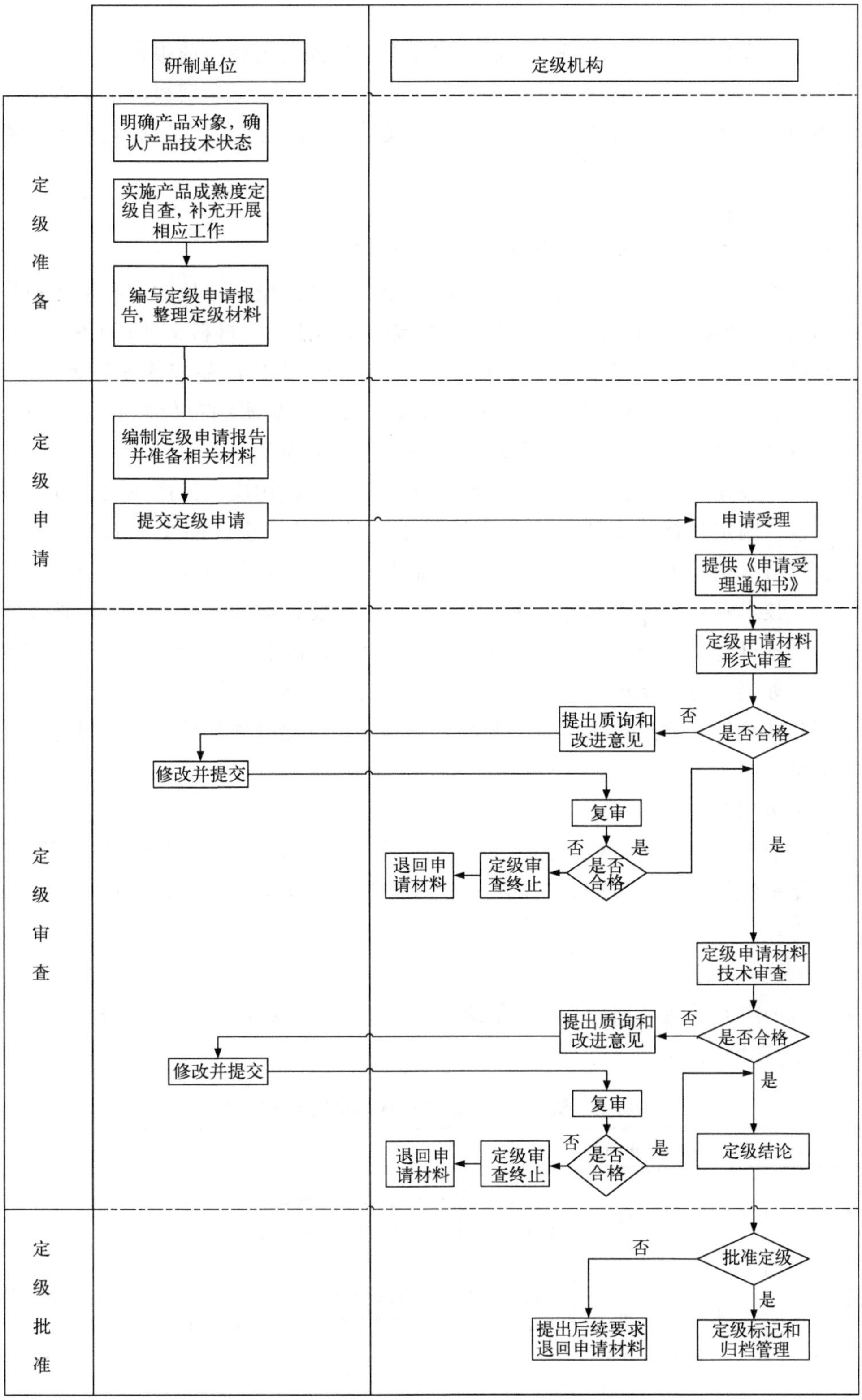

图 4－1　航天单机产品成熟度定级程序流程图

②产品定级申请

1)产品研制单位完成定级准备工作后，向定级机构提交定级申请报告；

2)定级机构接受相关申请材料后，应进行定级申请登记，记录定级申请受理情况并签字盖章。如拟申请产品为型谱产品，应核对型谱代号、产品主要技术指标是否与型谱保持一致。

③产品定级审查

1)产品定级审查工作按照形式审查和技术审查实施。

2)产品定级形式审查工作由定级机构组织实施，对产品研制单位的定级申请报告及产品定级证明文件(产品技术状态文件、产品数据包以及其他证明材料文件)的齐套性、完整性和规范性进行审查。形式审查须符合相关要求，证明可支持产品成熟度等级评定工作；对不符合要求的产品，由定级机构提出补充修改意见，产品研制单位修改后重新提交审查；如仍不符合要求，由定级机构说明理由，并终止定级程序。

3)产品定级技术审查工作由定级机构组织实施，定级机构应参考产品成熟度等级评定要素及子要素，制定具体产品成熟度评定检查单，对产品定级证明文件的正确性、符合性、有效性进行审查。审查结束后，由定级专家组确定该产品各项成熟度等级评定子要素的评定结果。技术审查中该产品各项成熟度等级评定子要素均须达到拟申请成熟度等级的相关要求，对不符合要求的产品，由定级机构提出补充修改意见，产品研制单位修改后重新提交审查；如仍不符合要求，由定级机构说明理由，并终止定级程序。

4)定级机构应针对通过技术审查的产品，编制产品成熟度评价报告，并报送定级主管机关进行审批。

④产品定级批准

1)定级主管机关依据定级机构提出的审查结果，批准所申请的产品成熟度等级认定；

2)产品定级经批准后，应按有关规定对产品的技术状态进行控制，并对定级相关材料进行归档和管理。

(2)等级划分及定义

航天单机的产品成熟度划分为 8 个等级，分别为 1 级、2 级、3 级、4 级、5 级、6 级、7 级、8 级，定义见表 4 -3。

表 4 -3　航天单机产品成熟度等级划分和定义

产品成熟度等级	产品成熟度等级名称	定义
1 级	原理样机产品	已完成预先研究或技术攻关阶段的相关研制工作，但尚未按飞行条件进行地面考核，达到 1 级定级条件的产品
2 级	工程样机产品	在原理样机产品的基础上，按飞行条件进行地面考核，功能和性能满足要求，达到 2 级定级条件，但不可用于飞行的产品

续表

产品成熟度等级	产品成熟度等级名称	定义
3 级	飞行产品	在工程样机产品的基础上，经系统测试和地面验证，达到 3 级定级条件，可以用于飞行的产品
4 级	一次飞行考核产品	在飞行产品的基础上，经过 1 次实际飞行考核，证明满足飞行应用要求，达到 4 级定级条件的产品
5 级	多次飞行考核产品	在一次飞行考核产品的基础上，又经过 2 次以上实际飞行考核，并完成全寿命考核，证明满足飞行应用要求，达到 5 级定级条件的产品
6 级	三级定型产品	在多次飞行考核产品的基础上，完成相关工作，达到 6 级定级条件的产品
7 级	二级定型产品	在三级定型产品的基础上，经小批量生产验证，可以重复稳定生产，达到 7 级定级条件的产品
8 级	一级定型产品	在二级定型产品的基础上，经过可靠性增长，证明其具有较高可靠性水平，达到 8 级定级条件的产品

(3)定级条件

①产品成熟度 1 级

产品应具备以下条件：

1)完成原理样机研制；

2)经测试，功能和主要性能满足预定要求；

3)产品数据包中包含了功能和性能参数指标要求，初步识别了产品关键特性参数(含设计、工艺、过程控制关键特性)，形成了清单，功能参数经过了原理性验证，形成了验证数据表；

4)通过相应级别的技术评审。

②产品成熟度 2 级

产品应具备以下条件：

1)满足产品成熟度 1 级定级条件；

2)形成了产品规范；

3)完成工程样机研制，功能和性能满足产品规范要求；

4)通过规定的鉴定试验；

5)发生的质量问题已经完成归零；

6)产品数据包工作策划中形成了飞行产品研制过程数据(含产品基础数据、产品关键特性数据、产品功能和性能数据等)记录项、比对要求及表格格式，经地面验证的产品关键特性参数及检验方法形成了正式要求，形成了功能和性能参数的地面模拟飞行环境鉴定级实测数据；

7）通过相应级别的技术评审。

③产品成熟度 3 级

产品应具备以下条件：

1）满足产品成熟度 2 级定级条件；

2）确定了技术状态基线；

3）完善了产品规范；

4）经系统测试验证，功能和性能满足飞行要求；

5）发生的质量问题已经完成归零；

6）产品的设计、工艺、测试、试验等技术文件齐套；

7）产品数据包中形成了飞行产品基础数据，形成了产品关键特性实测数据，形成了功能和性能参数的地面模拟飞行环境验收级实测数据以及所有其他地面测试数据；

8）产品数据包中形成了飞行数据记录项要求及表格格式；

9）通过相应级别的技术评审。

④产品成熟度 4 级

产品应具备以下条件：

1）满足产品成熟度 3 级定级条件；

2）已经过 1 次成功飞行试验考核，其中卫星单机单次飞行考核时间应不低于 2 年（设计寿命低于 2 年的按照实际设计寿命考核），考核期间工作正常；

3）飞行试验表明其功能和性能满足飞行要求；

4）发生的质量问题已经完成归零，不影响后续的飞行试验；

5）产品数据包中的关键特性参数经飞行验证，记录产品功能和性能的飞行实测数据并与地面实测数据进行了比对分析；

6）产品生产和飞行数据表格格式经过实际应用和改进。

⑤产品成熟度 5 级

产品应具备以下条件：

1）满足产品成熟度 4 级定级条件；

2）已经过至少 3 次成功飞行试验考核，其中卫星单机单次飞行考核时间应不低于 2 年（设计寿命低于 2 年的按照实际设计寿命考核），考核期间工作正常；

3）飞行试验表明其功能和性能满足飞行要求；

4）产品经过寿命试验考核，证明满足寿命指标要求；

5）发生的质量问题已经完成归零，不影响后续的飞行试验；

6）产品数据包中补充了多次飞行产品基础数据、产品关键特性的多次实测数据，积累了功能和性能的多次地面测试以及飞行实测数据，并对多次实测数据进行了比对分析；

7）作为质量问题归零的措施，针对 4 级成熟度定级后出现的质量问题，补充、修改、完善了产品数据包中的相关数据。

⑥产品成熟度 6 级

产品应具备以下条件：

1）满足产品成熟度 5 级定级条件；

2）产品技术文件完善齐套，工艺和过程控制文件能保证产品重复生产，满足定型要求；

3）产品经过质量分析，对所有在研、飞行相关质量问题的归零工作进行了复查；

4）产品已通过环境适应性、极限能力、性能拉偏、寿命与可靠性等试验考核；

5）产品数据包中对多次飞行的产品基础数据进行了分析和要求值的固化，对产品关键特性参数的多次实测数据进行了分析，对要求值和检验验证方法进行了固化，固化了功能和性能指标；

6）产品数据包中补充了定型过程中进一步开展的试验验证形成的数据，形成最大环境适应性数据和极限能力数据；

7）产品数据包中补充了产品研制、成熟度提升过程中所有更改、增加及验证结果数据；

8）产品数据包中固化了产品生产及飞行数据记录项、比对要求及表格格式；

9）确定了要建立成功数据包络线的参数，形成信息化的数据库，开始积累各项数据；

10）利用已开展的地面和飞行考核数据，进行了产品可靠性评估；

11）按规定履行了相关定型程序，并由主管部门批准三级定型。

⑦产品成熟度 7 级

产品应具备以下条件：

1）满足产品成熟度 6 级定级条件；

2）定型文件经小批量生产验证，能够保证产品一致、质量稳定；

3）在三级定型产品基础上，又经过 3 次成功飞行试验考核，其中卫星单机单次飞行考核时间应不低于 2 年（设计寿命低于 2 年的按照实际设计寿命考核），考核期间工作正常；

4）至少经过 1 次实际飞行全寿命考核；

5）地面考核和飞行工作期间，产品未发生 Q/QJA 11A—2007 描述的重大质量问题或严重质量问题，出现的质量问题已经完成归零；

6）产品数据包中进一步补充了 3 次飞行产品的基础数据、关键特性实测数据、功能和性能地面及飞行实测数据；

7）作为质量问题归零的措施，针对 6 级成熟度定级后出现的质量问题，补充、修改、完善了产品数据包中的相关数据；

8）根据重复生产和多次飞行考核数据记录、比对的实践情况，对固化的产品生产及飞行数据记录项、比对要求及表格格式进行了持续改进；

9）统计历次飞行成功产品的关键特性参数实测值，并结合成功地面试验结果形成成功数据包络线，对于与飞行环境密切相关的产品，还要形成环境条件参数成功数据包络线；

10）根据增加的地面和飞行考核数据，更新了产品可靠性评估结果；

11）按规定履行了相关定型程序，并由主管部门批准二级定型。

⑧产品成熟度 8 级

产品应具备以下条件：

1）满足产品成熟度 7 级定级条件；

2）在二级定型产品基础上，又经过 2 次以上成功飞行试验考核，其中卫星单机单次飞行考核时间应不低于 2 年（设计寿命低于 2 年的按照实际设计寿命考核），考核期间工作正常；

3）产品数据包中进一步补充了 2 次飞行产品的基础数据、关键特性实测数据、功能和性能地面及飞行实测数据；

4）作为质量问题归零的措施，针对 7 级成熟度定级后出现的质量问题，补充、修改、完善了产品数据包中的相关数据；

5）根据积累的地面和飞行实测数据，进一步修订了成功数据包络线；

6）细化完善产品数据包中的关键特性参数，偏差控制在 6 σ 以内，达到精细化要求；

7）根据应用情况，进一步对产品数据包中生产及飞行数据记录项、比对要求及表格格式进行改进；

8）根据增加的地面和飞行考核数据，修订了产品可靠性评估结果，产品可靠度评估值在 0.7 置信度条件下不小于 0.99；

9）按规定履行了相关定型程序，并由主管部门批准一级定型。

（4）评价要素

①概述

产品成熟度等级评定要素表征了实施产品成熟度定级必须关注的工作重点，即产品研制必须开展的基本工作项目，实施的程度随产品成熟度等级的提升逐步递进。要素的描述采用方面、要素、子要素三个层次逐级递进，如图 4－2 所示。

②方面

方面表述产品研制管理需要考虑的最基本的范畴。按照产品生存周期的一般规律，将其划分为设计、生产、使用三部分。这三方面涉及的相关技术活动，在产品研制过程中并非顺序进行，而是不同程度并行实施并不断迭代的。

③要素

要素表述了各个方面需关注的主要工作内容。要素是实施产品成熟度等级评定的基本工作元素。按照已确立的三方面，要素给出了产品研制中设计、生产、使用支持等需开展的基本工程活动，表征了产品研制工作策划、实施和监督管理的主要内容和工作项目。

子要素表述了各个工作项目需要细化的要点。子要素是要素的展开和细化，是为落实各要素而确定的基本工作要点，也是实施产品成熟度等级评定的核心对象，所有的产品研制和成熟度等级评定工作均应依据子要素展开实施。

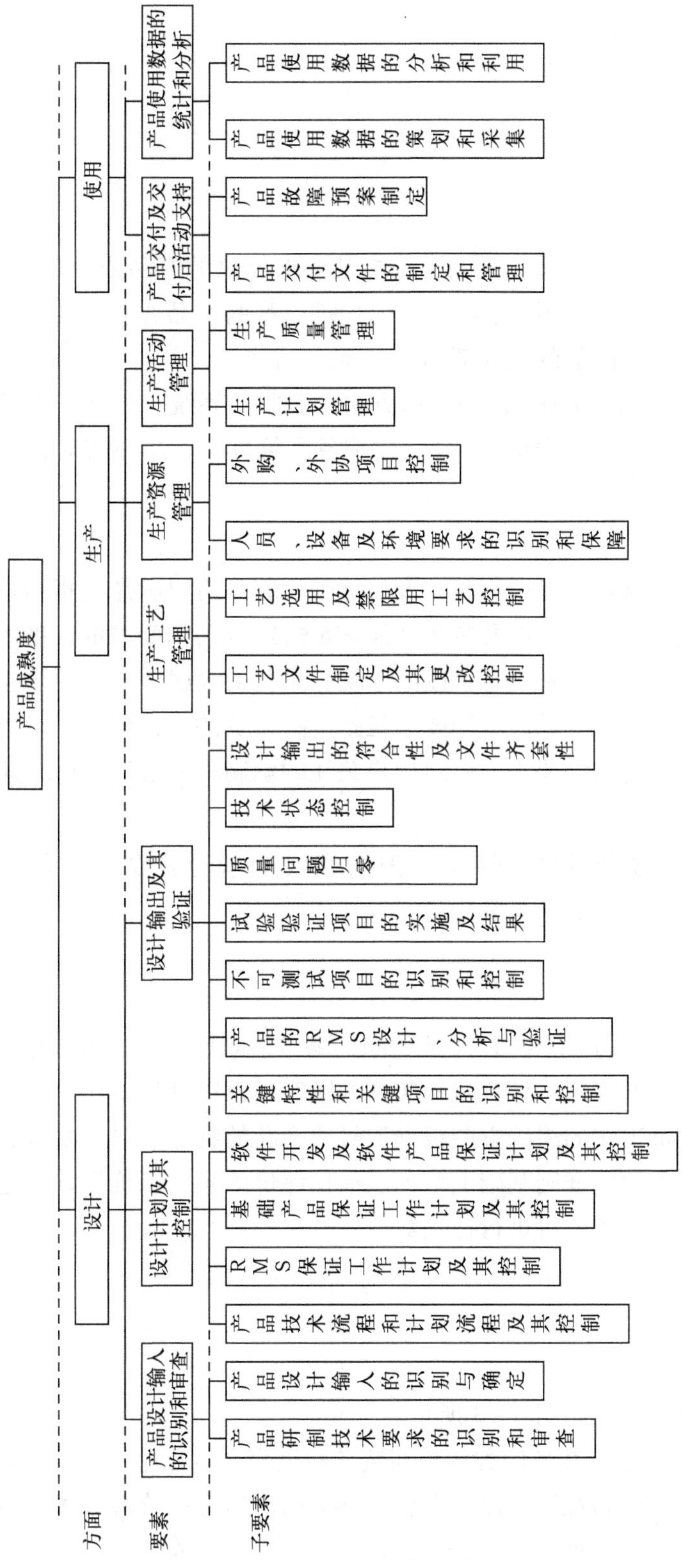

图 4－2　方面、要素、子要素三个层次递进关系示意

4.4 顾客满意度评价

4.4.1 基本概念

(1)顾客

顾客是指能够或实际接受为其提供的，或按其要求提供的产品或服务的个人或组织。例如：消费者、委托人、最终使用者、零售商、内部过程的产品或服务的接收人、受益者和采购方。顾客可以是组织内部的或外部的。

装备(本节所称“装备”的范围界定为由军方组织验收的系统、分系统以及部分重要单机)的用户一般可分为4类：使用部队、订货方装备主管部门、军事代表机构和上一层级产品承制单位。

(2)顾客满意

顾客满意是指顾客对其期望已被满足程度的感受。装备用户满意是指用户对装备质量特性的形成、保持和恢复等过程，以及装备性能满足规定或预期要求的程度的判定和认可程度。装备用户满意度就是对这种满意程度的系统、量化的描述。规定要求主要是指研制总要求、合同或协议等明示的要求，预期要求是指一些公认的，武器装备必须包含的、不一定在合同任务书中写明的隐含要求，以及用户关注的承制单位必须履行的其他要求。

(3)顾客满意度评价

组织为了解顾客对其提供的产品的满意程度，策划和设计获取顾客满意信息的程序，实施调查，计算并分析顾客满意结果的过程。

4.4.2 适应范围

顾客满意度评价适用于(产品和服务)或组织的顾客满意度评价，可以用于承制单位组织、顾客方组织和受委托的第三方评价机构实施的顾客满意度评价工作。

装备用户满意度评价工作的组织方应根据型号或产品的特点和具体情况，选择适宜的评价方法，必要时可在本评价准则基础上增加、细化评价内容，以确保评价过程和评价结果的有效。评价准则不适用条款可进行适当裁剪。

4.4.3 主要内容

(1)评价模型

装备用户满意评价模型，如图4－3所示。

模型的输入(左边框图)是装备四类用户在装备的全寿命过程中关注的重点内容。

模型的中间框图是用户满意度的评价内容。装备用户满意评价模型主要由过程类和结果类两个大的评价模块组成，每个评价模块由若干个子模块组成。

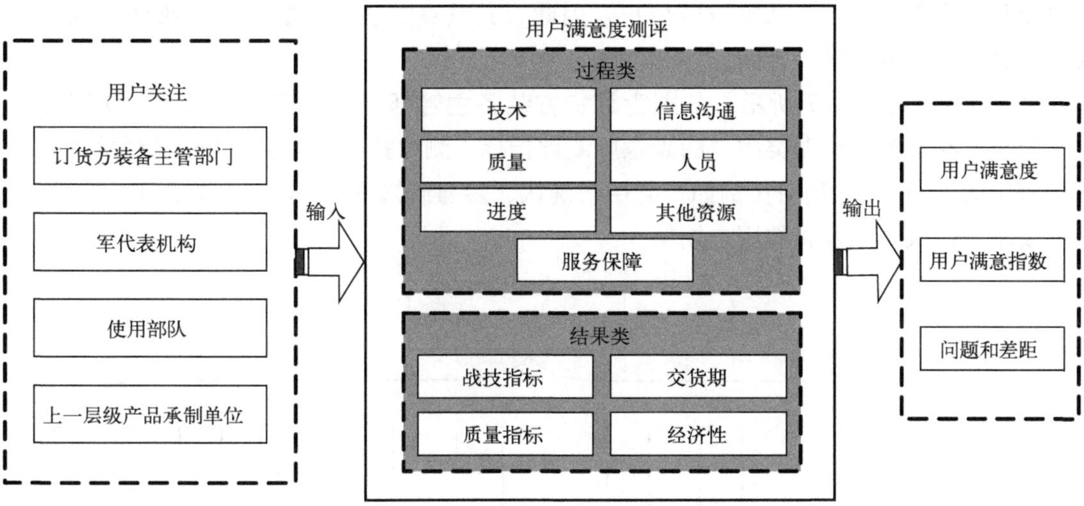

图 4－3　装备用户满意评价模型

过程类评价模块是指装备用户对装备研制、生产、服务等过程的期望以及判定和认可程度，是针对过程的满意程度的评价。

结果类评价模块是指装备用户对研制、生产、服务等过程形成结果的期望以及判定和认可程度，是针对结果的满意程度的评价。

过程类评价模块包括技术、质量、进度、人员、其他资源(包括经费、设施设备等)、信息沟通、服务保障共 7 个子模块。

结果类评价模块包括战技指标、质量指标、交货期、经济性共 4 个子模块。

模型的右边框图是装备用户满意度评价的输出，包括用户满意度的结果，在用户满意度的基础上集成得到的用户满意指数，还包括通过评价了解的以及研制、生产、服务过程和结果中存在的问题和差距。

(2)评价准则

使用部队是装备最终使用者，重点关注装备是否好用、管用、耐用、实用，是否易学、易操作、易保养、维修方便，少出故障，对使用环境具有较强的适应能力，具有安全防护能力、配套性、兼容性好，维修保养成本低，能力性能满足作战任务需求等方面。

订货方装备主管部门重点关注装备研制生产过程的进度和交货期、所选用新技术是否进行了技术成熟度评价、转阶段和出厂评审情况、重大质量问题归零、沟通、交付后战技指标和质量特性指标的实现情况以及武器装备的经济性等方面。

军事代表机构除了订货方装备主管部门重点关注的内容，还重点关注型号研制生产过程中技术状态的控制情况、外协外购质量控制情况、“六性”工作开展情况、研制生产单位的体系运行的有效性、各级领导对质量的重视程度、持续改进能力、对用户意见的反馈处理、进度控制、服务保障过程和结果等方面。

装备的研制生产通常由工业方多个配套单位参与研制生产不同层级的产品，上一层级产品单位就是下一层级产品单位的用户。因此，其重点关注装备的下一层级产品的技术、质量、进度、服务保障等方面。

如图 4－4～图 4－7 所示，分别为订货方装备主管部门、军事代表机构、使用部队、上一层级产品承制单位四类用户的满意度测评指标。测评指标的主要依据是相关标准或条例中规定的、与用户相关的(例如：需用户确认、参与或知悉的)重点工作项目、过程、环节和要求，以及其他隐含的用户期望。

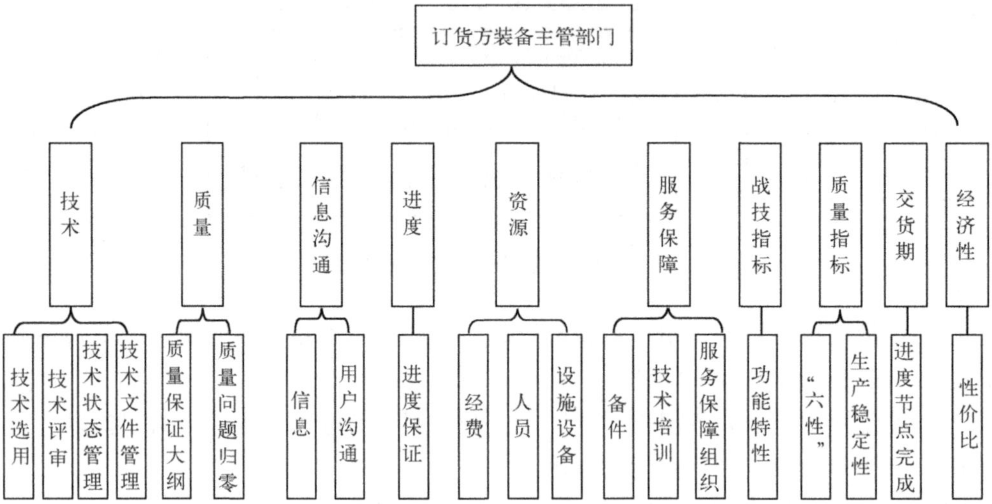

图 4－4　订货方装备主管部门用户满意度测评指标

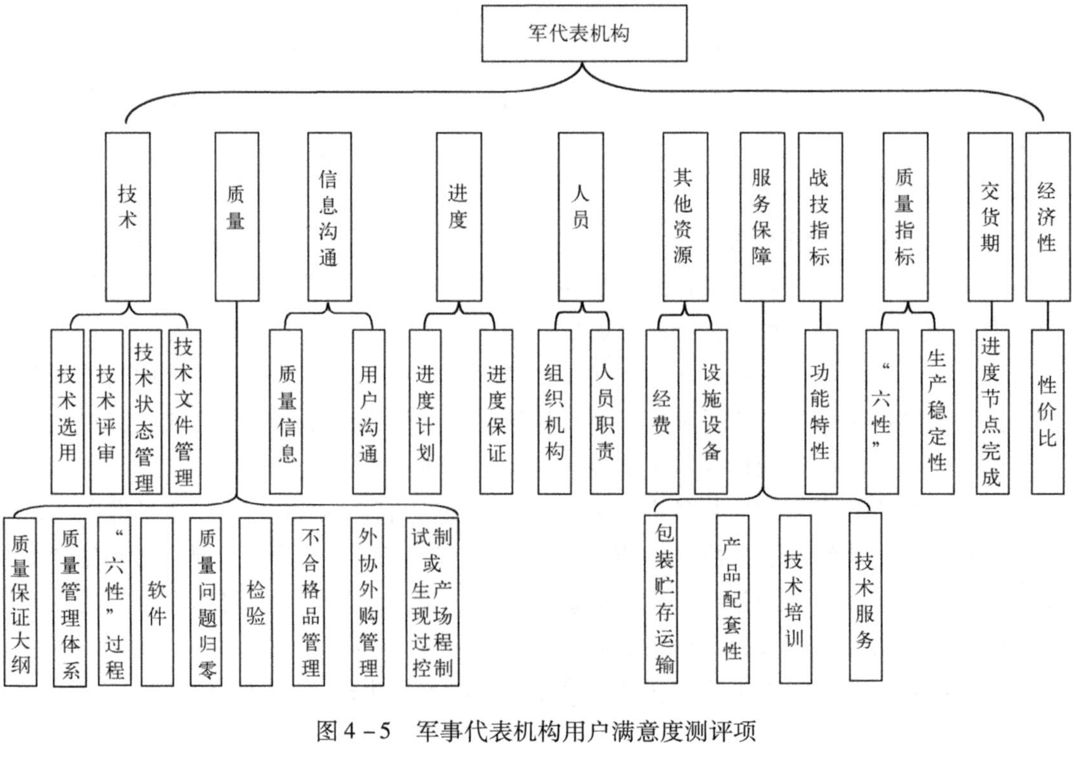

图 4－5　军事代表机构用户满意度测评项

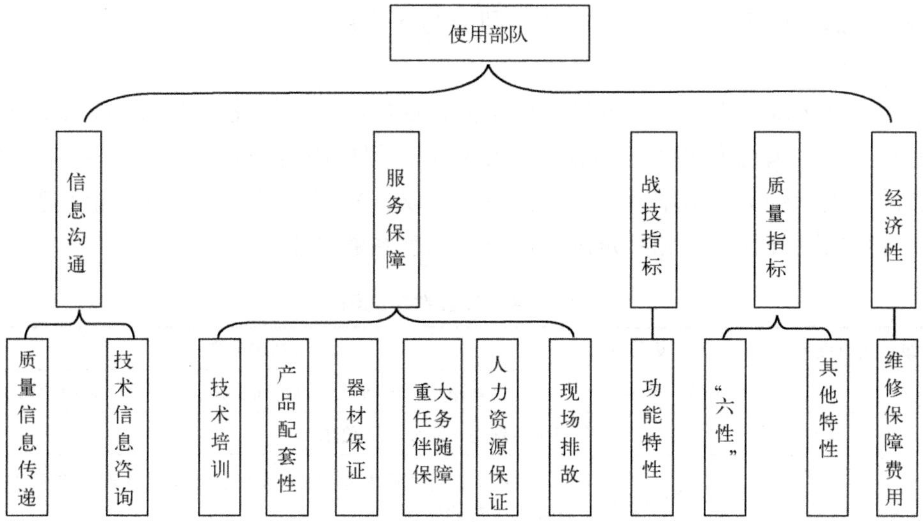

图 4－6　使用部队用户满意度测评项

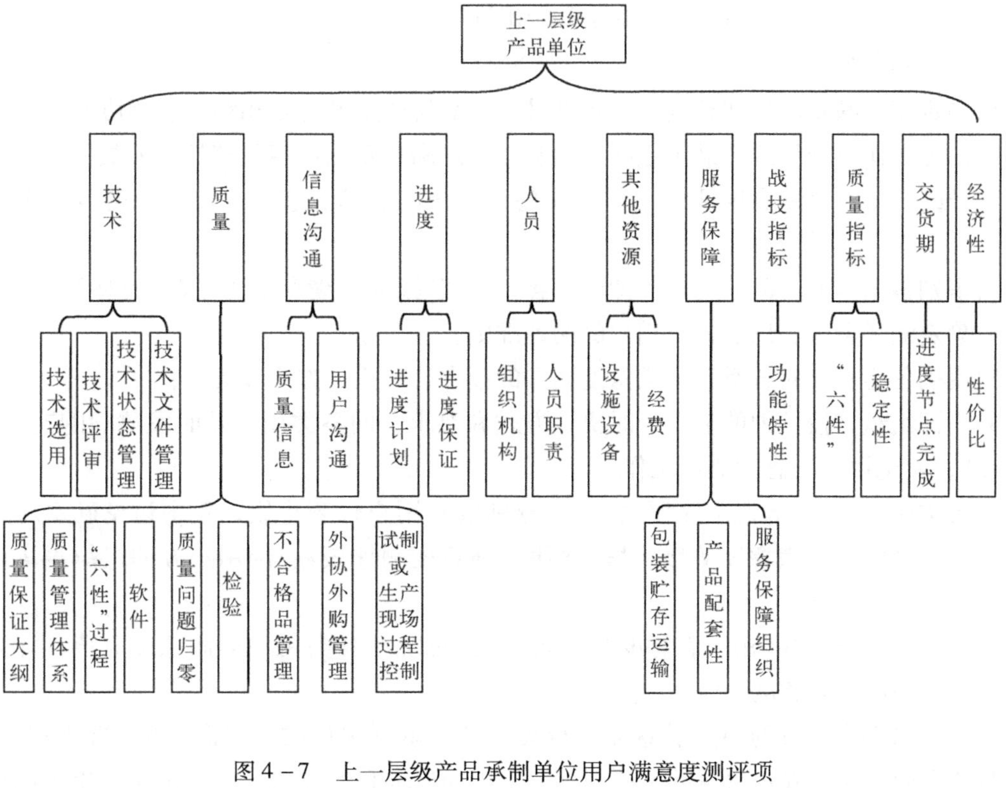

图 4－7　上一层级产品承制单位用户满意度测评项

(3)评价方法

装备用户满意度级度采用5级度法，即分为5个层次，非常满意、满意、基本满意、不满意和很不满意。

每个满意度级度都有其对应的满意度系数，这样可以经转化后得到每个测评项的量化得分。此外，每个满意度级度也都有其外在表征，用户满意或不满意往往有其外在表征，如用户忠诚、表示赞美、基本认可但提出改进建议，采用容忍，抱怨并要求其整改，提出投诉等。各层次的外在表征和判定准则以及满意度系数见表4－4。

表4－4　系数判定准则

满意度等级	满意度系数	外在表征	判定准则
非常满意	1	忠诚、赞美	在完全达到用户对该项要求的基础上，超出用户对该项的期望
满意	0.8	认可	完全达到用户对该项的要求
基本满意	0.6	接受、提出改进	该项的大部分测评内容和关键测评内容都已达到用户要求，但是仍存在不完善的地方
不满意	0.4	抱怨、要求整改	该项的关键评价内容没有达到用户的要求
很不满意	0	投诉	完全没达到用户对该项的要求

用户依据每个测评项的测评内容和表4－4中满意度系数的判定准则，按照用户的判定和认可程度对每个测评项的满意度系数做出判断。

(4)评价程序

1)制定用户满意度测评计划，与各型号和产品科研生产计划相结合、相协调；

2)测评工作以型号或产品为主线，明确与用户满意度测评相关部门和人员的职责，包括各型号或产品用户满意度测评工作的实施、用户满意信息获取、用户满意度测评的分析等；

3)识别各型号或产品的用户，即明确各型号填写《用户满意度测评表》的对象；

4)确定测评方法，以及各类用户的测评准则；

5)明确各型号针对各类用户满意度调查的频次、时机、方式和要求；

6)测评组织方按计划的节点、时机、方式和要求，向各类用户及时发放《用户满意度测评表》，实施用户满意度测评工作；

7)各类用户收到《满意度测评表》后，分别成立用户代表小组，集中讨论确定对其测评的产品各测评项的满意度等级，填写《用户满意度测评表》，经用户方的组织盖章认可后，提交测评组织方；

8)测评组织方回收《用户满意度测评表》，汇总统计各类用户的满意度分值，计算各型号或产品的用户满意度分值；

9)需要对多个型号的用户满意度进行集成计算承制单位的用户满意度(指数)时，可将型号的合同款作为确定权重的主要因素，采用加权求和的方法计算得出承制单位的用户满意度指数；

10)整理分析各类用户对型号满意或不满意的地方，分析存在的问题或意见和建议，提交负责用户满意度测评工作的相关部门或人员。编写各型号或产品《用户满意度测评报告》。

装备用户满意度测评程序示意如图4－8所示。

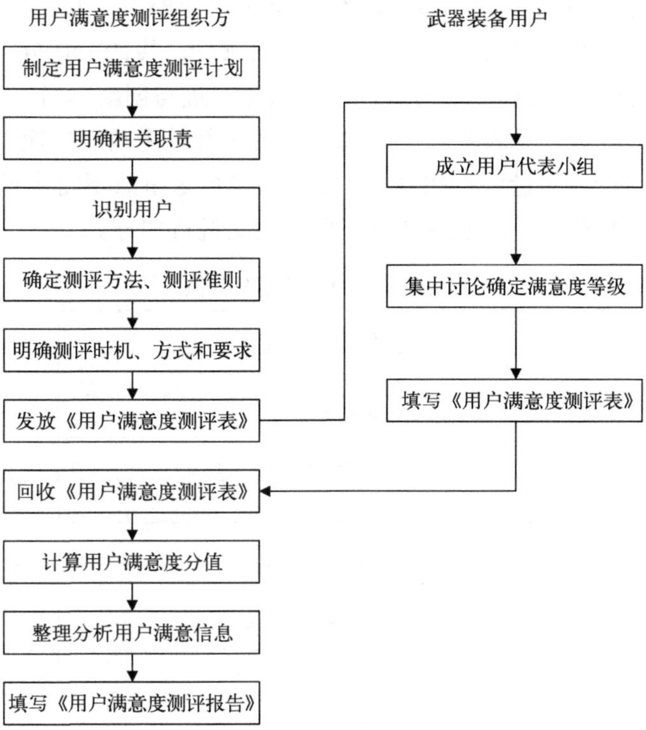

图4－8　装备用户满意度测评程序示意图

4.5　星级现场评价

4.5.1　基本概念

现场管理是指用科学的管理制度、标准和方法对生产现场各生产要素，包括人(工人和管理人员)、机(设备、工具、工位器具、工装夹具)、料(原材料、辅料)、法(加工、检测方法)、环(环境)、信(信息)等进行合理有效的计划、组织、协调、控制和检测，使其处于良好的结合状态，达到优质、高效、安全生产的目的。

星级评价是对生产现场按三星级、四星级和五星级3个等级进行评价。

4.5.2　适用范围

星级现场评价适用于集团公司所属研制单位的生产现场管理，包括加工、装配、调试、试验、总成等现场管理星级评价工作。

4.5.3　主要内容

(1)评价准则

星级现场评价包括推进要素、过程、结果模块三个模块，其中，推进要素模块包括“领导作用”、“战略秉承”、“组织保证”、“员工素质”，共计150分，过程模块分为“过程策划”、“过程控制”、“过程测量与监控”、“过程改进与创新”4个一级实施项目，31个子模块，分值共计850分，见表4－5。结果模块对一般结果指标的检查对应过程类检查单中一并进行。同时对产品质量设定扣分项，发生重大质量事故不得申请星级，对人为责任质量问题、重复性质量问题、批次性质量问题的情况进行扣分。

表4－5　检查项目及分值

模块	序号	检查项目	分值
推进要素（150分）	1	领导作用	50
	2	战略秉承	30
	3	组织保证	20
	4	员工素质	50
过程（850分）	5	过程要求的确定	50
	6	生产模式及现场布局	50
	7	现场作业组织与管理	25
	8	现场作业标准	25
	9	信息管理系统	50
	10	风险识别与预防	25
	11	6S和目视化管理	20
	12	现场作业人员管理	40
	13	现场文件管理	20
	14	设备管理	40
	15	产品检验控制	20
	16	关键过程控制	20
	17	特殊过程控制	20
	18	现场作业环境控制	25
	19	静电防控	25
	20	多余物控制	25
	21	试验控制	20
	22	产品标识与批次管理	25
	23	不合格品及归零管理	20
	24	质量监督与改进	20
	25	技术状态控制	20

续表

模块	序号	检查项目	分值
过程（850 分）	26	记录管理	20
	27	现场物料和在制品管理	20
	28	生产计划管理	40
	29	安全管理	20
	30	环保与资源利用	10
	31	成本管控	15
	32	过程测量与监控	50
	33	过程异常处理	25
	34	纠正与预防	25
	35	过程改进与创新	40
结果	1）年内发生重大质量事故和重大质量问题的不得申请星级评价； 2）年内发生重复性质量问题或批次性质量问题或人为责任质量问题，每个扣 100 分		

（2）评价方法

评价专家根据现场实施指南和检查要点对现场管理情况进行评价。

①检查项目等级判定

通过现场观察、查证资料、人员交谈等方式，按照检查项目的评价内容进行评价。对照评价内容的每个条款的要求，依据查阅的资料及相关证明性材料，如实记录评价中发现的问题和先进、有效的做法，给出评价结论、分数和等级。

1）推进要素检查项目评价，采用符合性评价方式。根据高层领导对现场管理的参与、人员素质状况，以及现场管理的持续改善效果，给予打分。

2）过程类检查项目评价，依据每个检查项目的检查内容，采用“要求识别策划—工作执行落实—标识与环境—结果”的评定方式来确定每个要素的等级，定量化评定其符合性和有效性程度。每个评价项目的工作开展情况分为 4 个等级，即优秀、良好、达标和不达标四级。

a. 每个等级对应着相应的系数，评分系数分值越高，对应检查项目开展的工作越好。具体的判定指南见表 4－6。

表 4－6　过程类检查项目等级和系数评定表

等级	评价依据	评分系数
优秀	1）结合本现场特点，针对实施指南各项内容进行了充分的识别和策划，制定了具有本现场特点的工作要求和操作程序等； 2）对于检查内容涉及的各项工作，严格遵守制定的各项工作要求和操作程序要求，各项工作记录全面、规范，实时可见，所有过程具有可追溯性； 3）现场标识类型全面，图文并茂，清晰易懂，环境舒适整洁； 4）涉及到的结果指标充分满足各方要求	0.9、0.95、1.0

续表

等级	评价依据	评分系数
良好	1)针对实施指南各项内容进行了全面识别和策划，制定了全面、系统、规范、详细的工作要求和操作程序； 2)对于检查内容涉及的各项工作，全面、严格执行制定的相关工作要求和操作程序，各项工作记录及时、完整，随时可查，主要过程具有可追溯性； 3)现场标识类型全面，内容明确，环境整洁； 4)涉及到的结果指标满足各方要求	0.75、0.8、0.85
达标	1)针对实施指南各项内容进行了全面识别和策划，制定了有效的工作要求和操作程序； 2)对于检查内容涉及的各项工作要求和操作程序执行到位，各项工作记录保存完好、可查； 3)现场标识完好，内容清晰，环境较整洁； 4)涉及到的结果指标基本满足各方要求	0.6、0.65、0.7
不达标	1)针对实施指南各项内容没有进行全面识别和策划； 2)对于检查内容涉及的各项工作没有严格执行相关要求，各项工作记录不完整，时效性差； 3)现场标识不全，图文模糊，环境脏乱差； 4)涉及到的有些结果指标不满足要求	低于0.6

b. 给出评分系数，即按照以下统一的打分原则给出评分系数。无问题且有亮点才可以打1.0，未发现问题可以打0.95，有1个问题打分不高于0.9；3个问题以内(含3个)且没有系统性问题，系数可以打0.75、0.8、0.85；多于3个问题且没有系统性问题，打分系数为0.6、0.65、0.7；存在系统性问题，打分系数低于0.6。

c. 判定各检查项目的实际分值，每个过程检查项目的实际得分为该检查项目的满分分值乘以评分系数。

3)结果类检查项目评价，按照“年内发生重复性质量问题或批次性质量问题或人为责任质量问题，每个扣100分”的原则，给出扣分。

②现场管理评价星级判定

星级划分方法：推进要素、过程检查项目得分之和减去结果扣分为最终得分。

1)五星级，评价总得分在900分到1 000分。将提升质量、提高效率、降低成本融入到本企业现场管理文化中，科学、灵活地使用相应的工具和方法对现场管理流程进行持续的改进，实现优质、高效、低耗、均衡、安全、文明的生产作业。现场管理水平可以作为集团公司所属各企业现场的标杆。

2)四星级，评价总得分在750分到899分。设定了明确量化的现场管理目标，建立了完善的现场管理和持续改进的流程，能够正确选择和使用相应的管理工具和方法。

3)三星级，评价总得分在600分到749分。设定了现场管理的目标，建立了比较完整的现场管理流程，能够使用相应的管理工具和方法进行持续改进。

4)600分以下不给星。

(3)评价流程

现场管理星级评价程序分为评价准备、现场评价、结果发布、改进提高四个阶段。

①评价准备阶段主要工作内容

1)各现场按照有关要求准备现场建设总结和相关证实资料，给出本现场的检查项目剪裁建议，并提供评价前一年内生产现场相关质量问题清单，标明现场发生的重大质量事故、重大质量问题和数量；

2)成立评价工作组，进行必要培训；

3)评价工作组提出现场评价实施计划，经集团公司(各院)审核确认后，于评价开始前一周向被评价现场所在单位下达，实施计划包括评价时间、计划安排、评价工作组成员名单等；

4)被评单位检查期间正常组织生产活动。

②现场评价阶段主要工作内容

1)召开评价工作首次会议，评价工作组长宣布评价目的、范围、要求、工作组成员以及日程安排，被评单位简要介绍现场生产任务和管理特点，并落实联系人；

2)评价工作组按照检查项目明确分工和评价要求，按需检查相关证实材料；

3)评价过程中，评价专家依据《评价手册》，采用文件查阅、交流座谈和现场考察等方式，对照附件一中的检查单，对每个检查项目进行评价，填写《检查记录表》(格式见附件二)，给出评分系数；

4)评价工作组进行内部沟通协调，达成一致意见，给出评价结果；

5)召开评价工作末次会议，评价工作组通报评价有关情况，包括发现的薄弱项目、问题和有效的做法及经验。

现场评价流程见表 4－7。

表 4－7　现场评价流程

内容		参加人
首次会议	1)介绍参会人员； 2)领导讲话； 3)被评单位发言	评价组成员
现场评价	1)文件查阅； 2)沟通交流； 3)现场检查； 4)评价组集中评议	评价组成员， X 院相关人员， 陪同人员
末次会议	1)问题反馈； 2)领导讲话	评价组成员， X 院相关人员

③结果发布阶段主要工作内容

1) 现场评价工作结束后 15 个工作日内，评价工作组编制完成评价结论，内容一般包括现场简介、评价结果、存在的问题和经验等；

2) 评价工作组将评价报告上报集团公司审查；

3) 审查评价报告后发送至相关部门和被评单位所在院。

④改进提高阶段主要工作内容

针对评价结果，及时制定整改计划，提出并实施具体改进措施，将改进情况上报至集团。

4.6 质量管理体系评估

4.6.1 基本概念

质量管理体系评估是针对建立航天质量管理体系自我完善和持续改进机制，提高质量管理体系运行有效性的需求，借鉴包括卓越绩效模式评价、麦肯锡质量管理成熟度评价、日本科技联盟质量管理体系评价等国内外质量评价的模式和方法，结合航天科研生产组织管理以及质量管理体系建设的特点，研究提出的创新性的航天质量管理体系评估的模式、方法和工作机制，建立了反映航天质量管理特点、规律和要求的覆盖质量管理体系运行过程和结果的评估模型和评估准则，采用成熟度等级的定量化评价方法对评估要素和质量管理体系的成熟度等级进行判定，建立了集团公司、研究院、厂(所)分级实施的系统完整的质量管理体系评估机制，形成了完善的评估组织管理体系、系统的管理和技术文件体系以及健全的评估队伍体系。

4.6.2 适用范围

质量管理体系评估适用于集团公司各院、厂所质量管理体系评估。

4.6.3 主要内容

(1) 总体思路

质量管理体系评估总体框架如图 4 –9 所示。

(2) 评估模型

质量管理体系评估模型如图 4 –10 所示。

评估模型主要包括了过程和结果两个方面，其中，过程包括了质量改进机制、型号产品过程质量控制、质量基础建设三个模块，这样的设置体现了航天质量管理的三方面重点工作，既质量改进、型号过程质量控制以及质量基础能力建设，结果包括质量管理体系运行结果一个模块。

质量改进机制模块，重点是从组织层面的质量管理和质量改进的角度来评估，包括质

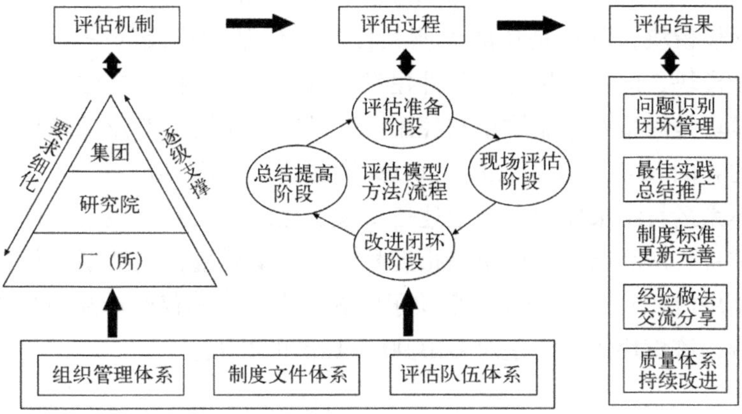

图 4－9　质量管理体系评估总体框架

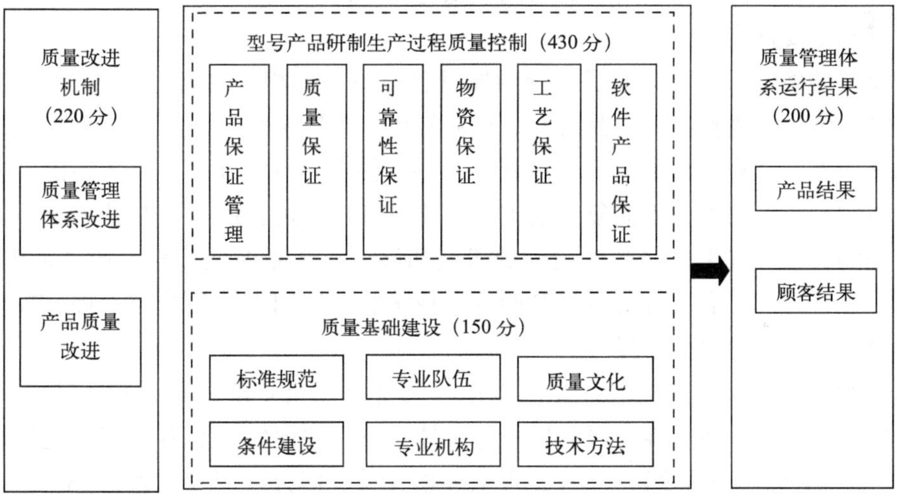

图 4－10　质量管理体系评估模型

"可靠性保证"中"可靠性"指的是广义可靠性概念，包括可靠性、安全性、维修性、保障性、电磁兼容性等方面的内容

量管理体系改进和产品质量改进两个子模块。质量管理体系改进模块是对单位而言（相对于型号系统），是质量管理体系及改进机制建设方面内容。产品质量改进模块是提升产品成熟度的产品改进方面的模式和方法。质量改进机制模块的主要内容同 GJB 9001 标准相对应。

型号产品过程质量控制模块，重点是从项目层面的质量管理和过程控制的角度来评估，主要包括 6 个子模块，即产品保证管理、质量保证、可靠性保证、物资保证、工艺保证、软件产品保证。这 6 个子模块的设置是借鉴国外先进的面向复杂产品研制生产实施的产品保证的思路确定，覆盖了型号产品过程质量控制的主要工作。型号产品过程质量控制模块的主要内容同 GJB 9001 标准的第 7 章“产品实现”相对应。

质量基础建设模块，重点是从航天所关注的质量基础建设的一些要素的角度进行评估，包括 6 个子模块，即专业机构、条件建设、专业队伍、技术方法、标准规范、质量文化。这 6 个子模块是对型号产品质量与控制起基础支持作用、专业保障作用。质量基础建设模块的主要内容同 GJB 9001 标准的第 6 章“资源管理”相对应。

质量管理体系运行结果模块，与上述三个模块是因果关系，包括了两个子模块，即产品结果和顾客结果。产品结果子模块是指型号产品实物质量，包括型号任务成败和质量问题情况。顾客结果(满意情况)子模块反映了顾客的态度，不仅受产品质量影响，还受售后服务情况的影响，该模块的内容是对 GJB 9001 标准的补充。

(3)评估要素

评估要素确定的主要依据是 GJB 9001B、《航天型号精细化质量管理要求》以及航天质量制度、标准规范要求和集团公司质量工作关注的重点内容。其中，一部分评估要素是常规重点质量工作，一部分评估要素是当前质量管理的薄弱环节，一部分评估要素是在挖掘最佳实践基础上要推广的方法。

评估要素的确定一方面考虑了传统的质量管理体系的相关要素，如内审和管理评审、质量责任制、体系文件控制、产品检验、产品标识和可追溯性等，这些要素在通用质量管理要求的基础上，补充增加了航天质量管理的特殊要求，另一方面是更多突出了航天质量管理的范畴和规律，反映了面向复杂航天产品质量管理和过程质量控制的重点，体现了航天质量管理的经验和成果，如共性问题的研究和解决、产品保证策划、产品数据包管理、质量问题归零管理、可靠性设计分析和验证、技术状态控制、产品验收管理、标准规范体系建设、专业技术支撑机构建设等。

评估要素会根据质量管理体系评估工作开展情况以及年度质量工作要点进行动态调整，以确保评估要素的适宜性。航天质量管理体系评估的评估要素为 38 个(包括过程类评估要素 35 个和结果类评估要素 3 个)，评估要素及其分值分配情况见表 4－8。

表 4－8　评估模块、子模块和评估要素及其分值

评估模块	评估子模块	编号	评估要素
质量改进机制(220 分)	质量管理体系改进(150 分)	1－1	质量责任制(40 分)
		1－2	质量管理体系评估机制(30 分)
		1－3	内审和管理评审(10 分)
		1－4	体系文件的控制(10 分)
		1－5	质量信息管理(50 分)
		1－6	质量监督检查(10 分)
	产品质量改进(70 分)	1－7	面向产品的质量分析(40 分)
		1－8	共性问题的研究和解决(20 分)
		1－9	通用产品定型管理(10 分)

续表

评估模块	评估子模块	编号	评估要素
型号产品研制生产过程质量控制（430 分）	产品保证管理（90 分）	2－1	产品保证策划（20 分）
		2－2	技术评审（30 分）
		2－3	产品数据包管理（40 分）
	可靠性保证（50 分）	2－4	可靠性设计、分析和验证（50 分）
	工艺保证（40 分）	2－5	综合工艺管理（15 分）
		2－6	型号工艺管理（25 分）
	物资保证（40 分）	2－7	物资的选用和质量控制（40 分）
	软件产品保证（30 分）	2－8	软件工程化（30 分）
	质量保证（180 分）	2－9	三级审签、会签（10 分）
		2－10	复核复算（10 分）
		2－11	技术状态控制（30 分）
		2－12	表格化管理（10 分）
		2－13	关键环节控制（30 分）
		2－14	质量问题归零管理（30 分）
		2－15	外包外购产品质量管理（15 分）
		2－16	产品标识和可追溯性（5 分）
		2－17	产品检验（10 分）
		2－18	产品验收管理（10 分）
		2－19	试验控制（10 分）
		2－20	检测、测试数据的分析和管理（10 分）
质量基础建设（150 分）	标准规范（30 分）	3－1	标准规范体系建设（30 分）
	专业机构（20 分）	3－2	专业技术支撑机构建设（20 分）
	条件建设（20 分）	3－3	设备设施（20 分）
	技术方法（20 分）	3－4	技术方法的研究和应用（20 分）
	专业队伍（30 分）	3－5	质量与可靠性专业队伍建设（30 分）
	质量文化（30 分）	3－6	质量教育培训和群众性质量管理活动（30 分）
质量管理体系运行结果（200 分）	产品结果（180 分）	4－1	任务成功率情况（100 分）
		4－2	质量问题情况（80 分）
	顾客结果（20 分）	4－3	顾客满意程度（20 分）

（4）评估方法

①过程类评估要素评估方法

对照评估要素的评估准则进行评估。对照评估准则的每个条款的要求，依据查阅的资料及相关证实性材料，如实记录评估中发现的问题以及好的经验和做法。其中，对于发现问题的记录应明确具体，便于被评估方理解和整改，对于记录的好的经验和做法应体现该评估要素超出评估准则的创新做法，具有推广价值的最佳实践。在集团公司对院的评估过程中，对于很多过程类的评估要素，既要查阅院本级的相关资料，了解院在这方面的制度要求是否明确，同时，也要查阅院属厂(所)的相关支撑性材料，以了解院有关要求在厂(所)层面的具体贯彻落实情况，特别是对于型号产品研制生产过程质量控制模块的相关评估要素，一般以选择的型号产品为主线进行评估，以便系统了解和掌握相关评估要素的实施过程和效果。

判定各评估要素的成熟度等级。依据每个评估要素的评估准则，采用“要求—落实—改进”的评定方式来确定每个要素的成熟度等级，以定量化评定其符合性和有效性程度。其中，“要求”主要是指对照评估要素的评估内容，查看单位的有关制度文件中是否明确了相关内容要求，“要求”是否落实了集团公司的有关规定并体现了单位自身的特点和需求，“要求”是否可落实、可检查；“落实”主要是指上述的制度文件中规定的“要求”是否得到规范和有效的贯彻落实，主要体现在“要求”的逐级传递、细化，相关人员对“要求”的准确理解和执行，相关实施记录详细完整，同时对“要求”落实情况有监督检查；“改进”主要是指“要求”贯彻落实过程中，对于出现的问题，能够及时采取纠正措施，并举一反三，进一步完善了相关制度文件，建立了促进“要求”贯彻落实的持续改进机制。

每个评估要素分为4个成熟度等级，即优秀、良好、达标和不达标。其中，不达标表示该项工作不能满足航天产品质量管理的基本要求；达标表示该项工作仅满足了航天产品质量管理的相关标准和文件的最基本要求；良好表示该项工作超出达标水平，能更加有效地满足航天产品质量管理相关标准和文件的要求；优秀表示该项工作在集团公司现有管理达到相当完美的程度，其科学有效的做法和先进经验可以作为最佳实践在集团内推广。

每个成熟度等级对应着相应的成熟度系数，成熟度系数分值越高，该评估要素开展的工作越好。具体的判定指南见表4－9。

表4－9　过程评估要素成熟度等级和系数确定指南表

成熟度等级	成熟度系数	成熟度评定要点
不达标	0，0.4	1)针对该要素没有明确的要求； 2)要求没有在相应的过程和部门得到落实； 3)没有对问题的分析方法，只有就事论事的而且不彻底的处理
达标	0.5，0.6	1)针对该要素的主要方面，有明确的要求和基本有效的方法； 2)要求在主要过程和部门得到基本落实； 3)有基本的分析和改进活动
良好	0.7，0.8	1)针对该要素的全部方面，有具体的要求和有效的方法； 2)要求在所有相应过程和部门都得到落实； 3)有系统的分析和评价的方法，对关键过程实施有效的分析和改进
优秀	0.9，1	1)针对该要素的全部方面，有系统、规范、详细的要求和先进、系统、高效的方法； 2)要求在所有相应的过程和部门得到全面、彻底有效的落实； 3)基于详细信息的全面系统的分析、评价和深入的彻底的改进，形成持续改进的机制

在对过程类评估要素进行成熟度等级评定时，对于优秀、良好、达标三个等级的判定方法是：如果前两个评定要点，即“要求”和“落实”中有一个不能满足，成熟度等级则降到下一个等级；如果前两个评定要点，即“要求”和“落实”都满足，但第三个评定要点，即“改进”没有满足，成熟度系数则可达到该成熟度等级的下限值，即 0.5、0.7 或 0.9；如果三个评定要点，即“要求”、“落实”、“改进”都满足，则成熟度系数可达到该成熟度等级的上限值，即 0.6、0.8 或 1。对于不达标等级的判定方法是：如果符合评定要点前两项中的其中一项规定，成熟度等级系数就判定为 0，其他情况的成熟度等级系数判定为 0.4。

每个过程类评估要素的实际得分为该评估要素的满分分值乘以其成熟度等级系数。

②结果类评估要素评估方法

对照评估要素的评估准则进行评估。查看结果类评估要素的相关证实材料，一般结果类评估要素都有比较明确的量化数据支撑，重点是要系统、综合地分析这些数据的来源和覆盖面，确保数据的真实、准确、可靠。

判定评估要素的等级及系数。每个结果类评估要素的评估内容都分为 A、B、C、D 四个等级，对于“产品结果”的评估要素来说，总体院和专业院的评估内容有所区别。A、B、C、D 四个等级的系数分别为：A 级系数为 1，B 级系数为 0.8，C 级系数为 0.6，D 级系数为 0.4。根据对相关证实材料的综合分析结果判定结果类评估要素的等级，在此基础上确定系数的大小。

每个结果类评估要素的实际得分为评估要素的满分分值乘以相应等级系数。

③评估结果的确定

过程类和结果类各评估要素得分之和为质量管理体系评估的最终得分。按照分值分布将评估结果分为 A、B、C、D 四个等级。其中，质量管理体系评估最终得分为 800(含)~1 000 分是 A 级，质量管理体系评估最终得分为 600(含)~800 分是 B 级，质量管理体系评估最终得分为 400(含)~600 分是 C 级，质量管理体系评估最终得分为 400 分以下是 D 级。

(5)评估流程

集团公司对研究院质量管理体系评估的主要流程如图 4-11 所示。

4.7　持续改善

4.7.1　基本概念

持续改善(KAIZEN)方法指逐渐、连续地增加改善。KAIZEN 意味着改进，涉及每一个人、每一环节的连续不断的改进：从最高的管理部门、管理人员到工人。持续改善被作为系统层面的一部分来加以应用并进行改进。通过流动和拉式系统来改进交货时间、流程的灵活性和对顾客的响应速度，改善活动从头到尾地改进了公司的进程。

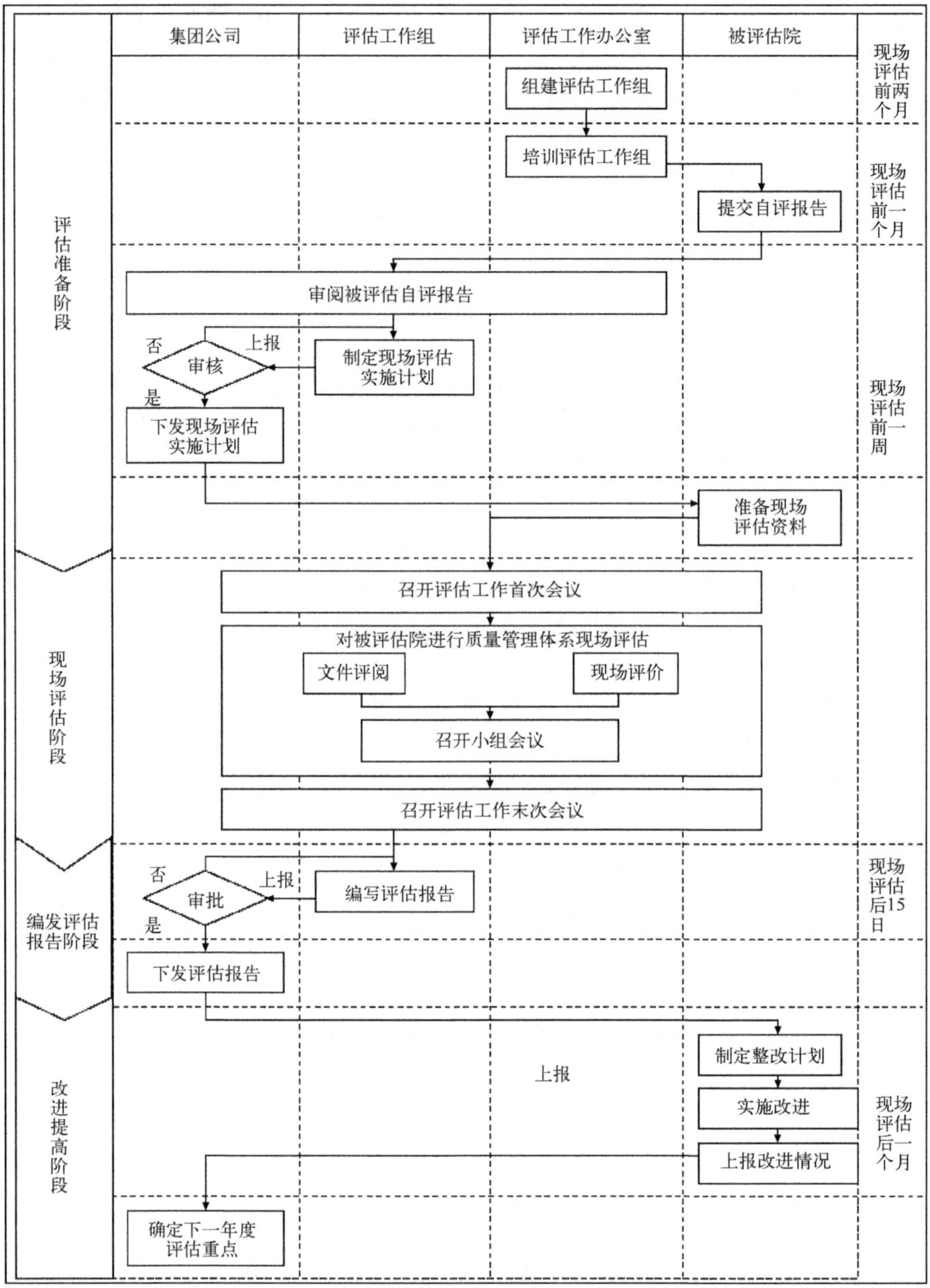

图 4－11　质量管理体系评估流程图

4.7.2　适用范围

KAIZEN 方法适用于企业全流程的持续改进。

4.7.3　主要内容

(1) KAIZEN 的基础理念

①KAIZEN 和企业领导

就 KAIZEN 来说，企业领导有两个基本功能：保持和改善。保持包括了所有保证现在的技术以及与企业工作有关的标准的活动，其中也包含培训和纪律，这个保持的功能就要求企业领导努力使企业内的每个人都按照标准的流程来做工作，而完善则是对现有标准的改进和提高。KAIZEN 侧重于通过不断的努力取得连续不断的小步的改善，从而达到目的。

KAIZEN 也可是革新、改造。KAIZEN 侧重于通过不断的努力取得连续不断的小步的改善，从而达到目的；而革新则强调通过以新技术工艺或设备的大量投资来取得巨大的进步。在缺乏资金的情况下，革新改造是很困难的。西方企业往往只着重革新而忽视 KAIZEN 所能给企业带来的巨大的好处。KAIZEN 强调员工的使用、职业道德、工作交流、培训、小组活动，员工参与意识和工作自律性——它是一种低投入而又非常高效的使企业不断进一步完善和进步的方法。

②过程和结果

KAIZEN 强调以过程为主的思考方式，只有通过对过程的改善才能得到更好的结果，如果原计划的结果没有实现，那么肯定是某个过程出了问题，这时就要找出产生问题的过程并予以纠正。KAIZEN 强调人在过程中的作用，这一点与西方企业界强调结果的思考方式有显著区别，导入 KAIZEN 的过程也需要以过程为主的思考方式，比如一些 KAIZEN 战略如 PDCA/SDCA 循环，质量、成本、交货期(QCD)，全面质量管理(TQM)，全员生产维修(TPM)以及准时制生产方式(JIT)，所有这些在不注重过程的企业内实施都会失灵，所以，企业领导支持并参与到实施 KAIZEN 的过程中，是 KAIZEN 活动取得成功的组织保证。

③遵照 PDCA/SDCA 循环

为了保证 KAIZEN 的导入能够成功，首先要引入 PDCA 循环。任何一个工作过程开始的时候都是不稳定的，必须要先将这种变化的过程稳定下来，然后才可以引入 PDCA 循环。这时可先采用 SDCA 循环(Standardization - Do - Check - Adapt)，SDCA 循环的作用就是将现有的过程标准化并稳定下来，而 PDCA 循环的作用是改善这些过程，SDCA 重在保持，PDCA 重在完善，只有当已有标准存在并被遵守并且现有的过程也稳定的情况下，才可以进入 PDCA 循环。

④质量优先

质量、成本、交货期这三个企业目标中，质量应永远享有优先权。即使向客户提供的价格和交货条件再诱人，但产品质量有缺陷，你也不会在现在竞争激烈的市场上站稳脚跟。

⑤以数据说话

KAIZEN 就是解决问题的过程，如果要想弄清一个问题的本质并彻底解决它，人们首先要收集和分析相关数据，才能真正了解这个问题。任何没有数据分析的基础而凭感觉或猜测去解决问题的尝试都不是客观的，对有关问题现有状况数据的收集、检查和分析是找出解决问题办法和进一步完善的措施的基础。

⑥视下一道工序为客户

每件工作都是由一系列的过程组成的，而每个过程都有它的供货商以及客户。“下一道工序就是客户”这句话表明了两种客户类型的存在：内部客户和外部客户。

大部分的企业员工只与内部客户有关系，这种事实也要求员工有义务绝不要将有缺陷的工件或信息传递给下道工序的员工。如果每个员工都遵守这个规则，那么市场上的最终客户就会得到高质量的产品或服务。一个真正有效的质量保证体系也就意味着企业的每个员工都有此义务，并认真遵守这一规则。

(2)KAIZEN 的手段

KAIZEN 以标准化、5S 和消除“浪费(Muda)”，来达到企业的 QCD 目标。

标准化、5S 以及消除 Muda 这三种活动是企业建立起高效、成功和扁平化的工作现场(Gemba)结构的基础。因为操作它们并不需要复杂的工艺和特别宽的知识面，所以易于理解和导入。但是，如何使员工树立起自律性(Self - discipline)并将它们不断推向前进却是困难之所在。

①标准化

为了达到企业的 QCD 目标，企业必须合理利用一切可用资源，对人员、信息、设备和原材料的使用，每天都需作出计划，利用关于使用这些资源的标准有助于提高计划的效率，如果在计划的执行中出现问题或偏差，企业领导就应及时找出问题的真正原因，并将现有标准修改或完善以避免问题的再次出现，标准是 KAIZEN 的固定组成部分，它为进一步完善提供基础。工作领域标准化的含义就是指将工程师的工艺或设计要求转换成工人们每天必须遵守的工作指令。

②5S

5S 代表整洁、有序，对任何一个加工型的企业来说，如果是一个负责任的生产商并且想成为世界一流的公司，那么 5S 作为基础是应该必须实施的，对每个岗位和个人都必须单独确定 5S 规则，制定有关 5S 标准并使之遵守。

③消除 Muda

Muda 意指“浪费”。工作是由一系列的过程或步骤组成的，从原材料或信息开始，到成品或服务结束，在每个过程中都应增值，然后进入下一过程，在每个过程中作为资源的人和设备要么使产品增值，要么无，Muda 指每个没有使产品增值的活动或过程。

④遵循 KAIZEN 五条“黄金”法则

这五条“黄金”法则包括：

1）如果发生问题，首先去现场；

2）检查发生问题的对象；

3）立刻采取暂时性的措施；

4）查找问题产生的真正原因；

5）使应对措施标准化，以避免类似问题再次发生。

（3）KAIZEN 活动程序

1）选择工作任务。首先要阐明选择这个项目或工作任务的理由。这些任务通常是根据企业的发展目标确定的，但有时企业的现状也会影响这种选择，依据其重要性、紧迫性或经济性。

2）弄清当前的情况。在项目开始前必须要弄清项目当前情况的本质，并予以分析。这需要人们去现场了解情况，运用 KAIZEN 的五个“黄金”法则，或收集数据。

3）应对收集到的数据进行深入分析，以便能弄清事情的真正背景及原因。

4）在分析的基础上研究对策。

5）导入、执行对策。

6）观察并记录采用对策后的影响。

7）修改或重新制定标准，以避免类似问题的再次发生。

8）检查从步骤 1）到 7）的整个过程，据以引入下一步的行动。

这种程序也和 PDCA 循环的原则相一致：从步骤 1）到 4）主要是计划（P），步骤 5）是做、执行（D），步骤 6）是检查（C），步骤 7）和 8）是调整（A）。这种程序是一种藉助于数据分析来解决问题的通用做法。另外，将问题的解决过程进行可视化以及在问题的解决过程中积极交流，并建立起高效的记录文件数据，也有助于 KAIZEN 活动的推动。

4.8　QC 小组

4.8.1　基本概念

QC 小组是在生产或工作岗位上从事各种劳动的职工，围绕企业的经营战略、方针目标和现场存在的问题，以改进质量、降低消耗、提高人的素质和经济效益为目的组织起来，运用质量管理的理论和方法开展活动的小组。

4.8.2　适用范围

QC 小组是企业中群众性质量管理活动的一种有效的组织形式，根据活动课题涉及的范围，自下而上或上下结合组建的群众性组织，带有非正式组织的特性，适用于解决现场身边的问题、现场感到困难的问题，或遵循企业方针或质量方针的选题。

4.8.3　主要内容

组建 QC 小组一般应遵循的基本原则是“自愿参加，上下结合”与“实事求是，灵活多样”。为便于自主地开展活动，QC 小组人数一般以 3 ~ 10 人为宜。

QC 小组一般分为 5 类：

1）现场型 QC 小组，是以班组和工序现场的操作人员为主体组成，以稳定工序质量、改进产品质量、降低消耗、改善工作环境为目的。活动的范围主要在生产现场，各类班组都可建立现场型 QC 小组。

2）服务型 QC 小组，是由从事服务工作的职工群众组成的，以推动服务工作标准化、程序化、科学化，提高服务质量和经济、社会效益为目的，活动范围主要是在服务现场。服务班组可建立服务型 QC 小组。

3）攻关型 QC 小组，通常是由领导、技术人员和现场操作人员三类组成，以解决技术关键为目的。活动范围在企业内比较大。

4）管理型 QC 小组，是由管理人员组成的，以提高业务工作质量、解决管理中存在的问题、提高管理水平为目的。管理班组可建立管理型 QC 小组。

5）创新型 QC 小组，是另一种分类，指活动的程序与以上 4 种形式有所不同。即在现存的可接受的水平基础上，不满足现状，寻求更高、更好为目的。

QC 小组活动时，应遵循 PDCA 循环，以事实为依据，用数据说话，并灵活运用统计方法。具体程序包括以下 10 条。

1）选择课题。也就是“大家一起来改善什么？”选取课题应注意 3 个问题：

a. 课题宜小不宜大；

b. 课题的名称应一目了然，防止抽象化地加上一顶大帽子和把采用的主要对策冠以课题名称；

c. 选题理由应直接写出选此课题的目的和必要性。

2）现状调查。就是要掌握问题严重到什么程度，通过对调查所收集到的数据进行整理、分析，把问题的症结找出来，作为设定目标的依据。现状调查应注意用数据说话。收集数据时应注意：

a. 收集的数据要有客观性，不是只挑选对自己有利的数据而忽略其他数据；

b. 收集的数据要有可比性，不可比的数据不能作为说明采取对策有效性的证据；

c. 收集的数据要有约束，要注意收集的数据在时间上是最近有效的和采集数据的地点、产品范围。

3）设定目标。确定小组活动要把问题解决到什么程度。设定目标时应注意以下 3 个问题：

a. 目标要与问题相对应（数量 1 个为宜，最多不超过 2 个）；

b. 目标要量化，明确表示；

c. 要说明制定目标水平的依据。

4）分析原因。分析研究是什么原因造成这个问题的。分析原因时应注意：

a. 针对所存在的问题分析原因；

b. 分析原因要展示问题的全貌；

c. 分析原因要彻底（展开到第三层次）；

d. 正确、恰当地应用统计方法。

5）确定主要原因。确定主要原因也简称为确定要因，是从可能影响问题的诸多原因中找出主要原因，以便为制定对策提供依据。确定主要原因时应注意：

a. 收集所有末端因素；

b. 剔除不可抗拒因素；

c. 对末端因素逐条确认。

6）制定对策。分别针对所确定的每条主要原因制定对策。一般分 3 个步骤进行，即针对每条主要原因可提出若干个对策，研究、确定所采取的对策，制定对策表。制定对策时要考虑以下 4 点：

a. 分析研究对策的有效性——能否控制或消除产生问题的主要原因；

b. 分析研究对策的可实施性——不可实施的对策不能采用；

c. 避免采用临时性的应急对策——这种应急对策不能从根本上防止问题的再发生；

d. 尽量采用依靠小组自己的力量能够做到的对策——调动小组每一个成员的积极性，提高小组成员解决问题的能力。

7）实施对策。小组成员在按对策表组织实施时应注意：

a. 小组成员严格按对策表列出的改进措施计划实施；

b. 遇到困难时，可修改对策，实施新对策；

c. 对策实施完毕，要收集数据，以检查对策是否已彻底实施并达到了要求；

d. 实施过程中要做好记录。

8）检查效果。对策表所有对策实施完成后，通过活动前后的对比分析活动的效果。检查效果时应注意：

a. 对策实施后的数据与实施前的现状及目标进行比较；

b. 实事求是，以事实和数据为依据。

9）制定巩固措施。取得成果后，就要把效果维持下去，并防止问题的再发生。制定巩固措施时应注意：

a. 必须是通过实施并证明已有效的措施，才能纳入有关的文件或规程中；

b. 再到现场确认是否执行了新的文件或规程；

c. 用数据说明成果的巩固效果是稳定的。

10）总结及今后打算。成果完成后，小组成员要围绕以下内容进行认真的总结：

a. 解决了哪些相关问题，还需抓住哪些没有解决的问题；

b. 成功或用得好的程序、数据和工具方法等；

c. 从质量意识、问题意识、改进意识和参与意识等方面总结无形成果。

参考文献

[1] 胡云，等．航天装备技术成熟度评价理论与实践[M]．北京：中国宇航出版社，2016.

[2] 袁家军．航天产品工程[M]．北京：中国宇航出版社，2013.

[3] GJB 7688—2012 装备技术成熟度等级划分及定义[S]. 2012.

[4] GJB 7689—2012 装备技术成熟度评价程序[S]. 2012.

[5] Q/QJA1 48—2012 航天工程技术成熟度评估指南[S]. 2012.

[6] QJ/A 53—2010 宇航单机产品成熟度定级规定[S]. 2010.

[7] QJ/A 146—2013 宇航单机产品成熟度定级实施细则[S]. 2013.

[8] GB/T 19039—2009 顾客满意测评通则[S]. 2009.

[9] 质字〔2015〕73 号《关于开展集团公司生产现场管理星级评价工作的通知》.

[10] 质字〔2016〕60 号《关于实施航天生产现场管理星级建议与评价工作的补充通知》.

[11] 天科质[2009]881 号关于印发《航天科技集团公司质量管理体系评估管理办法》(试行).

[12]《航天科技集团公司质量管理体系评估手册(2009 版)》的通知.

[13] 天科质[2013]470 号关于印发《航天科技集团公司质量管理体系评估手册(2013 版)》的通知.

[14] Masaaki Imai. Gemba Kaizen：A Commonsense Approach to a Continuous Improvement Strategy(2nd edition)[M]. McCraw – Hill Professional, 2012.

[15] 詹姆斯·R·埃文斯，威廉·M·林赛．质量管理与质量控制[M]．焦叔斌，等，译．北京：中国人民大学出版社，2010.

[16] 约瑟夫·M·朱兰．朱兰质量手册[M]．北京：中国人民大学出版社，2014.

[17] W·爱德华兹·戴明．戴明论质量管理[M]．海南：海南出版社，2003.

[18] 质量专业基础知识与实务[M]．北京：中国人事出版社，2010.

[19] 邢文英．QC 小组基础教材[M]．北京：中国社会出版社，2008.